"广东技工"工程教材　农村电商系列

广东省职业技术教研室　组织编写

农村电商职业经理人

SPM 南方出版传媒
广东科技出版社 | 全国优秀出版社
·广　州·

图书在版编目（CIP）数据

农村电商职业经理人/广东省职业技术教研室组织编写．—广州：广东科技出版社，2021.6

（"广东技工"工程教材　农村电商系列）

ISBN 978-7-5359-7660-4

Ⅰ.①农… Ⅱ.①广… Ⅲ.①农村—电子商务—企业管理—产品管理—技术培训—教材 Ⅳ.① F713.365

中国版本图书馆 CIP 数据核字（2021）第 102633 号

农村电商职业经理人
Nongcun Dianshang Zhiye Jingliren

出 版 人：	朱文清
策　　划：	朱文清
项目统筹：	区燕宜
责任编辑：	区燕宜　于　焦
封面设计：	柳国雄
责任校对：	李云柯
责任印制：	彭海波
出版发行：	广东科技出版社（广州市环市东路水荫路 11 号　邮政编码：510075）
销售热线：	020-37592148/37607413
http:	//www.gdstp.com.cn
E-mail:	gdkjzbb@gdstp.com.cn
经　　销：	广东新华发行集团股份有限公司
印　　刷：	广州市彩源印刷有限公司
	（广州市黄埔区百合三路 8 号　邮政编码：510700）
规　　格：	787 mm×1 092mm　1/16　印张 15.75　字数 320 千
版　　次：	2021 年 6 月第 1 版
	2021 年 6 月第 1 次印刷
定　　价：	59.80 元

如发现因印装质量问题影响阅读，请与广东科技出版社印制室联系调换（电话：020-37607272）。

《"广东技工"工程教材 农村电商系列》

指导委员会

主　　任：陈奕威

副 主 任：杨红山　葛国兴

委　　员：魏建文　张广立　刘正让　袁　伟
　　　　　高良锋　邱　璟　陈鲁彬　刘启刚
　　　　　夏义兵　陈　锋　叶　磊

专家委员会

组　　长：林伟君

成　　员：易法敏　余巧芸　夏　宁　方　凯
　　　　　施志君　吕福智

《农村电商职业经理人》编写委员会

主　　编：吕福智

副 主 编：戴红萍　李华强

参编人员：龚　辉　韦　艳　王秀丽　潘光荣
　　　　　黄纯珠　马发东　吴建波　周建平
　　　　　刘娜妮

序 言

  技能人才是人才队伍的重要组成部分，是推动经济社会发展的重要力量。党中央、国务院高度重视技能人才工作。党的十八大以来，习近平总书记多次对技能人才工作作出重要指示强调，劳动者素质对一个国家、一个民族发展至关重要。技术工人队伍是支撑中国制造、中国创造的重要基础，对推动经济高质量发展具有重要作用。要健全技能人才培养、使用、评价、激励制度，大力发展技工教育，大规模开展职业技能培训，加快培养大批高素质劳动者和技术技能人才。要在全社会弘扬精益求精的工匠精神，激励广大青年走技能成才、技能报国之路。要加快构建现代职业教育体系，培养更多高素质技术技能人才、能工巧匠、大国工匠。总书记的重要指示，为技工教育高质量发展和技能人才队伍建设提供了根本遵循，指明了前进方向。

  广东省委、省政府深入贯彻落实习近平总书记、党中央决策部署，把技工教育和技能人才队伍建设放在全省经济社会发展大局中谋划推进，高规格出台了新时期产业工人队伍建设、加强高技能人才队伍建设、提高技术工人待遇、推行终身职业技能培训制度等政策，高站位谋划技能人才发展布局。2019年，李希书记亲自点题、亲自谋划、亲自部署、亲自推进了"广东技工"工程。全省各地各部门将实施"广东技工"工程作为贯彻落实习近平新时代中国特色社会主义思想和习近平总书记对广东系列重要讲话、重要指示精神的具体行动，以服务制造业高质量发展、促进更加充分更高质量就业为导向，努力健全技能人才培养、使用、评价、激励制度，加快培养造就一支规模宏大、结构合理、布局均衡、技能精湛、素养优秀的技能人才队伍，推动广东技工与广东制造共同成长，为打造新发展格局战略支点提供了坚实的技能人才支撑。

在中央和省委、省政府的关心支持下，广东省人力资源和社会保障厅深入实施"广东技工"工程，聚焦现代化产业体系建设，以高质量技能人才供给为核心，以技工教育高质量发展和实施职业技能提升培训为重要抓手，塑造具有影响力的重大民生工程广东战略品牌，大力推进技能就业、技能兴业、技能脱贫、技能兴农、技能成才，让老百姓的增收致富道路越走越宽，在社会掀起了"劳动光荣、知识崇高、人才宝贵、创造伟大"的时代风尚。强化人才培养是优化人才供给的重要基础、必备保障，在"广东技工"发展壮大征程中，广东省人力资源和社会保障厅坚持完善人才培养标准、健全人才培养体系、夯实人才培养基础、提升人才培养质量，注重强化科研支撑，统筹推进"广东技工"系列教材开发，围绕广东培育壮大 10 个战略性支柱产业集群和 10 个战略性新兴产业集群，围绕培育文化技工、乡村工匠等领域，分类分期分批开发教材，构建了一套完整、科学、权威的"广东技工"教材体系，将为锻造高素质广东技工队伍奠定良好基础。

新时代意气风发，新征程鼓角催征。广东省人力资源和社会保障厅将坚持高质量发展这条主线，推动"广东技工"工程朝着规范化、标准化、专业化、品牌化方向不断前进，向世界展现领跑于技能赛道的广东雄姿，为广东在全面建设社会主义现代化国家新征程中走在全国前列、创造新的辉煌贡献技能力量。

广东省人力资源和社会保障厅
2021 年 6 月

前　言

习近平总书记指出，重农固本是安民之基、治国之要，解决好"三农"问题是全党工作的重中之重。2021年中央一号文件《中共中央 国务院关于全面推进乡村振兴加快农业农村现代化的意见》指出，民族要复兴，乡村必振兴；全面推进乡村振兴是实现中华民族伟大复兴的一项重大任务。乡村振兴，产业兴旺是重点。电子商务作为一种新的流通方式，改变了传统农业产业的供应链、价值链、信息链和组织链，在乡村产业发展、产业融合和产业全面振兴等方面发挥了重要作用。农村电商作为电子商务的重要组成部分，在刺激农村消费、巩固脱贫攻坚、推动农业升级、促进农村发展中的作用日益凸显，为促进乡村产业振兴、人才振兴、文化振兴、生态振兴、组织振兴注入了强劲的动力。

广东省委、省政府深入贯彻落实习近平总书记、党中央、国务院决策部署，将精准扶贫理念和乡村振兴导向贯穿农村电商发展全过程。近年来，我省以电子商务进农村综合示范创建工作为主要抓手，不断完善农村电商公共服务体系，拓宽农产品线上销售渠道，创新农村电商运营模式，促进农户与市场有效对接，塑造区域特色品牌，推动农产品"出山进城"，在全面实施乡村振兴战略中展现广东担当、贡献广东智慧。

2019年11月，广东省人力资源和社会保障厅、广东省农业农村厅印发《关于进一步加强我省农村电商培训推动创业就业的工作方案》（粤人社发〔2019〕158号），正式启动实施"农村电商"工程。工程聚焦人员培训、创业就业、品牌打造、载体建设等关键环节，打通农村电商创业就业工作全链条，充分释放农村电商在扶持创业、吸纳就业、实现巩固拓展脱贫攻坚成果同乡村振兴有效衔接等方面的重要作用。

乡村振兴，人才是关键。培养一批有文化、懂技术、善经营、会管理的高素质农民和农村实用人才、创新创业带头人，是全面推进乡村振兴的迫切需要；完善农村电子商务人才培养机制，组织开展形式多样的农村电商培训，培养一批农村电子商务专业人才，是提升电子商务进农村效果，推动"农村电商"工程高质量发展的关键所在。"广东技工"工程教材农村电商系列作为"广东技工"工程教材的重要板块，重在为加大农村电商技能人才院校培养力度，大规模开展农村电商从业人员职业技能培训，全方位、多层次提升农村电商人员能力水平提供技术支撑。该系列教材结合广东农业发展现状及电子商务发展趋势，在广泛参照行业、企业标准和国家规范的基础上研发，其中包括《农村电商基础》《农村电商办公软件应用》《农村电商网店美工》《农村电商网店客服》《农产品视觉营销》《农村电商网店运营》《农村电商品牌包装与推广》《农村电商新媒体运营》《农产品社群营销》《农产品供应链管理与物流管理》《县域电商与农贸经济》《农村电商职业经理人》12本教材，为规范培训教学、提升培训质量、打造培训品牌、推进"农村电商"工程向纵深发展奠定了良好的基础。

当前，我国已开启全面建设社会主义现代化国家新征程，"三农"工作也转入全面推进乡村振兴、加快农业农村现代化新阶段。"农村电商"工程是我省全面贯彻落实总书记关于"三农"工作重要论述精神，全面推进乡村振兴落地见效的重要抓手，也是推动城乡生产与消费有效对接，助力国内、国际双循环顺畅联通的有效手段。农村电商，助农兴村。接下来，我们将继续深入推进电子商务进农村和农产品出村进城，畅通城乡经济循环，切实将农村农业优势转化为乡村振兴内生动力，让广大农民过上更加美好的生活，为乡村振兴提供新动能、新载体。

目 录

项目一　农村电商职业经理人素质养成　/　1
　　任务一　农村电商职业经理人画像　/　2
　　任务二　金牌职业经理人修炼　/　4

项目二　运营管理　/　17
　　任务一　数据化选品　/　18
　　任务二　渠道推广　/　28

项目三　供应链管理　/　33
　　任务一　供应商开发与管理　/　34
　　任务二　产品质量管理　/　46
　　任务三　库存控制与管理　/　57
　　任务四　运输与配送管理　/　65

项目四　品牌塑造　/　75
　　任务一　品牌定位　/　76
　　任务二　品牌建立　/　85
　　任务三　品牌运行　/　105

任务四　品牌维护 / 126

项目五　团队建设 / 137
　　任务一　电商团队架构设计 / 138
　　任务二　电商团队绩效考核 / 146

项目六　财务管理 / 157
　　任务一　财务认知 / 158
　　任务二　筹资投资决策 / 190
　　任务三　营运资金决策 / 198
　　任务四　利润分配决策 / 204
　　任务五　成本要素分析 / 211
　　任务六　降本增效管理 / 217
　　任务七　财务分析 / 224

附件 / 236

后记 / 240

项目一
农村电商职业经理人素质养成

2020年，农业农村部印发《全国乡村产业振兴发展规划（2020—2025年）》，要求统筹发展农产品初加工、精深加工和综合利用加工，推进农产品多元化开发、多层次利用、多环节增值。

近几年，农村电商蓬勃发展（图1-1），推动乡村产业兴旺及乡村振兴。随着政策就位、市场成熟、数字技术发展及大量人才返乡，农村电商迈入"天时地利人和"的历史机遇期，迎来全面井喷的"黄金时代"。2020年"新农人"调研报告提出："模式＋人才"是农村电商平台竞争的关键。

图1-1　农村电商蓬勃发展

农村电商职业经理人

任务一　农村电商职业经理人画像

学习目标

1. 结合问卷结果客观评价自己的领导才能。
2. 能够依据农村电商职业经理人必备的职业能力，查找短板。

情境引入

新农村的发展，带来了非常多的创业商机，职业院校的学子放弃在大城市找工作，回到农村创业的案例也越来越多，小亮是2020届技工学校学生，由于学业优秀，顶岗实习时被老师推荐到广东富农电子商务有限公司农村电商部实习，自入职后，他一直很勤奋，很快成为部门的得力骨干，毕业后也顺利被公司录为正式员工，2021年春节假期返乡过年，让他有了回乡创业的梦想，期待为家乡农村电商的发展做出贡献，公司领导得知情况后，非常支持他的想法，于是对他进行了系统的农村电商职业经理人专题培训。

职业经理人概念

职业经理人，是指在一个所有权、法人财产权和经营权分离的企业中承担法人财产的保值增值责任，全面负责企业经营管理，对法人财产拥有绝对经营权和管理权的职业，由企业在职业经理人市场（包括社会职业经理人市场和企业内部职业经理人市场）中聘任，而其自身以受薪、股票期权等为获得报酬主要方式的职业化企业经营管理专家。一般指具备一定职业素质和职业能力，并掌握企业经营权的群体。

职业经理人是专门从事企业高层管理的中坚人才，具体而言就是具备良好的品德和职业素养，能够运用所掌握的企业经营管理知识以及所具备的经营管理企业的综合领导能力和丰富的实践经验，为企业提供经营管理服务并承担企业资产保值增值责任，经营管理业绩突出的职业化的企业中高层经营管理人员。

第一步：评价自己的领导才能。

学习准备：以下分别就你的计划与创新能力、管理才能、沟通能力、表达能力、交际能力、处理问题能力、公关能力等多个维度进行测评，请按要求耐心填写，客观评估自己的领导能力，以便查找自己的职业能力短板，通过学习和实践提升自己的不足，成为一名合格的农村电商职业经理人。

第二步：查找自己的短板。

学习准备：通过多个维度进行测评分析，请对照结果客观评估自己的领导能力，查找自己的职业能力短板，针对性训练。

总结与评价

知识导图：

任务一知识导图如图 1-2 所示。

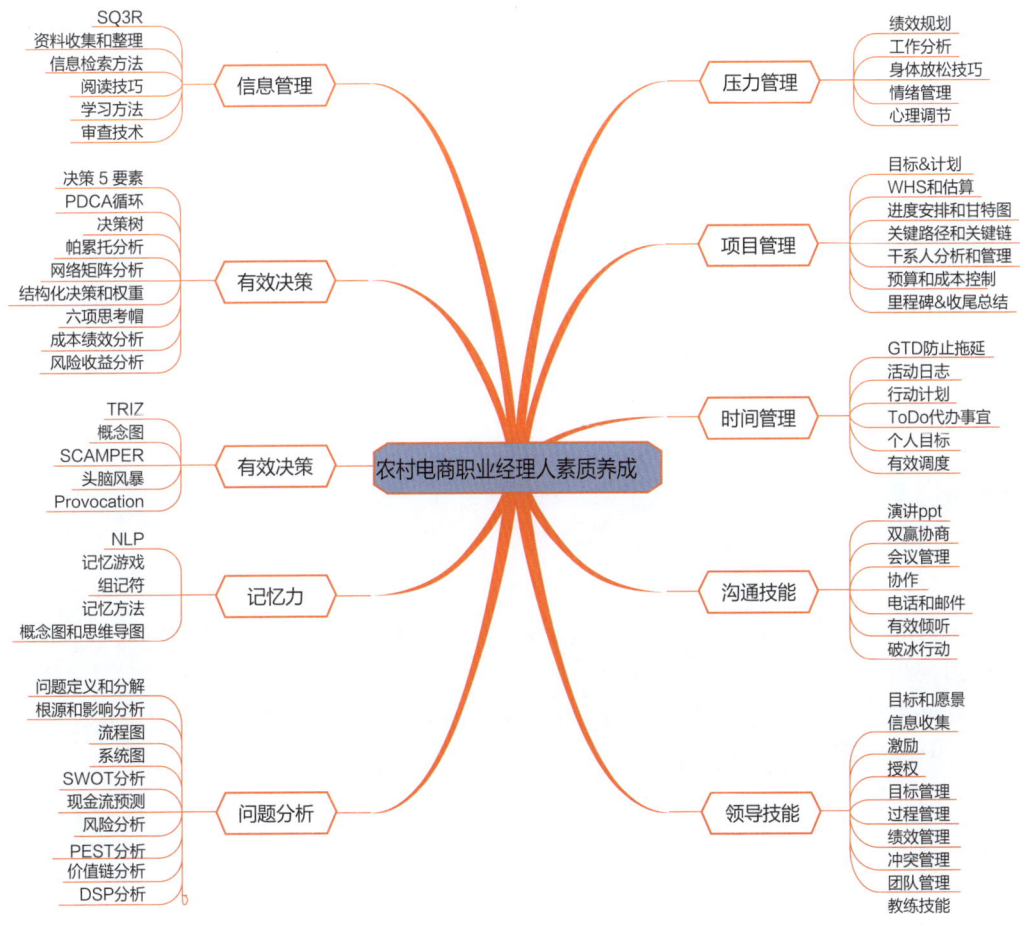

图 1-2　任务一知识导图

农村电商职业经理人

任务二 金牌职业经理人修炼

学习目标

1. 能清晰判断农村电商的商业盈利模式。
2. 通过学习与训练，提升核心职业技能。
3. 理解并践行农村电商职业经理人的养成路径。

2015年10月14日国务院常务会议认为，通过大众创业、万众创新，发挥市场机制作用，加快农村电商发展，把实体店与电商有机结合，使实体经济与互联网产生叠加效应，有利于促消费、扩内需，推动农业升级、农村发展、农民增收，让亿万农民通过"触网"走上"双创"新舞台，同时也催生了农村电商职业经理人就业岗位的需求。

情境引入

小亮作为返乡创业大军的一员，利用自己在广东富农电子商务有限公司农村电商部工作的经验和系统学习，计划回乡通过互联网众筹一个家庭农场，为众筹者提供有机农产品的种植和生态鸡的养殖服务。同时，还计划在农场附近开一间集休闲娱乐为一体的农家乐。所有众筹的会员可以免费体验农家乐的设施，而且免费为众筹会员提供厨房。这样，通过农家乐创造流量，通过经营家庭农场来赚钱。

思考：什么是农村电商的商业模式？

提示：能确保赚钱或盈利的业务。在创设商业模式时必须要考虑清楚经营农村电商企业的时候，我们要靠哪一个点来赚钱或做大项目。

一、农村电商概述

1. 电商商城走进农村，互联网＋农村＝新蓝海

大多数农村如果想要将农产品销出去，一般要农民自己千里迢迢把农产品放到农贸市场去卖，或者参加赶集才能销出去，不但不能卖到好的价钱，而且费精力。

随着电商行业的发展，互联网＋农村市场成为一片新蓝海，电商对农业发展大有裨

益，它能缩短时空距离，打通产品销售渠道，解决农副产品知名度不高、卖不出去等一系列问题，为乡村振兴、脱贫攻坚提供广阔空间。

尤其是在新冠肺炎疫情防控期间，不少地方干部走进直播间，临时客串带货"主播"，为当地特色农产品代言，助力农产品销售。

新颖的销售方式吸引了不少消费者买单：安徽砀山县县长卖掉了7万千克砀山酥梨，广西乐业县副县长直播两个多小时卖掉2万千克沃柑。据统计，拼多多"市（县）长助农直播间"一个多月售出农产品400多万千克……

2．什么是农村电商

农村电商是通过网络平台嫁接各种服务于农村的资源，拓展农村信息服务业务、服务领域，使之兼而成为遍布县、镇、村的"三农"信息服务站。

农村电商平台配合密集的乡村连锁网点，以数字化、信息化的手段、通过集约化管理、市场化运作、成体系的跨区域跨行业联合，构筑紧凑而有序的商业联合体，降低农村商业成本、扩大农村商业领域、使农民成为平台的最大获利者，使商家获得新的利润增长。

农村电商服务包含网上农贸市场、数字农家乐、特色旅游、特色经济和招商引资等。

3．农村电商的常见商业模式

从国家发布的新政策来看，农村电商、农产品电商、特色农产品微商以及农村物流的兴起将掀起一股创业热潮，其中能够抓住的创业机会有哪些呢？"互联网+农业"模式的出现，并不是指将农村的产品向城市输送，也不是向农村卖商品，而是以农村为中心构建一个生态体系，并通过鼓励创业的方式积极带动农村就业。总结来说，在农村电商市场上有以下几种主要的创业模式。

（1）农村电商和村淘创业。随着城市市场的逐渐饱和，越来越多的电商企业开始将目光转向农村市场，电商渠道下沉开始成为一种趋势，京东、阿里等电商巨头也开始在县域、农村电商领域展开激烈的厮杀。数据显示，中国一线城市互联网网购人群的数量已经达到了4.5亿人，而县域以及农村电商市场的网购人群已经突破了9亿人，这就意味着县域以及农村电商市场蕴藏着巨大的挖掘潜力。在互联网飞速发展的趋势之下，农村电商得到爆发式的增长，掀起一股农村电商的创业热潮。

随着农村生活水平的提高，农民对品牌商品的需求日益增长，但是却缺乏有效的购物渠道。

职业经理人建议：要解决农村电商市场存在的问题，满足农民对品牌商品的需求，发展农村电商以及村淘站点的确是一个好办法，期待在农村电商市场有所作为的企业家可以趁势在农村电商市场上抢占先机，稳固自己在农村电商市场的地位。

（2）县域农村电商物流创业。从目前国内的快递网络来看，县级区域基本实现了快递网络的覆盖，但是从县级到村级的物流一直以来都是快递行业的一个痛点和软肋。

职业经理人建议：可行性大，风险较低，同时对电商快递包裹流量的稳定程度进行风险评估，拥有一定整合和调度社会运力资源的能力。如果能够建立比较完善的县级到村级的物流体系，那么对于农产品流向城市以及工业产品流向农村都有重要的意义。

（3）农村刷墙创业。收入能够达到几千万元，估值已经达到了10亿元。

商业价值：刷墙业务牢牢抓住了农村互联网的入口。

运营方式：招募"网络村官"进行线下推广，雇用农民为其工作。

数据：将农村众多小卖部资源整合起来，对农村用户进行分析。

策略：设计符合农民语言特色的刷墙语言。

职业经理人建议：农村刷墙实际上就是掌握了农村广告的入口，并且付出了比较低的位置以及劳动力成本，但同时这样的方式也将面临如下重大挑战：

①吸引上游广告投放的客户，抓住意欲进入农村市场的客户。

②利用社会化的资源开展刷墙业务。

③语言要有一定的创意，并结合农民的语言特色。

（4）农产品电商创业（F2B和F2C）。F2B即Farm To Business，农产品直供模式，当前这种模式主要集中在城市，通过省去中间渠道，将产品直接从产地运送至城市的学校、食堂、机关、酒店等机构，这种模式已经在全国范围内广泛运用开来，并且有的已经获得了一定额度的风险投资。

上游的平台一定是与多个农业基地实现对接的，因此在基地端的创业者，可以通过给予农民一定的种植指导，去对接上游的平台，从而为农村电商的发展提供重要的支持。

F2C即Farm To Customer，线上多渠道模式，对于多品牌农业基地的产品，可以借助淘宝等电商平台，实现农场与家庭的对接，采用预售和订购的模式来销售农产品。

职业经理人建议：传统的农场主不仅不了解互联网，也缺乏品牌意识和商业化思维，因此这个创业机会值得年轻人去深入挖掘和整合，或许未来能创造更大的商业价值。

（5）特色农产品微商创业。随着"互联网+"行动计划的提出，国家也越来越重视互联网在农业领域的深入渗透和融合，特色农产品微商的出现使整个农村领域进入了一个新的发展阶段，万人创业孵化园的建立，也为农村创业提供了重要的支撑。

适合开展特色农产品微商创业的对象包括以下两类。

①基地：地标性的特色农产品，具有独特的产品价值。基地的产能比较稳定，同时能够保证产品品质，符合当前的物流承运标准。规模比较大的基地可以运用品牌化的策略，中型的基地可以运用众包的品牌战略，而小型的基地和单品只需要做好心态运营。

②渠道：只要能够懂社群，在特色农产品微商领域就能实现快速成长，特色农产品微商会向他们推荐比较靠谱的单品，结合基地就可以玩转社群营销，依靠一个单品就可以注册公司；如果还能为用户提供几次O2O体验，那么品牌的名声就能打出去。或者是建立独特的微商运营体系，在特色农产品微商平台上同时申请多个单品来做特色农产品微商。

职业经理人建议：农业是一个具有较大挖掘潜力的行业，通常情况下，一个人工资的1/3是消费在吃上的，因此在社交电商时代，特色农产品微商具有较大的创业价值，可以推动成千上万人的创业，让每一个人都有机会成为独立创业者。

（6）农村O2O服务平台创业。这里的O2O服务平台并不是指单一的物流或者是电商，如日日顺在全国拥有2万多个村级服务站，除了物流服务之外，日日顺也是一个提供家电送装、以旧换新的综合服务平台，在农村家庭的消费入口赢得了更多的商业机会。

职业经理人建议：O2O服务对于村级服务站来说具有重要的意义，如果能在全国农村范围内建立O2O村级服务站，那么将具有重要的商业价值，不仅会吸引京东、阿里等电商巨头的目光，同时也会获得其他意图进军农村市场的品牌的青睐。

（7）农资集中采购平台、农机融资租赁创业。农村集中采购平台原本是供销社的事情，但是由于其特殊的属性以及体制，供销社中没有一个能与互联网深度融合的，而今受"互联网＋农业"趋势的影响，这一领域也应该积极尝试变革。随着农村对农资、种子以及农业机械等需求的日益提升，在农村市场可以搭建一个农资的集中采购平台，如果是比较大型的农业机械设备，可以联手金融机构开展融资租赁，从而创造更大的发展空间。

职业经理人建议：这个领域的商机，需要有多方面资源的支持，而且供销社可能会设置一定的门槛，因此创业者在这个领域进行创业的时候，可以选择相对比较发达、思想比较先进、对新事物接受程度比较高、深受互联网影响的农村地区。在资本的支撑下，创业者还应该积极与县级和市级的相关部门进行对接，在他们的协同作用下开展创业活动。

（8）农村电商培训创业。在中央发布的20亿元扶持农村电商发展中，其中有一个方向就是开展农村电商培训，因此整个农村电商培训方面也是一个巨大的市场，需要具备一定互联网思维的人，深入县域和农村进行交流和培训，向农民传授更多的电商知识。

职业经理人建议：既要迎合国家政策的需求，也可以通过培训业务的开展带动创业，创业又可以为农村解决一部分就业问题。而且全国已经拥有了多个特色农产品微商创业孵化园，推动基地以及渠道的特色农产品微商发展，这些申请特色农产品微商的会员们会逐渐孵化成为导师，在自己操作特色农产品微商的同时，影响和带动更多人。

（9）农村旅游平台创业。农业互联网化的趋势，不仅带动了农村市场的商品买卖以及服务，同时也促进了产业旅游业的发展，对于一些生产地标性特产的地方，可以通过搭建农村旅游体验平台，在为消费者提供乡村游以及特色产品体验的同时，带动特色农产品的销售。

职业经理人建议：这种创业形式不需要太多商业化的推进，只要能够将全国的农业基地以及特色农产品基地整合起来，然后将特色农产品的旅行体验粉丝作为主要的消费群体，就可以在带动农村旅游的同时，推动特色农产品的营销和推广。

二、职业经理人核心技能修炼工具

从思维能力来看，作为职业经理人要头脑清楚，才能做好事情。管理大师彼得·杜拉克说："做对的事情，要把事情做对（Do the right things, Do the things right.）。"所以培养职业经理人的思维能力是最重要的事，也是最抽象、最难培养的。

职业经理人工作技能的四大方面，具体表现为12项管理技能。

1. 拟订计划

管理工作的第一步便是拟订计划。因此作为职业经理人的首要任务便是能制订清晰有效的工作计划。不论是长期的战略规划，如年度营销策划、年度预算、质量改善计划等，还是短期的战略规划，如人员招聘计划、新产品上市计划、筹办公司运动会等，都需要运用计划能力。其中的关键技巧是分辨三种不同类型的计划，即有特定目标非例行性的项目管理计划，例行工作的日常管理计划与处理问题的处置计划。另外，要能辨别目的与目标的差异，能够制订合理的目标，而非只应用过去的数字作为基础（例如生产计划的预测）。工具方面要有目标树、**SMART**法则、优先顺序排列法、心理图像法、甘特图、**PERT**图等。

2. 制订决策

职业经理人的职责便是制订决策与领导执行，计划与执行的过程有许多变量，必须慎重地进行决策。错误决策会导致失败，正确的决策则是奠定成功的基础。例如战略上该进攻还是要防守，人才要从内部培养还是外部聘任，产品定价多少，预算如何分配，该选择哪个媒体做广告，处处都需要决策，决策时有竞争者的变量，时间与资源的限制，信息不足或错误的可能，道德上的压力、人情的包袱，要制订正确的决策是重要的能力，英特尔前董事长兼首席执行官葛洛夫曾说："我们并不特别聪明，只不过在激烈竞争中，比对手做出更多正确的决策。"决策的技能包含前提假设、推论能力、信息收集、整理、分析、归纳的能力，逻辑判断、博弈竞局理论、面对压力的心理素质、如何避开心智模式与错误的系统思考等；工具上有矩阵法、决策树、电脑模拟、沙盘推演、加权指数、逻辑原理、潜意识原理，以及系统模型等。

3. 解决问题

"困难只是印证一个人伟大的程度"，这句话说明了解决问题是职业经理人重要的任务，也是考验一个人能力的最佳方式。没有一个企业是没有问题的，不论是质量不佳、产能不足、工期不准、人力不足、士气不振，还是财务困境、设备老旧、工艺落后、市场占有率下滑等，只要谁能解决这些问题，谁便能受到重用。"所谓成功便是肩负更大的重任，去面对更棘手的问题"。解决问题需要的技能是界定问题、收集资料、分析问题、找出问题根源，以及运用创造能力找出解决方案来。辅助工具有问题树、鱼骨图、帕累托图、"V"形回路、KJ法、脑力激励法、创新思维法等。

从绩效管理能力来看，职业经理人领取薪资与享受福利，回报给企业的是绩效。无法产生绩效的职业经理人，就像不能拍出清晰相片的照相机，期望很高，但绩效很差。所以职业经理人必须面对的现实是创造一流绩效，否则只有下岗。企业的竞争极为现实，没有产出的投入会降低竞争力，因此作为职业经理人如何协助企业提高绩效，是最为核心的技能，其中制订标准、成果管制与绩效考核是三种关键技能。

4. 制订标准

无规矩不能成方圆，缺乏标准的企业运作起来特别费劲。企业中的事情，可以分为两大类：一种是周期性、经常性、例行性的，例如员工招聘、生产计划、质量检验等；另外一种是特殊性、非例行性的。职业经理人必须先把前一种任务尽快标准化,以利于组织正常运作;之后集中精力处理特殊性的任务。许多企业未能将例行性任务进行规范化、标准化,这将消耗管理人员大量的心力,不仅部属无所适从,大小事情都要报告,而且效率不佳。制订标准的具体技能是判别需要标准化的项目、工作分析、作业研究、评估与制订合理标准、形成书面材料,以及培训等,用到的工具有流程图、管制图、检查表、分类法、动作研究等。

5. 成果管制

组织为了呈现有效的结果,不仅要有良好的决策,也需要有执行的能力,在此期间,如何有效地管制质量、成本、进度与服务水平,有赖于职业经理人的高度技能。管制太多,处处绊手绊脚、士气低落、效率不高;管制不足,容易出现漏洞、成本提高、质量不保。管制能力的考验主要有几方面:分辨该管与不该管的事,将事后处置提前为事前管理与事中管理(例如质量的问题可能来自供应商的能力,所以制造过程控制得当还不行,还需要源流管理或采购管理),促进部属自主管理的意愿与能力,由外部控制逐渐演变为自我管理,工具方面需要运用 QC 七大手法、新 QC 七大手法、任务交叉法、看板管理等。

6. 绩效考核

员工期望自己的努力得到应有的鼓励与报酬,组织中的士气也受到考核办法的影响,要让员工短期有好的表现,但如果要建立持续的绩效,则需要有公正合理的考核办法与激励机制,才能促使人们愿意为未来而努力。绩效考核牵涉到企业文化——要奖励哪些类型的人?组织形态——生产事业?服务事业?创新型?成本型?以及组织的能力——管理成熟度、财务能力、股东支持度等。更要注意员工的需求满足层次,例如加薪初期很有效,但最后会失去兴奋度与激励性。绩效考核的技能包含从战略的高度打出关键绩效指标(Key Performance Indicator,简称 KPI),将绩效指标转换成为员工行为标准,制订绩效标准与评价成果的面谈沟通技巧,绩效检讨与指导修正的能力,以及不同类型性格员工的激励策略,工具方面需要应用平衡考绩法、加权指数法、倾听技巧、观察法、咨询技巧等。

以上三种技能是提高组织绩效的重要技能,也是确保组织成员持续进步的动力来源,更是组织将过去经验转换成未来竞争力的基础。

7. 团队建设

团队不等于团体。团体可能只是一群乌合之众,并不具备高度的战斗能力。要有三个方面的要素才能称得上是团队:一是目标要集中;二是关系要和谐互助;三是工作方法要保持一致与适当弹性。

组织中经常需要运用团队技巧,如工地中要争夺鲁班奖的建筑工人,连锁店里提高业绩、确保顾客满意的导购人员,力争上游的甲级 A 组联赛足球队的全体人员等,都是广泛应用团队技巧的典型团队型组织。团队建设的技能主要是要建立共同前景与目标的能力、调和与应用成员差异的能力、制订共同规范、整合新进人员、从经验中学习、引导团队找寻正面方向等。具体工作有:深度会谈、探询与辩护、团队动力、TA 活动、问卷调查，以及内部行销等。

8．领导能力

联合国一组织机构指出 21 世纪最缺乏的资源是领导人才，即那些能够不断自我超越、严以律己、顾全大局、能使大众信服且能产生正面结果的人才。

如何使组织中形形色色的人有效地一起工作？如何促使部属从表面服从到真心奉献？如何使士气低落的人重振士气？如何使成功的人不因志得意满而停滞不前？如何使粗心的人不致酿成大祸？如何使利益不同的人相互支持？这些都有赖于职业经理人的领导技能。领导技能主要是分辨部属的特性与现状、选择适当的领导风格、情绪的认知、控制与调节、激励能力、塑造共识、坚定的信念与意志力。工具有部属准备度分辨法、关系行为、指示行为、EQ 调节、压力缓解、信念重塑等。

9．培养部属

在过去由于经济的主体是个人生产力，而且信息的取得与交换非常缓慢，因此谁有独家秘方或秘籍绝对要好好隐藏才能显出独特性与差异性。但现如今已经不同从前，无法靠一个人的绝活独闯天下。企业要成功，便需要广纳人才。但是人才不是天生的，况且学校能教的内容有限，各个企业的差异性也很大，因此有效培育部属便成为重要的能力。所以在未来学家约翰•奈斯比特的书中提道："未来经理人将从监督者转变成教练与指导者。"台湾的宏碁电脑为迎接 21 世纪的竞争，在组织中便强力建立了不留一手的文化。评鉴职业经理人的能力，不单单是看其工作成效是否显著，部属能力是否提高也是其重要的职责。培育部属的能力包含评鉴培训需求、制订培训目标、编写培训教材、创新教学方法、应用教学工具，以及评鉴培训成果的能力。工具上则有各样的调查法、目标树、心理图像法、教学法、破冰技巧等。

团队建设、领导技能，以及培育部属是极具挑战的，也是令人感到极大痛苦或极为欣慰的工作。自古以来中国人的修身之道便是"诚意、正心、修身、齐家、治国、平天下"由内而外的，因此真诚的心意是运用组织技能成功的关键。

作为职业经理人要有职业经理人的样子。专业人士的模样表现在专业风采上。当英特尔前董事长兼首席执行官葛洛夫先生到中国访问时，联想的高级主管说道："国际级企业家就是不一样，不论是私下的言谈举止，或是出席记者招待会的发言，都表现出专业人士的风范。"要赢得尊敬不仅需要成功富足，更要有专业风采，这样的能力体现在主持会议、沟通表达与个人管理方面。

10．主持会议

彼得•杜拉克说："经理人不是在做事便是在开会。"虽然有点戏称的意味，但也说明了会议是组织中互相沟通信息、交换意见，以及形成决策的重要活动，既然会议如此频繁，如何把会开好，便是一件重要的事。会议主要有三种类型：一种是沟通意见、交流信息的讨论型会议，例如产销协调会。另一种是传达信息、发布信息的传达型会议，例如新闻发布会。第三种是产生共识，以及激励为主的共识型会议，例如员工年度表扬大会。会议的类型不同、目的不同、对象不同、场地布置不同、主持方式也都不同。分辨会议的类型、做好会前的准备工作、选定议题、确认参与会议人员、场地布置、座位安排、以及控制场面与时间、做会议记录、处理争议、引导发言、做成结论、会后跟进，未尽事宜的协调等，都是职业经理人应有的技能。

11. 沟通表达

人类文明的进展与沟通方式直接有关。孔子授徒三千，建立儒家思想；马可波罗将中华文化传到欧洲；唐僧玄奘到天竺取经。这是早期人类传递思想文化的方式。有了印刷术之后，大量印刷的图书进一步扩大影响力与传播速度。近代电话、广播、电视、传真、网络的发明，让信息的交流实现全球化、即时性。因此信息传播的质量与速度，决定了文明进步的程度。公司内部也是如此，擅长沟通的组织，进步速度较快，防范化解风险的能力也较高，文化的统一性较强。沟通方式分为书面方式、口语表达两种。书面方式例如营运计划书、备忘录、工作记录、调查报告、往来公文、广告文案、产品说明书等，口语表达例如发表演说、主持会议记者采访、培训员工、销售说明、采购议价、商业谈判等。可以说职业经理人的主要任务便是不断地沟通，所以培养清晰、精准、有效表达的沟通能力，是每一位职业经理人的必备技能。表达技能主要体现在目的的确认、清晰的逻辑、修辞能力，以及声调、肢体语言及表情的协调。

12. 个人管理

作为职业经理人应该愿意从自身出发，不断超越自我，突破自我，以身作则，成为部属的表率。在运动领域中职业选手也远比业余选手对自己的要求更高，这不仅是为了赢得比赛，也是一种人生的态度。个人管理应从时间管理着手。彼得·杜拉克说："除非把时间管理好，否则没有办法管好其他的事情。"事实也是如此，生命中所有事情的完成，都要占用或长或短的时间，而时间恰好是最公平的事，每一个人每一天只有24小时。因此绩效好坏、公司兴衰都在每一位职业经理人每一天上班的时间中被决定。如何有效运用时间，是个人管理的首要任务。其次是终身学习。彼得·杜拉克说："未来的企业学习将取代经验，变成组织中最重要的事，特别是系统化的学习。"

有人指出：职业经理人如果在半年内没有学习新东西，便会面临被淘汰的危险。当然这种情况在中国还不至于如此严重，但这是趋势。一个重要的个人管理课题便是保持健康与活力。耐克公司对于公司高级主管做出的40种职业经理人应具备的特质，第一项便是健康。工作压力、生活紧张、饮食不正常、运动不足都会摧毁职业经理人宝贵的健康。

最后一项需要个人管理的便是EQ，即所谓的情商，如何保持快乐的心情，如何维持高昂的斗志，如何自我激励，并且不受外在环境的干扰与影响等。职业经理人只有做好个人管理，才能确保在漫长的人生旅途中不论遇到何种情况，都能保持最佳状况。

主持会议、沟通表达，以及个人管理最能展现职业经理人素养，也是赢得尊敬、让生活愉快的主要保证。掌握以上技能，对于日后的发展，必定有极大的帮助。

要培养一流的职业经理人，第一是拥有来自内心深处的决心与承诺；第二是对管理有高度的兴趣与学习热情；第三是接受先进的系统化培训；第四是建立支持系统（例如图书、杂志、研讨会、经验传承）；第五是实际操作，透过实践深入了解所学，透过实践修正、升华学习理论。

世界的重心在经济，经济的实体在企业，企业的成败在管理，管理的成效取决于职业经理人自我修炼水平。

三、农村电商职业经理人养成路径

1. 能力与素养要求

（1）学习能力：要有超速成长的能力，走在时代的前列，走在队伍的前列。

（2）决策能力：应该高瞻远瞩，能够鉴常人之所不能鉴，能够为常人所不能为。

（3）组织能力：应该能选贤任能，可以把优秀的人才与企业的财和物聚合在一起，创造业绩。

（4）教导能力：应该能不断地复制自己，带队育人。

（5）执行能力：应该有超常的绩效。

（6）感召能力：应该能凝聚人心，使人们心甘情愿地跟着走，拥有大批的追随者。

2. 职业经理人养成路径

很多职业经理人都是在不具备领导能力的时候被赋予领导重任的。因为做主管做得好，被提拔为部门经理。这是两种不同的能力，当一个人不具备领导能力的时候，就被赋予了新责任，就像没有拿到驾驶证就开车上路的司机一样，是很危险的。

为什么中国的民营企业在蓬勃发展的过程中死亡率极高呢？原因就是一些没有持证上岗的人驾驶着企业这辆车，他不知道企业的性能，就已经在开车了，而且相当一部分人不控制车速，很少踩刹车。因此，企业无法存活的情况会屡屡发生。

（1）超速成长的学习力（图1-3）。

①第一阶段：历练阶段，是体验式学习。大部分职业经理人都停留在学习的第一个阶段：体验式学习。读万卷书，不如行万里路；行万里路，不如阅人无数，就是他们的典型总结。很多企业家就是这样，从战争中学习战争。他们有很多体验，所以历练对他们来说是最宝贵的财富。但是，因为代价太大，从战争中学习战争的体验式学习方式已经被淘汰了。

②第二阶段：训练阶段，是强化式学习。现在是在战场上进行模拟战争，经过不断地实验，大大减少企业的失误。这种方式叫作强化式学习。

③第三阶段：修炼阶段，是裂变式学习。对于一个职业经理人来说，这种学习才是最重要的。当有了一些体验和一些经验的时候，很多人还是在积累。这种累加式的学习太慢了，已经不符合时代发展的需要了，应该以更高效的学习方式学到最重要的东西，将原来体系中没有的东西，原来很零散的东西归纳出来。大进步都在瞬间发生，小进步靠的是日积月累。21世纪人们在学习知识的过程中，不是死于饥饿，而是死于消化不良和食物中毒。因为人们不加选择地学习，不管适不适合自己。

项目一 农村电商职业经理人素质养成

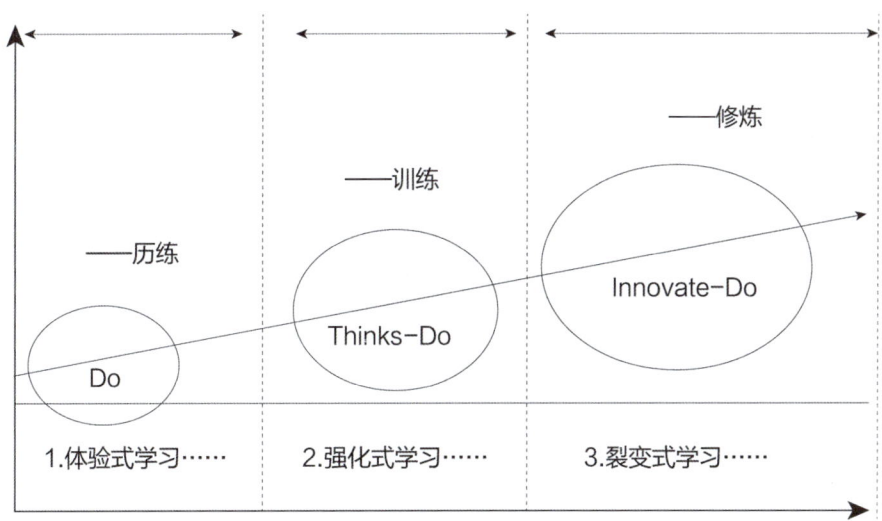

图 1-3 学习者的三重境界示意

（2）扩大决策半径。决策是职业经理人掌握的重要能力。决策力在执行力之前，没有决策力，就谈不上执行力。那么什么样的决策叫"高"和"远"，高瞻远瞩体现在哪里？所谓高瞻远瞩就是把决策半径扩大，当扩大决策半径的时候，就会看到一些不同的东西。如图 1-4 所示。

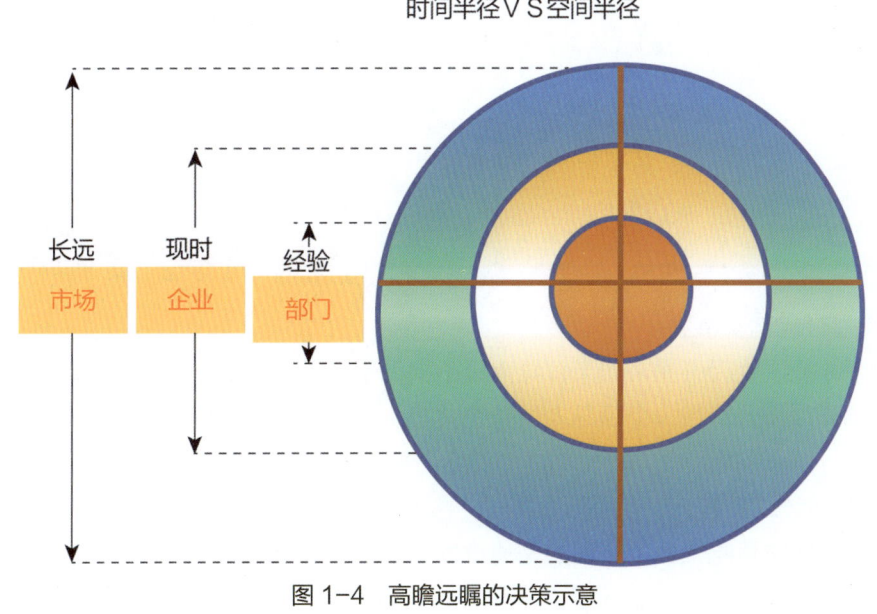

图 1-4 高瞻远瞩的决策示意

①决策的时间半径。一般的职业经理人决策时会得益于自己的经验,这叫作时间半径。这样的决策局限在过去,所以这样的决策是一个基于过去的决策。如果决策时把半径再放大一些,把现实考虑进去,决策的视野就会更宽。如果再放大一点,把未来也考虑进去,就变成了一个博弈性的决策,这样的决策会考虑到下一步竞争对手会怎么做,自己怎么进行回应。

②决策的空间半径。决策半径还可以从空间上分析,从部门到企业,再从企业到市场。所谓高人,就是站得高,看得远。

但是,如果总站在自己的视角去看问题,往往就会在迷宫里转来转去。人们都有这样的体会:给别人出主意的时候,绝对头头是道,看得清清楚楚,明明白白,而自己一遇到问题就不知所措,这好比看下棋,看踢球,总会指指点点,说得头头是道,但要让自己真正上场的时候,就完全不同了。人之所以高明,是因为旁观者清,所以领导人不要参与具体的事,而应该经常置身于事外,这样问题就会看得明白。例如,如果教练也进场踢球的话,这场球就乱了。所以,教练要站在场外看,而在关键时刻支一招。

作为一位农村电商职业经理人,你的决策是否能够做到高瞻远瞩?请你对比表1-1的提示,总结过去的决策,以便未来更好地进行决策。

表1-1 总结过去的决策

决策的时间半径	你的决策时间半径	决策的空间半径	你的决策空间半径	改进措施
1. 经验		1. 部门		
2. 现实		2. 企业		
3. 长远		3. 市场		

3. 新视野成就新事业

新视野才能成就新事业,如果领导人只是拘泥于当前,拘泥于过去,拘泥于自己的经验,就不能开阔视野。当一个领导人只是在关心企业内部问题的时候,他还是一个低层面的领导人。

4. 新思维创造新模式

有一句话叫快鱼吃慢鱼,强调的是速度的重要性。引申到企业,就是说企业只有跑得比同行快才能赢。对于资源充裕性企业来说,可以奋起直追。但是中小企业往往做不到,大企业在前面跑,它们再努力也追不上。所以对于中小企业来说,奋起直追,迎头赶上是一个错误的战略。

现在已经处于落后地位的企业，尤其是中小企业，不要想在速度上下多大的工夫，这是一个最吃力、最不见效的办法。在市场竞争上，真正聪明的战略是改变思维模式（图 1-5）。

静态优势观	动态优势观
——观念	——理念
速度决定成败	方向决定成败
——模式	——模式
奋起直追，改变劣势	改变规则，创造优势
资源充裕型企业	资源短缺型企业

图 1-5　资源充裕型企业和资源短缺型企业思维模式比较

案例分析

田忌赛马创造的是动态优势，他的三匹马都不如对手，就用自己的下马对对手的上马，输一局，再用自己的上马，对对手的中马，赢一局，最后用自己的中马对对手的下马，再赢一局，动态优势就被创造出来了。

点评：根据上述分析，中小企业应该认识到方向决定成败，而不是速度决定成败，从而运用新思维创造新模式，方向对了，改变游戏规则，就能创造出竞争优势。

每一家超速成长的企业，都完成了一项使命：打破原有的游戏规则，而不是遵循原有的游戏规则。

总结与评价

知识缺乏普遍适用性和通用性，如自我管理能力、团队管理能力、人力资源、财务管理、工作沟通、客户管理、质量和项目推进、处理冲突、创新能力等。在现代社会，个人的综合能力和素质是职业生涯发展的基石，决定一个人一生成就的高低。为了适应现代社会高效率、多元化的特点，职业经理人的职业生涯发展需要从强调单纯的工作技能，即"一专"，转变为全面提升个人的综合能力素质，即"多能"。"多能"必须能适应现代农村电商从业者所面对的多变的社会环境和频繁的工作变换。

农村电商职业经理人

学习感悟

收获：

不足：

改进：

 迁移应用

请根据所学，为即将成为农村电商职业经理人的小亮制订学习计划。

项目二
运营管理

运营管理是企业三大主要职能（财务会计、运营管理、市场营销）之一，企业通过运营管理把投入转换成产出。因此运营管理在企业竞争过程中，有着举足轻重且不可替代的地位。出色的运营管理是企业生存以至取胜的关键要素之一。

任务一 数据化选品

学习目标

1. 学会如何分析行业数据。
2. 了解分析行业数据要从哪里入手。
3. 了解分析行业数据有哪些工具、具体的分析思路和方法。

情境引入

富农电商公司要开始进入农村电商，首先要思考的就是具体选择什么细分行业，细分行业中有很多具体产品，公司到底要怎么选择具体的产品，选品有没有什么具体思路和技巧？爆款产品有没有什么特别的地方？

一、行业市场数据分析

1. 选品分析概述

（1）了解目前在淘宝/天猫平台商家的不同运营模式。

（2）在加入淘宝/天猫平台前，需要了解不同的选品方法。

（3）如何通过关键词搜索结果与获取分析生意参谋行业关键词数据，找到行业市场中的潜力单品。

2. 使用工具

所使用的数据主要来源于淘宝搜索数据结果与生意参谋行业关键词数据，具体路径如下：

（1）生意参谋—市场行情—搜索洞察—搜索排行—最近7天飙升词。

（2）生意参谋—市场行情—搜索分析—最近7天—TOP500关键词。

3. 选品分析思维

做淘宝/天猫运营必须具备理解产品和洞察市场的能力，而有一些在加入淘宝/天猫平台前，苦于不了解自己应该做什么类目、卖什么的产品的个人卖家和一些早期加入淘宝的个人卖家，在没有太大竞争、市场环境良好的情况下，赚到了第一桶金，但后期由于不了解平台现状、行业各种运营模式，而不能在原有的基础上进一步发展。

只有当我们知道"我们是谁，我们在哪，我们要去哪"，对所要做的事情有全局性的认识，才能避免走一些弯路，而弯路则对应着一定的资金成本。

所以以上个人卖家，都需要重新了解市场，理解产品。下面介绍目前在淘宝/天猫平台商家的不同运营模式。

（1）品牌模式：①能够实现品牌溢价，有足够的利润空间。②自有粉丝群体，高复购率。③官方扶持，有稳定的 KA（重要客户）商家活动资源。

（2）刷单模式：①违反市场自然法则，平台查处，甚至上升到税务，国家法律规范。②高额刷单成本，产品售价＋运费＋佣金，最少要 15～20 元。③资金压力，从物流运输到确认收货，中间最少要花三天。

（3）淘客模式：①低价＋优惠券＋佣金；实际每销售一单都在亏损。②拍 A 发 B，高风险。

（4）直通车：①测图。需要不同角度、不同颜色、不同排版、不同文案。②打爆款。引进多少流量对应等额的成本。

（5）钻展：圈人群，属于中高级卖家玩法。

（6）网红电商：① IP（人设）。专注细分领域（行业专家），专业网红机构打造。②个人。个性鲜明，对生活感知强烈，对待事物有自己的体验感和看法。

4．选品分析方法

（1）市场抄款：市场热卖爆款，看别人卖得好，还要会看数据、选对款。

（2）行业经验：多年专业领域经验，凭嗅觉；缺乏专业运营知识，容易遇到竞争对手打击。

（3）朋友资源：身边供应链或店铺做得好的朋友；对于个人卖家，在前期不需要自己囤货，不用租用仓储用地、发货打包雇用人工、设计图纸，是入门的较好选择。

（4）直通车测款：前期测款作图工程大，且需要一定的推广成本；后期单一的付费运营模式也会感到吃力。

（5）生活：通过日常生活观察现实消费者的生活需求，大家都在使用的产品一定是目前具备市场需求的产品。

（6）自身喜好：通过自己对行业的了解和资源，和志同道合的朋友一起研究产品。

（7）行业标杆：关注大卖家上传了哪些新品。

（8）数据选品：行业数据分析、搜索数据选品。

迁移应用

选品为什么很重要？有哪些好的选品方法和思路？

思路和方法有了，下一步就是利用常用的数据选品工具来实战选品。

二、选择类目及货源

通过一个农产品选品过程实例的学习和分析，进一步深刻理解数据化选品的思路和方法。各个细分类目的对比，以及市场规模、市场竞争状况、竞争对手、竞争产品等均需要逐一剖析，根据自身的特点来选择适合自己的进入类目和产品提供方法，也为进一步构建数据化运营奠定基础。货源及供应商的选择也遵循同样的思路。

知识链接

1. 数据分析

通过生意参谋—市场行情—市场洞察—行业大盘，按月份采集行业不同子类目近几年的数据，对行业市场近几年市场容量、市场趋势、竞争度、市场核心指标等多维度数据分析，图 2-1、图 2-2 分别为 2010—2018 年子行业市场成交份额与成交量。

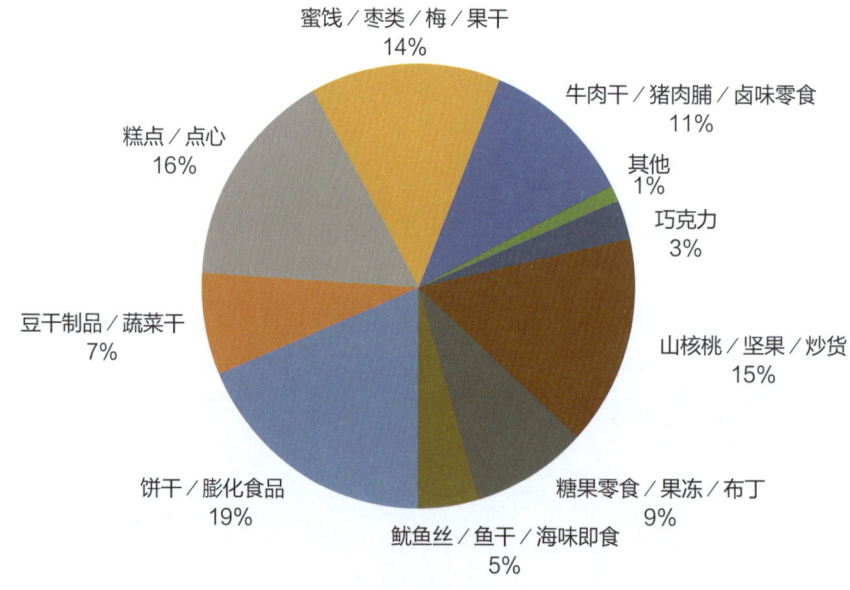

图 2-1　2016—2018 年子行业市场成交份额占比

项目二　运营管理

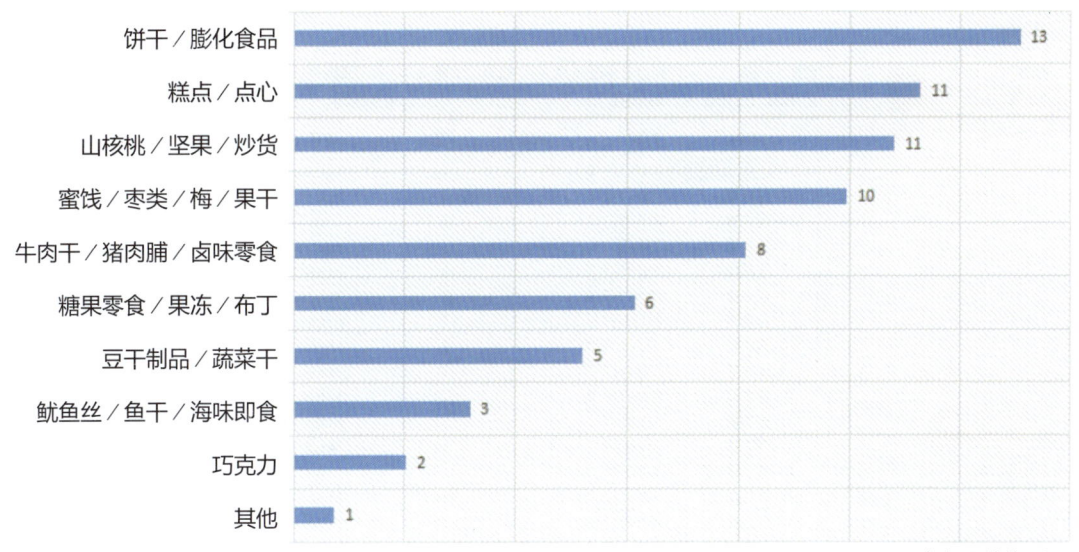

图 2-2　2016—2018 年子行业成交量对比

2．选择产品

通过搜索数据结果分析最近 30 天内带有淘宝新品标，且数据反馈较好的产品。具体操作步骤如下：

（1）打开零一工具箱，找到零一工具箱—零售电商—淘宝—市场分析—搜索挖掘，操作步骤如图 2-3 所示。

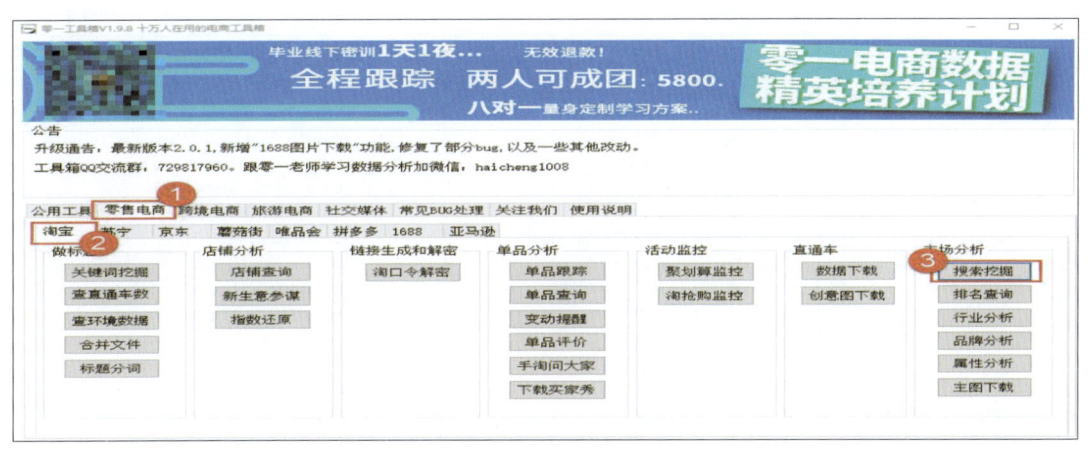

图 2-3　查找数据反馈较好的新品操作步骤（1）

（2）在搜索框中输入需要查询的关键词，选择好相应的页码和排序，勾选上下架、属性和新品选项，点击获取数据，操作步骤如图 2-4 所示。

21

图 2-4　查找数据反馈较好的新品操作步骤（2）

（3）当工具显示数据挖掘"已完成"时，点击导出数据保存，操作步骤如图 2-5 所示。

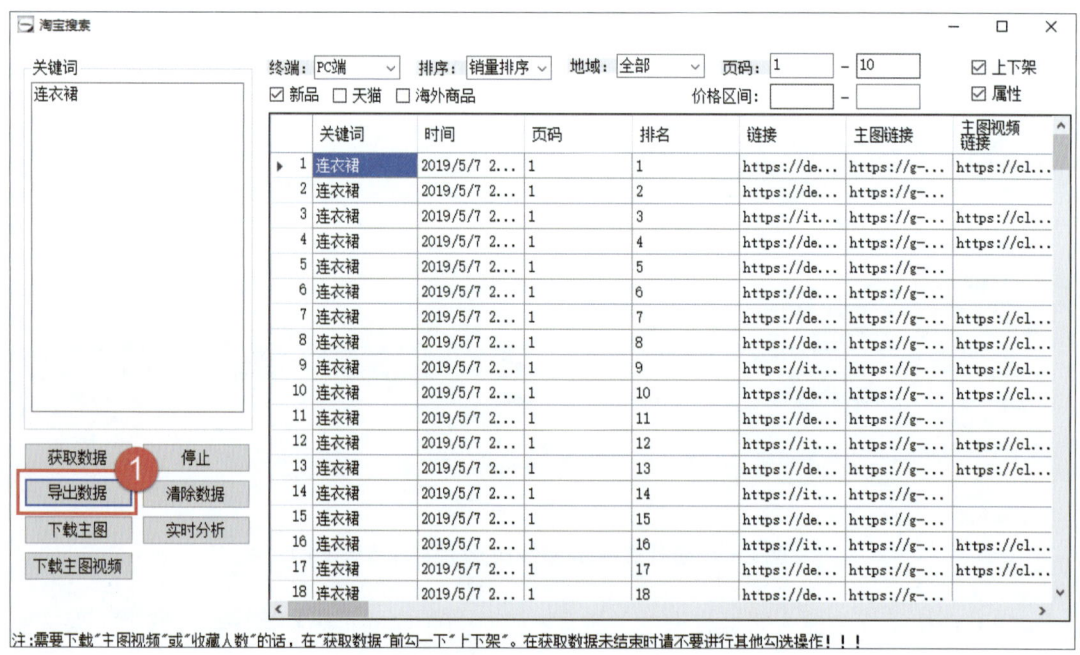

图 2-5　查找数据反馈较好的新品操作步骤（3）

（4）打开通过零一工具箱导出的 Excel 工作表，在菜单栏左上角点击插入，勾选表包含标题，点击确定，将数据转换为表格形式，操作步骤如图 2-6 所示。

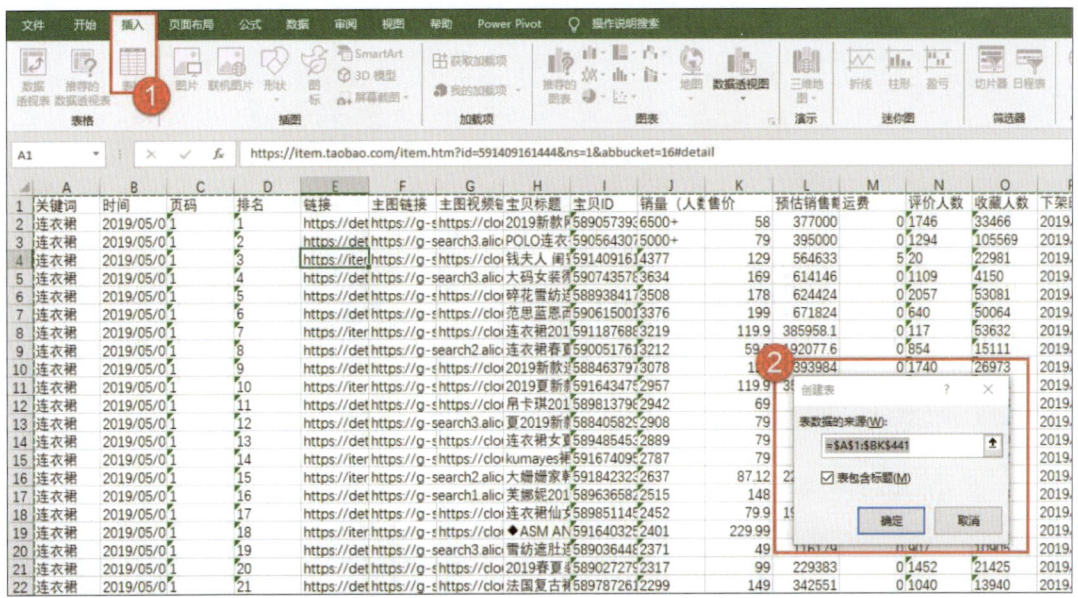

图 2-6　查找数据反馈较好的新品操作步骤（4）

（5）点击任意单元格，通过菜单栏—插入—数据透视表—新工作表，点击确定，操作步骤如图 2-7 所示。

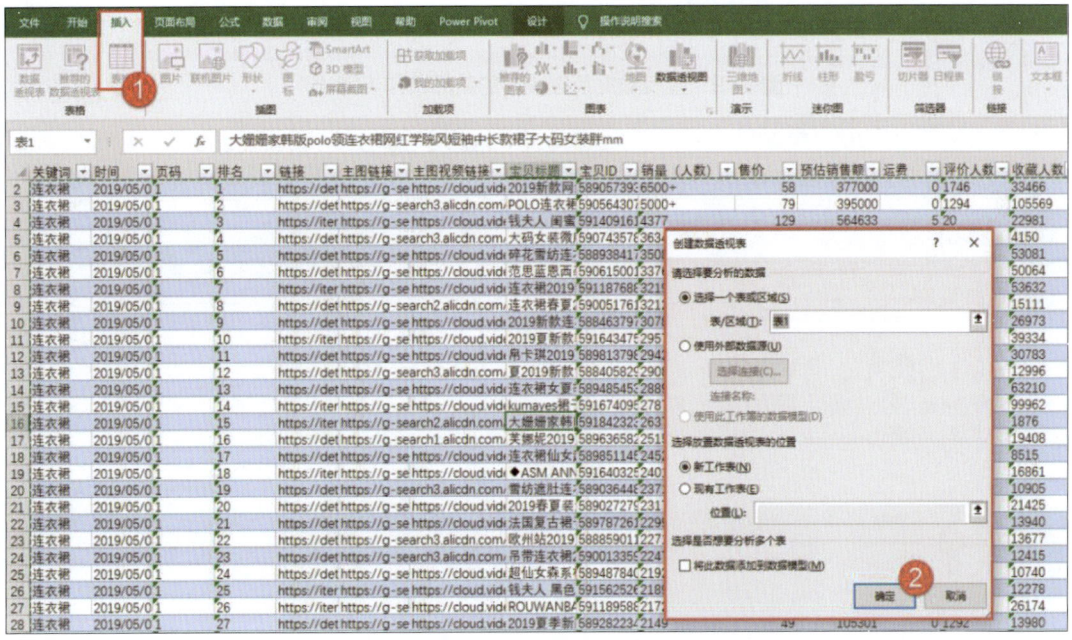

图 2-7　查找数据反馈较好的新品操作步骤（5）

（6）回到表格中，根据需求将相应的字段分别拖入数据透视图字段中，建立图表，操作步骤如图 2-8 所示。

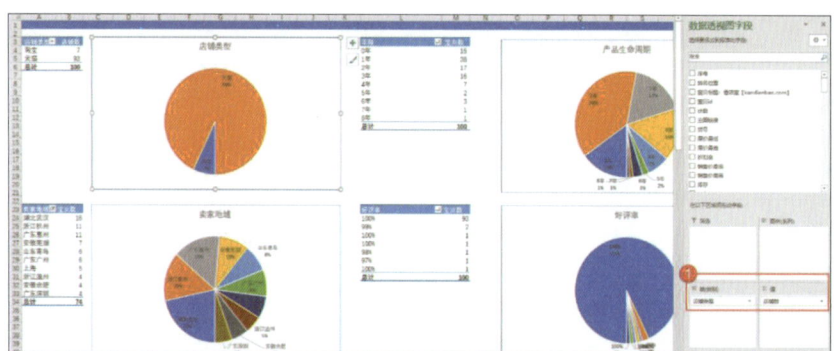

图 2-8　查找数据反馈较好的新品操作步骤（6）

（7）例如分析不同属性的产品占比，操作步骤如图 2-9 所示。

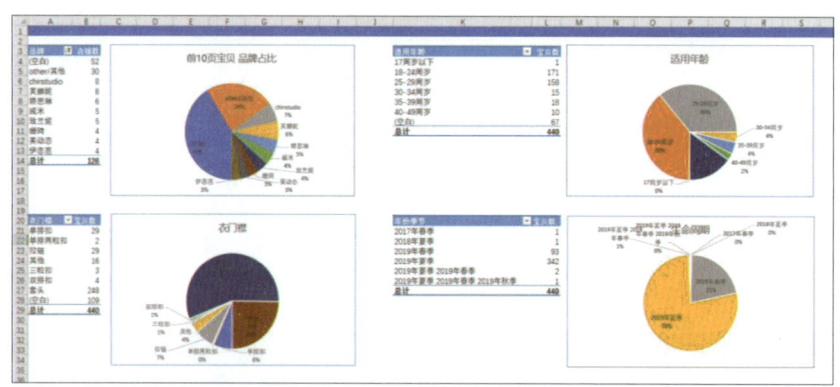

图 2-9　查找数据反馈较好的新品操作步骤（7）

3. 查找市场潜力单品

（1）打开生意参谋—市场行情—搜索洞察—搜索排行—最近 7 天飙升词，具体操作步骤如图 2-10 所示。

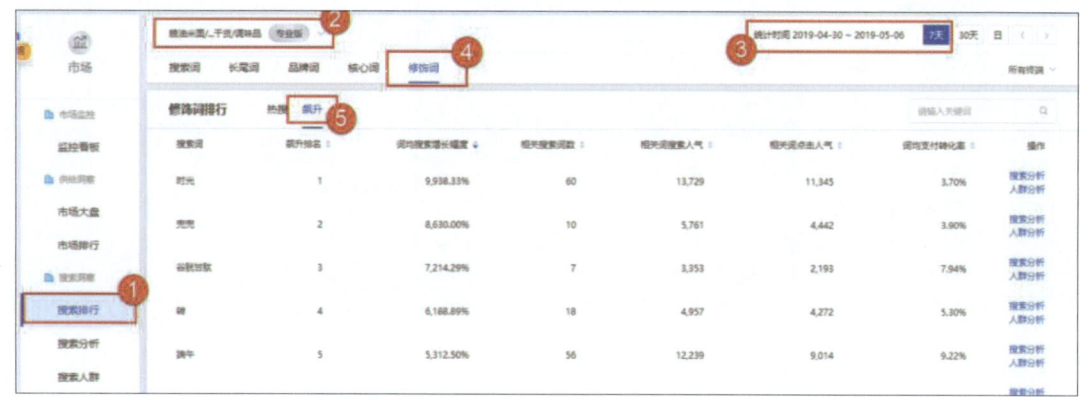

图 2-10　查找市场潜力单品的操作步骤（1）

（2）打开生意参谋—市场行情—搜索分析—最近 7 天—TOP500 关键词，搜索自己需要的关键词数据，操作步骤如图 2-11 所示。

图 2-11　查找市场潜力单品的操作步骤（2）

（3）找到相应的字段数据，通过 Power Query 数据解析，将数据复制到 Excel 表格当中，并将行业最近 7 天的搜索飙升词添加到 TOP500 关键词中查询，操作步骤如图 2-12 所示。

图 2-12　查找市场潜力单品的操作步骤（3）

（4）完成操作后，点击左上角关闭并上载，返回 Excel 表格，操作步骤如图 2-13 所示。

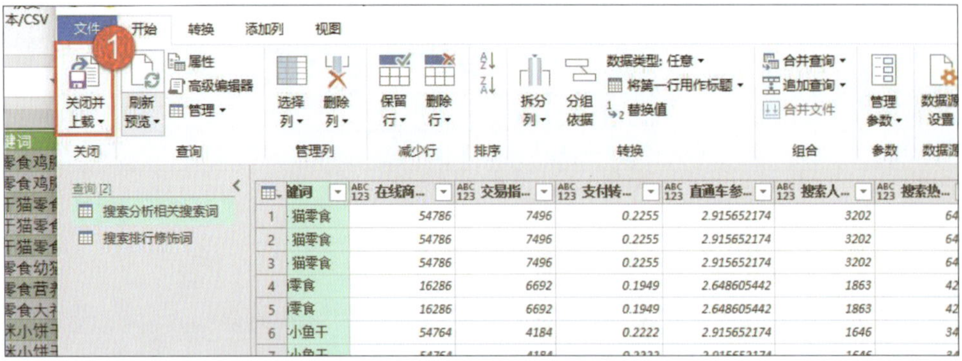

图 2-13 查找市场潜力单品的操作步骤（4）

（5）表格包含行业最近 7 天的搜索飙升词，我们手动添加"支付单数""客单价""竞争度（黄金值/蓝海值）"三个字段，操作步骤如图 2-14 所示。

支付单数 ≈ 交易指数 × 支付转化率

客单价 ≈ 交易指数 / 支付单数

竞争度 = 搜索人气 / 在线商品数

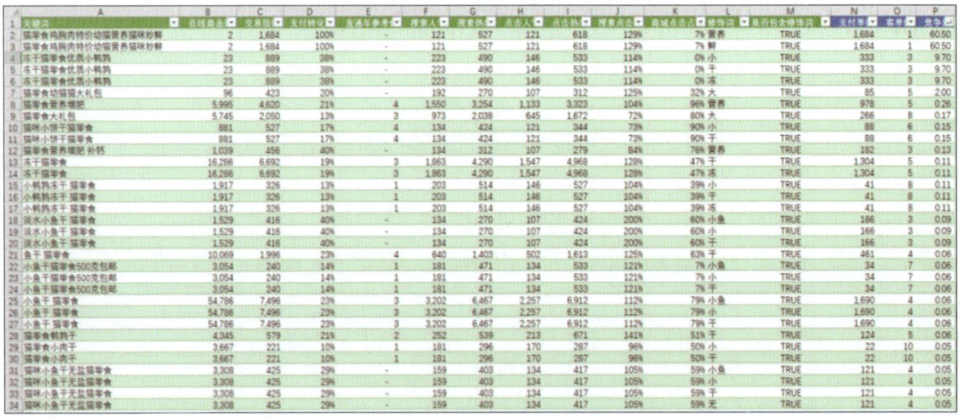

图 2-14 查找市场潜力单品的操作步骤（5）

（6）通过行业最近 7 天飙升词与搜索 TOP500 关键词合并分析，将竞争度字段按照降序从大到小排序，分析结果如下：

①我们可以看到竞争度最高的长尾关键词中包含了"特价"两个字，食品行业部分商家会通过一些临期产品链接，低价处理即将过期的产品（大概提前 1 个月），这个关键词可以搜索到的商品仅有两个，并且估算的客单价也特别低，所以导致计算出来的竞争度也相对较高；日常我们计算得出竞争度较好的关键词时，可以将关键词复制到淘宝手动搜索，

人工判断数据是否真实，有没有太大的误差，或者是不是其他商家人工干预导致的结果。

②通过分析结果还可以发现和"冻干"属性组合比较多的是"小鹌鹑"这个种类，我们可以到淘宝人工搜索"冻干小鹌鹑"这个关键词，大概判断这个产品目前的市场环境（需要一定的淘宝行业经验才能肉眼判断），或者通过零一工具箱抓取该关键词的搜索结果数据，进一步细分分析。

③根据我们从"生意参谋"得到字段组合计算，除了"支付单数""客单价""竞争度（黄金值/蓝海值）"，还可以从其他相应字段解读不同信息，例如"直通车参考价""商城点击占比"，分别可以判断大家在直通车的推广投放平均出价情况，通过搜索点击进入天猫店铺的人多，还是进入淘宝店铺的人多，如果流量大部分进入天猫店铺，那么淘宝店铺使用这个关键词后，就不具备竞争力。

④搜索关键词对大部分类目和产品都是适用的，当我们找到符合行业市场需求优势的产品时，可以通过自有（原来就是做宠物零食，并且有"冻干小鹌鹑"这个产品）或不同渠道去找到这个货源。

迁移应用

把本节涉及的选品操作流程重新操作一遍。

农村电商职业经理人

任务二　渠道推广

学习目标

1. 学会如何通过网络找到客户。
2. 了解网络推广的渠道及其特点。
3. 学会如何选择推广渠道。

情境引入

公司经过深入分析，选择了潜在爆款产品上线，想要通过网络进行产品销售，必须得有人浏览你的店铺，那就有必要进行网络推广。那么网络推广有哪些渠道？常用的推广方法有哪些？本章我们先对一般的网络推广方式进行介绍。

一、网络推广渠道的选择

1. 网站广告

在网站上做 Banner、Flash 广告推广，是一种传统的网络推广方式。此类广告宣传目标人群面比较广，不像搜索竞价那样能锁定潜在目标客户群。目前，网站广告是国内新浪、搜狐、网易等门户网站主要的盈利方式之一。

网络广告价格昂贵，一般的中小企业玩不起。同时，为中小企业带来的经济效益回报效果难以评估。因此，较大的门户网站，一般不会去找中小企业来买广告账。

2. 软文宣传

一篇优质软文，不仅可以让网站获得大量的流量，还可以在顾客或竞争对手心目中树立起公司形象。但软文必须要有"杀伤力"，才能够不断地吸引他人来阅读。因为"优质"，还常会被其他网站编辑转载，这样效果更佳。

对大多数公司来说，首先面临的一个问题就是，软文如何撰写，是否有对行业或市场了然于心的文笔高手，能写出像模像样的软文。

值得提醒的一点就是，如软文写得不好，则很难吸引读者并引起读者的共鸣，所以在发表软文之前，要仔细修订，确认它们能起到较好效果。

28

3. 网站搜索引擎优化（Search Engine Optimization，SEO）

网站 SEO 是必不可少的，原因是目前网站大部分的流量，主要还是来自搜索引擎。如果没有 SEO，显然是难以获得探索引擎的免费流量的。值得提醒的一点是，不要把 SEO 当成网站运营的主要工作来做，否则会掉入 SEO 陷阱而不能自拔。

有些网络公司，经常开会讨论做 SEO，结果影响了其产品和市场业务的发展，SEO 也未能获得明显的改善。

4. 网络视频广告

以往大家都是通过文字、图片等来传达信息，网络视频传达方式则更直接、更形象、更容易为大家所接受。目前，视频网站的迅速崛起，让视频广告这种营销方法变得更有想象空间。

个人认为，视频广告会发展得越来越好。因为视频网站各自的定位人群不尽相同，所以选择做视频网站广告推广时，要根据实际情况来进行推广。

事情营销，注重创意，有好的创意，就不怕没有效果。倘若有强大的资源作为后台支撑，营销效果则可能就会更棒。

5. 博客宣传

如今，企业开博客来宣传公司文化、理念和产品，已经不是什么新鲜事。博客这种新型的推广方式，已经得到非常多企业的认可和使用。有些企业博客网站，专门为企业开博客，比如中国企业博客网等。

开博客进行网络宣传，相对来说，还是一种小范围的宣传。实际的效果，除了能看得到流量数，其他的效果就很难评估了。然而，企业博客毕竟也算是一种宣传方法，效果或多或少还是有一些。

6. 论坛推广

以 BBS 为主的网络社区或论坛，目前国内多如牛毛。要在 BBS 这种社区上取得较好的营销效果，其难度可想而知。但这些大大小小的社区或论坛，如果统一整合起来，再进行营销活动，可能效果会大不一样。

有些人常爱去一些较为热门的论坛发帖做推广，但这种广告性的帖子一般没过多久就会被社区管理员删除，效果也不见得好。

7. B2B 平台

B2B 即 Business to Business，企业对企业的电商模式，B2B 平台是目前广受中小企业欢迎的宣传推广平台。中小企业常面临资金不足等难题，希望所付出的任何一点推广宣传费用都能获得订单，否则就容易被视为没有效果。

B2B 平台，目前有阿里巴巴、一比多、慧聪网等网络营销平台。

8. 软件推广

软件推广也是互联网上比较常见的一种推广方式。成功的案例非常之多，较为典型的案例有，Windows 捆绑 IE、QQ 软件捆绑音乐软件等。进行软件推广的首要前提是，借力的软件要对用户有使用价值，用户愿意接受才行。

提醒一点，应用此推广方法，得注重自身形象，否则不仅得不到好的推广效果，还有可能会惹来骂声一片。弄不好可能还会遭到相关协会的控告，导致赔了夫人又折兵。

9．Email 营销

一种古老的营销方式之一，几乎所有的互联网企业都在使用。互联网企业认为，获得了用户的邮件，如同获得了可以向用户宣传的"通道"。

Email 营销方式值得注意的是，给用户发送的界面和内容要极富创意，容易吸引邮件用户进一步的兴趣，才会达到较佳的效果。

10．口碑宣传

酒香不怕巷子深。的确如此，好的产品，对顾客有用、有价值的产品，自然也会得到用户的口口相传。与其说它是一种营销方法，还不如说它是一种"效果见证"。

要想达到此种效果，则需要开发出来的产品对用户非常有价值才行，且让用户使用一次之后，再也离不开。进而能介绍他们的朋友也来使用。不知不觉中，产品就被推广出去了。

11．友情链接

要与大型网站、知名网站交换友情链接，才会获得到更多的关注，赢得更多的点击数量。

此外，友情链接还应当找 Google-PR 值较高的网站做。PR 值高的网站，较容易受到搜索引擎的青睐，更容易让网站的各个页面被搜索引擎收录。收录多了，从搜索引擎过来的流量才会变得更多。

12．其他方法

此外，还有即时聊天工具宣传、空间互动营销等。

迁移应用

如何选择适合农村电商网络推广的渠道？

二、重点渠道分析

在上一节我们已经认识了网络推广的主要渠道，本次任务我们将针对适合农村电商的主要重点渠道作进一步对比分析，认识这些渠道的优缺点，核心推广方式和思路，并制订渠道推广的方案。

天猫商家想要有销量，推广是必不可少的。大家可以通过站内推广和站外推广方式来推广自己的店铺，不过，哪种方式效果更好呢？

1．站外推广方式

（1）微博：微博是一种通过关注机制分享简短实时信息的广播式的社交网络平台。卖家可以通过发送微博吸引粉丝。如果自己是"大V"或能联系"大V"推广店铺或产品，那收获的流量就更多了。

（2）QQ、微信：卖家利用好QQ、微信，能提升店铺流量，但如果是在QQ推广，那产品质量、款式是一定要有保证。

2．站内付费流量来源

（1）直通车：直通车外投覆盖淘宝站外40亿/天的优质流量，拥有庞大的网购人群，这些流量来自淘宝联盟中几千个网站。

（2）淘宝客推广：淘宝客是一种站外引流能力很强的推广模式。淘宝客帮你把产品推广给买家，这种方式能直接促成店铺商品的转化，买卖双方完成交易才会产生佣金。

3．站内推广方式

（1）橱窗推荐：使用了橱窗推荐的宝贝比没有使用橱窗推荐的宝贝更容易被买家搜索到，而且概率大了好几倍。

（2）宝贝上架时间：买家在淘宝贝的时候，淘宝的默认排序方式是按下架时间来排的，越接近下架的宝贝越排在前面，越容易被买家看到。

（3）建立会员折扣制度：把买家设置为会员，以后来买东西给予优惠，这样买家下次想买这个东西的时候，自然又会到店里来，抓住老顾客店铺才会做大！

迁移应用

结合自己的选聘，做重点渠道推广分析。

项目三
供应链管理

供应链体系对任何行业来说都至关重要，而供应链的最前端是供应商，供应商的质量直接决定供应链的质量。如果把小区的供水系统看成某一产品的供应链，那么供应商就如水源一样重要，无论供水管道或设备如何优质，水源如果不合格，整个供水系统都无法为客户提供优质的水源。本项目将结合农村电商的案例，从如何有效开发供应商到运用科学的方法合理选择适合的供应商，依据适合农村电商业务的采购流程进行业务处理，建立科学的供应商考核体系，结合业务交易记录进行公平、公正的考核评价，采用优胜劣汰的机制培育优质供应商，淘汰不合格的供应商，并持续不断地开发补充优质供应商，使供应商信息库处于良好状态。

任务一 供应商开发与管理

学习目标

1. 会合理利用管理技术管控供应商开发进度。
2. 会依据企业实际需求合理制订适合的供应商选择标准。
3. 能通过建立供应商管理机制有效管理供应商。
4. 会依据企业实际需求导入信息化管理软件,提升供应商管理效能。

情境引入

广东富农电子商务有限公司(简称富农电商公司)在2019年上半年通过对市场与政策的了解与前期调研,决定进入农村电商市场。供应商从开发、选择,到供应链的构建,有自己独立、专业的运营与采购团队,着力于打造一家从事扶贫事业的电商企业。

目前新成立的采购部没有一个供应商,也不知道如何才能快速地找到更多、更适合企业需求的供应商。请你为富农电商公司制订供应商选择、评价标准,快速高效地开发供应商,建立适合的供应商管理机制有效管理供应商。

一、供应商开发

供应商开发是指采购组织为帮助供应商提高运营绩效和供应能力以适应自身的采购需求而采取的一系列活动。供应商的开发是采购体系的核心,其表现也关系到整个采购部门的业绩。供应商开发的基本准则是"QCDS"原则,也就是质量Quality、成本Cost、交付Delivery与服务Services并重的原则。一些企业在选择供应商之前,应考虑到公司的长远规划。供应商开发可分为四个部分:长期看战略、中期看稳定性、短期看性价比和临时看交期。

1. 供应商开发的流程

供应商开发的具体流程分为6个步骤,如图3-1所示。

供应市场竞争分析 → 寻找潜在供应商 → 对供应商实地考察 → 对供应商询报价 → 合同谈判 → 确定供应商

图 3-1 供应商开发流程

（1）供应市场竞争分析：分析目前农村产品市场的发展趋势是怎样的，各类供应商与产品在市场中的定位是怎样的，从而对潜在供应商有一个大概的了解。再将产品按 ABC 分类法找出重点物资、普通物资和一般物资，根据物资重要程度决定供应商关系的紧密程度。

（2）寻找潜在供应商：经过对市场的仔细分析，可以通过前面提到的供应商信息来源寻找供应商。在这些供应商中，去除明显不适合进一步合作的供应商后，就能得出一个供应商考察名录。

（3）对供应商实地考察：邀请质量部门和运营部门一起参与供应商的实地考察，他们不仅会带来专业的知识与经验，共同审核的经历也会有助于公司内部的沟通和协调。

（4）对供应商询报价：对合格的供应商发出询价文件，并要求供应商在指定的日期内完成报价。在收到报价后，要对其条款仔细分析，对其中的疑问要彻底澄清，并作相应记录，包括传真、电子邮件等。根据报价中大量的信息进行报价分析，比较不同供应商的报价，选择报价合适的供应商。

（5）合同谈判：对报价合适的供应商进行价格、批量产品、交货期、快速的反应能力、供应商成本变动及责任赔偿等方面的谈判。每个供应商都是所在领域的专家，多听取供应商的建议往往会有意外的收获。

（6）确定供应商：通过策略联盟，供应商可以有效帮助企业降低成本。采购周期、库存、运输等都是看不见的成本，要把有条件的供应商纳入适时送货系统，尽量减少存货，降低公司的总成本。

案例分析

富农电商公司计划前期开发以当地特产为主的干果类和干货类产品的供应商，请分别选择广东、新疆进行集中开发，针对产品与区域的特点选择合适的方式开展相关工作，并绘制一份农村产品供应商开发任务表（表 3-1）。

表 3-1 农村产品供应商开发任务

产品类别	供应商区域	供应商寻找方式	供应市场竞争分析	计划用时	困难

到哪里寻找潜在的供应商呢?

（1）各种采购指南。

（2）新闻传播媒体，如电视、广播、报纸等。

（3）各种产品发表会。

（4）各类产品展示（销）会。

（5）行业协会。

（6）行业或政府的统计调查报告或刊物。

（7）同行或供应商介绍。

（8）公开征询。

（9）供应商主动寻求合作。

2．利用甘特图进行供应商开发进度管理

甘特图以图示通过活动列表和时间刻度表示出特定项目的顺序与持续时间。一张线条图，横轴表示时间，纵轴表示项目，线条表示期间计划和实际完成情况。直观表明计划何时进行，进展与要求的对比。便于管理者弄清项目的剩余任务，评估工作进度。具有图形化概要、通用技术、易于理解，一般不超过30项活动的适合中小型项目，有专业软件支持，无须担心复杂计算和分析。

甘特图设计

富农电商公司希望能在一个月内完成15家供应商的开发，为了高效完成团队分工，请用甘特图设计一份供应商开发进度表。结合供应商开发流程，合理规划时间。

二、供应商选择

选择供应商的目的是寻求能够适质、适量、适价、适时、适地的货源及优秀的合作伙伴。狭义地讲，选择供应商是指企业在研究所有的建议书和报价之后，选出一个或几个供应商的过程。广义的选择供应商则包括企业从确定需求到最终确定供应商以及评价供应商不断循环的过程。

1．供应商选择的流程

供应商选择的具体流程分为7个步骤，如图3-2所示。

图3-2 供应商选择流程

（1）分析市场竞争环境：这个步骤的目的在于根据产品市场开发供应链合作关系，必须知道产品需求是什么，产品的类型和特征是什么，以确认用户的需求，从而确认供应商评价选择的必要性。同时分析现有供应商的现状，分析、总结企业存在的问题。

（2）建立供应商选择目标：企业必须确定供应商评价程序如何实施，信息流程如何执行，谁负责，而且必须建立实质性、实际的目标。其中降低成本是主要目标之一，供应商评价、选择不仅仅是一个简单的评价、选择过程，它本身也是企业自身和企业与企业之间的一次业务流程重构过程，只要实施得好，就可带来一系列的利益。

（3）建立供应商评价标准：供应商综合评价的指标体系是企业对供应商进行综合评价的依据和标准，是反映企业本身和环境所构成的复杂系统不同属性的指标，按隶属关系、层次结构有序组成的集合。根据系统全面性、简明科学性、稳定可比性、灵活可操作性的原则，建立集成化供应链管理环境下供应商的综合评价指标体系。不同行业、企业、产品需求、不同环境下的供应商评价应是不一样的。考虑农村产品与农村产品供应商的特殊性，应涉及供应商的生产能力、质量控制、成本控制、用户满意度、交货协议等方面。

（4）建立评价小组：企业必须建立一个小组以控制和实施供应商评价。评价小组必须熟悉农村产品行业实际情况，在评价实施过程中能灵活处理。

（5）供应商参与：一旦企业决定实施供应商评价，评价小组必须与初步选定的供应商取得联系，以确认他们是否愿意与企业建立合作关系，是否有获得更高业绩水平的愿望。因为企业的力量和资源是有限的，企业只能与少数的、关键的供应商保持紧密合作。

（6）评价供应商：评价供应商的一个主要工作是调查、收集有关供应商的生产运作等全方位的信息。在收集供应商信息的基础上，就可以利用一定的工具和技术方法进行供应商的评价了。在评价后，有一个决策点，根据一定的技术方法选择供应商，如果选择成功，则可开始实施合作关系，如果没有合适的供应商可选，则返回步骤二重新开始评价、选择。

（7）实施合作关系：在实施合作关系的过程中，市场需求将不断变化，可以根据实际情况的需要及时修改供应商评价标准，或重新开始供应商评价选择。在重新选择供应商的时候，应给予旧供应商足够的时间以适应变化。

2. 采购 5R 原则

5R 原则是指适时（Right time）、适质（Right quality）、适量（Right quantity）、适价（Right price）、适地（Right place）。采购管理过程中要遵循哪些原则，才能使采购效益最大化呢？采购专家提出应用"5R"原则指导企业采购活动，也就是在适当的时候以适当的价格从适当的供应商处买回所需数量物品的活动。

3. 供应商选择的标准

选择供应商的标准有许多，根据时间的长短进行划分，可分为短期标准和长期标准。在确定选择供应商的标准时，一定要考虑短期标准和长期标准，把两者结合起来，才能使所选择的标准更全面，进而利用标准对供应商进行评价，最终寻找到理想的供应商。

（1）短期标准：商品质量合适、价格水平低、交货及时和整体服务水平好。

①合适的商品质量。采购商品的质量合乎企业的要求是进行商品采购时首先要考虑的条件。对于质量差、价格偏低的商品，虽然采购成本低，但会导致企业的总成本增加。因为质量不合格的产品在销售过程中，往往会影响客户的满意度导致退换货等售后问题，这些最终都会反映到总成本中去。

相反，质量过高并不意味着采购物品适合客户所需，如果质量过高，远远超过客户期待的性价比而因此影响销售，对于企业而言也是一种浪费。因此，采购中对于质量的要求是符合企业业务所需，要求过高或过低都是错误的。

②较低的成本。成本不仅仅包括采购价格，还包括原料或零部件使用过程中所产生的一切支出。采购价格低是选择供应商的一个重要条件。但是价格最低的供应商不一定就是最合适的，因为如果在产品质量、交货时间上达不到要求，或者地理位置过远而使运输费用增加，都会使总成本增加，因此总成本最低才是选择供应商时考虑的重要因素。

③及时交货。供应商能否按约定的交货期限和交货条件组织供货，直接影响企业生产的连续性，因此交货时间也是选择供应商时要考虑的因素之一。

企业在考虑交货时间时需要注意两个方面的问题：一是要降低业务所需产品的库存数量，进而减少库存占压资金，以及与库存相关的其他各项费用；二是要降低缺货的风险，保证客户的需求。结合这两个方面内容，对交货及时间的要求是：用户什么时候需要，就什么时候送货，不晚送，也不早送，非常准时。

④整体服务水平好。供应商的整体服务水平是指供应商内部各作业环节能够配合购买者的能力与态度。评价供应商整体服务水平的主要指标有以下几个方面服务。如果采购者对如何使用所采购的物品不甚了解，供应商就有责任向采购者培训所卖产品的使用知识。供应商对产品卖前和卖后的培训工作情况，也会大大影响采购方对供应商的选择。

（2）长期标准：选择供应商的长期标准主要在于评估供应商是否能保证长期而稳定地供应，其生产能力是否能配合公司的成长，其产品未来的发展方向能否符合公司的需求，以及是否具有长期合作的意愿等。选择供应商的长期标准主要考虑以下4个方面：

①供应商内部组织是否完善。供应商内部组织与管理关系到日后供应商供货效率和服务质量。如果供应商组织机构设置混乱，采购的效率与质量就会下降，甚至会由于供应商部门之间的互相扯皮，供应活动不能及时、高质量地完成。

②供应商质量管理体系是否健全。采购商在评价供应商是否符合要求时，其中重要的一个环节是看供应商是否采用相应的质量体系，质量与管理是否通过ISO9000质量体系认证，内部的工作人员是否按照该质量体系不折不扣地完成各项工作，其质量水平是否达到国际公认的ISO9000所规定的要求等。

③供应商内部机器设备是否先进，以及保养情况如何。从供应商机器设备的新旧程度和保养情况就可以看出管理者对生产机器、产品质量的重视程度，以及内部管理的好坏。

④供应商的财务状况是否稳定。供应商的财务状况直接影响其交货和履约的绩效，如果供应商的财务出现问题，资金周转不灵就会影响供货进而影响企业生产，甚至出现停工的重大危机。

4．供应商选择的方法

（1）直观判断法：直观判断是根据征询和调查所得的资料，对供应商进行分析、评价、对比的一种方法。主要是根据采购人员对供应商的产品质量、产品价格、售后服务等九个评价指标的了解程度，或者是根据其中的企业认为重要的评价指标来进行初步评审，然后提出几个认为比较好的供应商的名单。组织召开有关领导参加的评审会，进行复审，通过复审的综合结果来确定最佳的供应商。这种方法的主观因素较多，是一种以定性为主的选择供应商的方法。一般用于对供应商比较了解，合作时间较长，供应商以往的信誉较好的老供应商的确定或用于用量较少的辅助材料供应商的选择。

（2）招标法：对于用量大、竞争又十分激烈的物资，在短时间内难以用直观法判断供应商的优劣，这时可以用招标法来确定。这是一种由企业提出招标条件，由供应商进行竞标，然后由企业进行决标，与提出最有利条件的供应商建立合作伙伴关系。采用竞标法可以从更大的范围选择优秀的供应商。

招标采购

招标采购是指采购方作为招标方，事先提出采购的条件和要求，邀请众多企业参加投标，然后由采购方按照规定的程序和标准一次性地从中择优选择交易对象，并与提出最有利条件的投标方签订协议的过程。整个过程要求公开、公正和择优。招标采购是政府采购通用的方法之一。招标采购可分为竞争性招标采购和限制性招标采购。他们的基本的做法是差不多的，其主要的区别是招标的范围不同，一个是向整个社会公开招标，一个是在选定的若干个供应商中招标，除此以外，其他在原理上都是相同的。

一个完整的竞争性招标采购过程由供应商调查和选择、招标、投标、开标、评标、决标、合同授予等阶段组成。

（3）协商选择法：对于供应商较多而供需相对平衡的物资，可以采用协商的办法选择供应商。由企业从供应商中选择若干供应商，再分别同它们就产品质量、产品数量、产品价格、准时交货率、售后服务、技术服务等方面进行协商，在互利共赢的基础上达成长期的合作协议。

（4）评分法：根据对供应商评价的各项指标，按照供应商的优劣档次，分别对供应商进行评分，选得分高者为最终供应商。

（5）加权综合评分法：规定出衡量供应商的各个重要标准（如产品质量、价格、合同完成率等）的加权分数，根据以往交易的统计资料，分别计算各供应商的得分，选择得分高者为最终供应商。

（6）采购成本分析法：对于商品质量和交货期都能满足要求的供应商，可以通过计算采购成本来进行分析比较。采购成本包括产品价格、运输费用、交易费用等各项支出的总和。

采购成本分析法相对于以上三种方法来讲，量化的程度更高一些，但还具有一定的局限性，不能从整体评价进行量化分析，从而选择优秀的供应商作为合作伙伴。

三、供应商管理

供应商管理（Supplier Management）是指对供应商的了解、选择、开发、使用和控制等综合性管理工作的总称。供应商管理的目标是获得符合企业质量和数量要求的产品或服务、以最低的成本获得产品或服务、确保供应商提供最优的服务和及时送货、发展和维持良好的供应商关系、开发潜在的供应商。

供应链是指围绕核心企业，通过对信息流、物流、资金流的控制，从采购原材料开始，制成中间产品及最终产品，最后由销售网络把产品送到消费者手中的将供应商、制造商、分销商、零售商、直到最终用户连成一个整体的功能网链结构模式。供应链管理就是对供应链中的物流、信息流、资金流、价值流及工作流进行计划、组织、协调与控制，寻求建立供、产、销企业及客户间的战略合作伙伴关系，最大限度地减少内耗与浪费，实现供应链整体效率和效益的最优化。在供应链管理的集成化链条中，供应商管理处在极为重要的位置，特别是在以制造企业为核心的供应链环境下，供应商是否有优异的业绩表现直接关系到整个供应链的竞争力。因此，供应商管理也就自然成为供应链管理的核心工作之一。

1. 供应商分级管理

分级管理就是花最少的资源最大限度地控制供应商的质量和风险。比如按照产品的重要程度可分为爆款产品、热销产品、一般产品，它们的供应商管理级别肯定是不同的，影响店铺运营业绩的供应商，要严加管理。对于一般产品，由于存在可替代性和影响力不是很大，所以资源投入也会相对来说比较少。

（1）供应商分类：按照物资类型、采购金额、风险大小将公司分为战略供应商、瓶颈供应商、杠杆供应商及一般供应商四类。

（2）四类供应商的定义。

①战略供应商指采购金额很大，供应风险也很高的供应商，他们对企业整体业务运营有至关重要的作用。战略型供应商意味着可以牺牲短期的利益来获得与采购方的共赢。

②瓶颈型供应商指采购金额很小但供应风险很大的供应商。他们提供产品的同质化程度很低，常常是客户指定的，同时所处的供应市场形态呈现垄断性的。农村电商中有一定比例的特产产品供应商属于该类。

③杠杆型供应商指采购金额很大但供应风险很小的供应商。他们提供产品的同质化程度很高，所处的供应市场形态呈现竞争性。

④一般型供应商指采购金额不大且供应风险很低的供应商。他们以提供一些常用的包装材料、办公用品、低值易耗品等为主。

（3）四类供应商的特点与管理策略如表 3-2 所示。

表 3-2 四类供应商的特点与管理策略

供应商分类	特点	策略
战略供应商	采购金额很大，供应风险也很高，它们对企业整体业务运营有至关重要的作用	建立双赢伙伴关系，致力于长期紧密合作
瓶颈供应商	采购金额很小但供应风险很大，提供产品的同质化程度很低，常常是客户指定的，同时所处的供应市场形态呈现垄断性	降低风险，保障供应
杠杆供应商	采购金额很大但供应风险很小，提供产品的同质化程度很高，所处的供应市场形态呈现竞争性。	杠杆作用最大化，价格越低越好
一般供应商	采购金额不大且供应风险很低	精简内部流程，用最简单的方法去采购

（4）四类供应商的管理办法。

①战略供应商的管理办法：

Ⅰ型战略供应商：加强与其的沟通与互动，确保一定的业务量，每年由公司高层与其进行合作谈判，年采购额不少于同类物资的 70%，现场审核频率不低于 1 次/年。

Ⅱ型战略供应商：正常合作，年采购额不少于同类物资的 70%，现场审核频率不低于 1 次/年。

Ⅲ型战略供应商：暂停其供货资格，以书面形式要求其限期分析原因和提交整改报告，并跟踪整改结果，如在期限内整改达不到要求或拒绝整改的，取消其合格供应商资格，独家供货及客户指定供应商除外。

Ⅳ型战略供应商：取消其合格供应商资格。

②瓶颈供应商的管理办法：

Ⅰ型瓶颈供应商：正常合作，现场审核频率不低于 1 次/2 年。

Ⅱ型瓶颈供应商：每月进行一次沟通，了解公司运营情况，现场审核频率不低于 1 次/2 年。

Ⅲ型瓶颈供应商：以书面形式要求其限期分析原因和提交整改报告，并跟踪整改结果，如在期限内整改达不到要求或拒绝整改的，取消其合格供应商资格，独家供货及客户指定供应商除外。

Ⅳ型瓶颈供应商：派专职驻厂人员督促整改并现场验收，如在期限内整改达不到要求或拒绝整改的，取消其合格供应商资格，独家供货及客户指定供应商除外。

③杠杆供应商在建立标准的情况下，开发多家供应商，每类物资的供应商数量不小于

3家，其管理办法为：

Ⅰ型杠杆供应商：正常合作。

Ⅱ型杠杆供应商：以书面形式要求其限期分析原因和提交整改报告，并跟踪整改结果。

Ⅲ型杠杆供应商：暂停其供货资格，以书面形式要求其限期分析原因和提交整改报告，并跟踪整改结果，如在期限内整改达不到要求或拒绝整改的，取消其合格供应商资格。

Ⅳ型杠杆供应商：取消其合格供应商资格。

④一般供应商的管理办法：

Ⅰ型一般供应商：正常合作。

Ⅱ型一般供应商：以书面形式要求其限期分析原因和提交整改报告，并跟踪整改结果。

Ⅲ型一般供应商：暂停其供货资格，以书面形式要求其限期分析原因和提交整改报告，并跟踪整改结果，如在期限内整改达不到要求或拒绝整改的，取消其合格供应商资格。

Ⅳ型一般供应商：取消其合格供应商资格。

2. 供应商管理的关键点控制原则

包括门当户对原则、半数比例原则、供应源数量控制原则和供应链战略原则。

（1）门当户对原则体现的是一种对等管理思想，在非垄断性货源的供应市场上，由于供应商的管理水平和供应链管理实施的深入程度不同，应该优先考虑规模、层次相当的供应商。不一定行业龙头就是首选的供应商，如果双方规模差异过大，采购比例在供应商总产值中过小，则采购商往往在生产排期、售后服务、弹性和谈判力量对比等方面不能尽如人意。

（2）从供应商风险评估的角度，半数原则要求购买数量不能超过供应商产能的50%。如果仅由一家供应商负责100%的供货和100%成本分摊，则采购商风险较大，因为一旦该供应商出现问题，按照"蝴蝶效应"的发展，势必影响整个供应链的正常运行。不仅如此，采购商在对某些供应材料或产品有依赖性时，还要考虑地域风险。

（3）供应源数量控制原则指实际供货的供应商数量不应太多，同类物料的供应商数量最好保持在2～3家，有主次之分。这样可以降低管理成本和提高管理效果，保证供应的稳定性。

（4）供应链战略原则是指供应链的建模应用战略性观点，从战略高度考虑，减少不确定的影响。在供应链发展的长远规划和预见性上，供应链的系统结构发展应和企业的战略规划保持一致，并在企业战略指导下进行。

3. 供应商管理信息技术的应用

供应商管理系统有助于企业优化供应商关系，无论是针对直接还是间接产品和服务，形成更灵活、适应性更强的供应链。借助与供应商之间的实时信息交流和流程预警功能，企业能够强化采购最佳实践、实施精益的采购流程、整合支出以提高采购能力，以及与供应商建立战略关系。

常见的与供应商管理系统功能相关的信息化管理系统有：SRM、WMS、CRM、ERP 等，各个系统均与供应商管理有一定的关联性，各自的侧重点均不相同，需要依据企业业务的实际情况进行引入与应用。

① SRM（Supplier Relationship Management）即供应商关系管理，是采购管理系统的一个子系统，也是采购管理系统的一个重要模块。供应商管理系统以供应商信息管理为核心，以标准化的采购流程，以及先进的管理思想，从供应商的基本信息、组织架构信息、联系信息、法律信息、财务信息和资质信息等多方面考察供应商的实力，再通过对供应商的供货能力、交易记录、绩效等信息综合管理，达到优化管理、降低成本的目的。

② WMS（Warehouse Management System）即仓库管理系统，是一款标准化、智能化过程导向管理的仓库管理软件，能够准确、高效地管理跟踪客户订单、采购订单，以及仓库的综合管理。主要功能有：采购管理、销售管理、仓库管理、监控平台、报表中心等。

③ CRM（Customer Relationship Management）即客户关系管理，指企业为提高核心竞争力，利用相应的信息技术，以及互联网技术协调企业与顾客在销售、营销和服务上的交互，从而提升其管理水平，向客户提供创新式的个性化的客户交互和服务的过程。主要功能有：市场营销、销售、客户服务。

④ ERP（Enterprise Resource Planning）即企业资源计划，将企业所有资源进行整合集成管理，简单地说是将企业的三大流——连物流、资金流、信息流进行全面一体化管理的管理信息系统。主要功能有：供应链管理、销售与市场、分销、客户服务、财务管理、制造管理、库存管理、工厂与设备维护、人力资源、报表、制造执行系统、工作流服务和企业信息系统等。

迁移应用

（1）富农电商公司计划开发广东省农村特产商品的供应商，请列出供应商开发的信息来源。（不少于 3 个）

（2）为了规范供应商信息管理，请用电子表格制订适合企业需求的"供应商信息卡"。

（3）富农公司发展到一定规模，现有各品类的供应商约 200 余家，请设计一份适合企业发展的供应商分级管理制度。

总结与评价

1. 知识导图

任务一知识导图如图3-3所示。

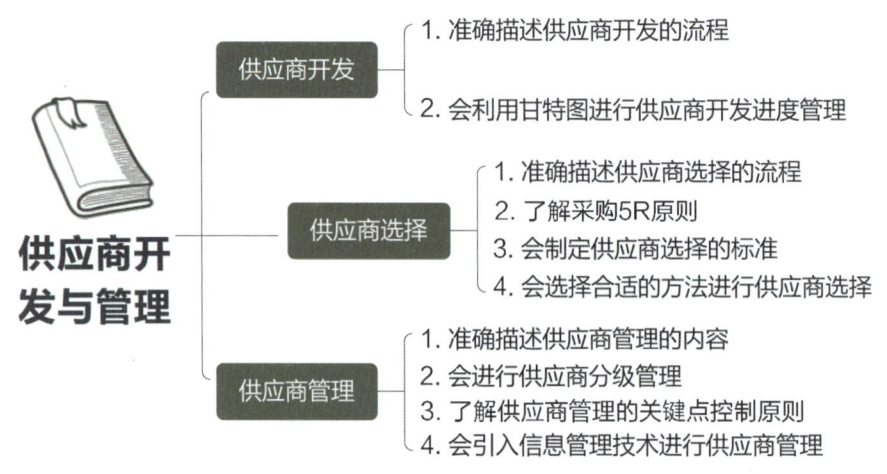

图3-3 任务一知识导图

2. 学习评价

请完成表3-3学习评价。

表3-3 学习评价

评价项目	评价内容	评价标准	评价方式（百分制）		其他说明
			自评（40%）	师评（60%）	
会合理利用管理技术管控供应商开发进度	知道供应商开发的流程	完全准确，并能准确描述			
	会编制甘特图进行供应商开发进度管理	会编制符合供应商开发任务要求			
会依据企业实际需求合理制订供应商选择的标准	知道供应商选择的流程	完全准确，并能准确描述			
	准确描述供应商选择短期标准的要素	准确描述			
	准确描述供应商选择长期标准的要素	准确描述			
能通过建立供应商管理机制有效管理供应商	能制订供应商管理制度	适合企业发展需求			
	准确描述供应商管理的具体方法	准确描述并能合理应用			
会依据企业实际需求导入信息化管理软件，提升供应商管理效能	能依据企业实际需求合理选择采购管理软件	准确描述常用的采购管理软件并合理选择			

3．相关学习网站

（1）产业信息。

（2）中国供应商。

（3）中国政府采购网。

（4）中国招标投标网。

（5）德学网。

4．学习感悟

收获：

不足：

改进：

农村电商职业经理人

任务二 产品质量管理

学习目标

1. 会指导申请农产品"三品一标"认证。
2. 会制订产品质量管理办法。
3. 会引入溯源管理系统进行质量管理。

情境引入

富农电商公司经营农产品一段时间后，业务量不断攀升，但售后的订单数量也在不断增加，主要集中在客户认为产品质量与描述不一致、物流不及时等问题。运营团队对售后的订单进行汇总和分析，发现产品质量相关的占比75%：如柚子的甜度不够、腐竹破碎较多、大米的色泽不如图片等。

为了让客户满意，对售后的订单公司大部分通过补发优惠券及退换货来解决，一个月累计下来是一笔不小的金额。请你帮公司建立适合农产品的质量管理办法。

一、国家标准

国家标准是指对全国经济、技术发展有重大意义的技术标准。由国家主管部门提出草案，经国家标准主管部门批准发布，在全国统一范围内实施。农产品国家标准适用于国内农产品收购、加工、销售、贮藏、调运及对外贸易等。

知识链接

国家标准的分类

国家标准全称是"中华人民共和国标准"。简称为"国标"，代号为"GB"（即"国标"两字汉语拼音首字母）。限制性国家标准为"GB"。GB加一斜线，再加T，便为推荐性国家标准代号，即"GB/T"。国家标准编号由国家标准代号、国家标准发布顺序号和国家标准发布的年号（或后两位）构成。如：GB 11675—89 银耳卫生标准。

农产品质量安全标准，是指依照有关法律、行政法规的规定，制订和发布的农产品质量安全的强制性技术规范，它规定农产品质量要求和卫生条件，以保障人的健康和食用安全。它是政府履行农产品质量安全监督管理职能的基础，是农产品生产经营者自控的准绳，是判断农产品质量安全的依据，是开展农产品产地认定和产品认证的依据，更是各级政府部门开展例行监测和市场监督抽查的依据。如农产品中农药、兽药等化学物质的残留量，农产品重金属等有毒有害物质允许量，致病性寄生虫、微生物或者生物毒素的规定，对农药、兽药、添加剂、防腐剂等化学物质的使用规定等。农产品质量安全标准是强制性技术规范，需要强制执行。

我国农产品标准化程度低，电商的远程交易属性要求产品在质量等级、形状成色、品质规格等方面形成一定的标准，尽可能实现标准化、品牌化。目前大部分农副产品多处于非标品状态，标准化建设严重滞后。缺乏标准和等级分级势必使消费者在网上很难甄别和选购产品，这在很大程度上制约着农产品的线上销售。需要加快农产品标准体系建设，建立健全适应农村电商发展的农产品质量分级、采后处理、包装配送等标准体系，通过电商促进农产品的标准化、优质化、科技化发展。加快农产品、农业生产资料产品质量国家、行业标准和生产技术规程的制定修订，加强鲜活农产品和特色农产品标准化、品牌培育和质量保障体系建设。

1. 农产品质量安全法

《中华人民共和国农产品质量安全法》是为保障农产品质量安全，维护公众健康，促进农业和农村经济发展制定的法律。农产品质量安全法从我国农业生产的实际出发，遵循农产品质量安全管理的客观规律，针对保障农产品质量安全的主要环节和关键点，主要确立了七项基本制度：

（1）政府统一领导、农业主管部门依法监管、其他有关部门分工负责的农产品质量安全管理体制。

（2）农产品质量安全标准的强制实施制度。政府有关部门应当按照保障农产品质量安全的要求，依法制定和发布农产品质量安全标准并监督实施；不符合农产品质量安全标准的农产品，禁止销售。

（3）防止因农产品产地污染而危及农产品质量安全的农产品产地管理制度。

（4）农产品的包装和标识管理制度。

（5）农产品质量安全监督检查制度。

（6）农产品质量安全的风险分析、评估制度和农产品质量安全的信息发布制度。

（7）对农产品质量安全违法行为的责任追究制度。

农产品质量安全法法定基本制度具有很强的针对性和可操作性，严格贯彻执行，保障我国的农产品质量安全。

2. 农产品的"三品一标"认证

2018年农业部印发《农业部关于推进"三品一标"持续健康发展的意见》（以下简称《意见》）。《意见》提出，力争通过5年左右的时间来推进，使"三品一标"生产规模进一步扩大，产品质量安全稳定在较高水平。

（1）三品一标：无公害农产品、绿色食品、有机农产品和农产品地理标志统称"三品一标"（图3-4）。

图3-4　三品一标

"三品一标"是政府主导的安全优质农产品公共品牌，是当前和今后一个时期农产品生产消费的主导产品，其需达到的标准如图3-5所示。纵观"三品一标"发展历程，虽有其各自产生的背景和发展基础，但都是农业发展进入新阶段的战略选择，是传统农业向现代农业转变的重要标志。

图3-5　食品层标准

"三品一标"的分类如下（表3-4）。

①无公害农产品是指产地环境和产品质量均符合国家普通加工食品相关卫生质量标准要求，经政府相关部门认证合格、并允许使用无公害标志的食品。

②绿色食品指无污染、优质、营养食品，国家绿色食品发展中心许可使用绿色食品商标的产品。

③有机农产品是根据有机农业原则，生产过程绝对禁止使用人工合成的农药、化肥、色素等化学物质和采用对环境无害的方式生产、销售过程受专业认证机构全程监控，通过独立认证机构认证并颁发证书，销售总量受控制的一类真正纯天然、高品位、高质量的食品。

④"一标"即农产品地理标志，是标示农产品来源于特定地域，产品品质和相关特征主要取决于自然生态环境和历史人文因素，并以地域名称冠名的特有农产品标志，由农业部来负责全国农产品地理标志的登记工作。

表3-4 "三品一标"分类

类别	认证机构	标准	化学合成物	有效期	费用	产品类别	认证主体
无公害	农业部农产品质量安全中心（行政单位）	我国国家标准，农业行业标准和地方标准	允许限量合理使用	3年	无	初级产品	企业/事业/社团/个人
绿色	中国绿色食品发展中心（事业机构）	我国农业行业标准、地方标准	允许限量使用	3年	有	初级/加工产品	企业
有机	认证机构（公司性质）	国际标准和各国家标准	不允许使用	1年	有	从田间到餐桌	企业/个人
地理	农业部及其农产品质量安全中心（行政单位）	11号令农产品地理标志管理办法	—	长期	无	初级产品	社团/事业法人

（2）如何申请三品一标。

①无公害农产品的申报条件：企业或个人可以申请无公害农产品产地认定和产品认证，无公害农产品认定申报业务通过县级工作机构、地级工作机构、省级工作机构、部级工作机构各部门的材料审核、现场审查、产品检测、初审、复审、终审完成对无公害农产品的认证工作。无公害农产品认定证书有效期为三年，期满需要继续使用的，可在有效期届满三个月内提出复查换证书面申请。

②申报绿色食品要具备两个条件：第一，申请人必须是企业法人，合作社或家庭农场。第二，申请企业首先要到所属县（市、区）农业局环保站申请备案，然后由各县（市、区）报市农业局环保站，市农业局环保站会按照省绿办的要求进行办理。需要申请人向中国绿色食品发展中心及其所在地的绿色食品办公室、绿色食品发展中心领取《绿色食品标

志使用申请书》《企业及生产情况调查表》及有关资料，或从中心官方网站下载。

③有机农产品是食品的最高档次，其认证过程严格，成本也较高。申报有机认证的条件是：企业或合作社可以向有机认证机构提出申请，机构对企业提交的申请进行文件审核，如果审核通过则委派检查员进行实地检查并进行形式检查，进行颁证决议和制证发证。

④申请登记地理标志农产品的条件是：申请人必须是社会团体、事业单位、企业、合作社及政府等机构不可作为申请人。申请人可以向省级人民政府农业农村行政主管部门提出登记申请，并提交申请材料，包括登记申请书、申请人资质证明、产品典型特征特性描述和相应产品品质鉴定报告、产地环境条件、生产技术规范和产品质量安全技术规范、地域范围确定性文件和生产地域分布图、产品实物样品或样品图片和其他必要的说明性或证明性材料，由省级人民政府农业农村行政主管部门初审和中国绿色食品发展中心来审查和评审，最终由中国绿色食品发展中心报农业农村部做出登记决定。

申报"三品一标"需要收费的项目有：需要做检测的要缴纳必要的环境检测费、产品检测费，绿色食品和有机食品还需要缴纳标志使用费、公告费等。国家及农业部指定的检测机构根据不同情况具有详细的收费标准。

一般申请"三品一标"，政府都会有相应的补贴和奖励，基本上可以做到补贴费用等于申请费用，相当于不花钱就能申请。国家将对申请"三品一标"加大政策支持。将"三品一标"工作经费纳入年度财政预算，加大资金支持力度，扩大"三品一标"奖补政策与资金规模。申请的具体流程如图3-6所示。

二、产品质量检验

质量检验亦称技术检验。采用一定检验测试手段和检查方法测定产品的质量特性，并把测定结果同规定的质量标准做比较，从而对产品或一批产品做出合格或不合格判断的质量管理方法。其目的在于，保证不合格的原材料不投产，不合格的零件不转下道工序，不合格的产品不出厂；并收集和积累反映质量状况的数据资料，为测定和分析工序能力、监督工艺过程、改进质量提供信息。

农产品质量检验是根据农产品的具体要求，对农产品进行抽样、技术鉴定和评定等一系列工作。农产品质量检验是根据标准对农产品的质量进行科学的鉴定，以判断其质量的高低和使用价值的大小。

1. 质量检验的方式可以按不同的标志进行分类

（1）按检验的数量划分为全数检验、抽样检验。

（2）按质量特性值划分为计数检验、计量检验。

（3）按检验技术方法划分为理化检验（借助各种仪器和试剂进行检验的方法）、感官检验（借助感觉、感官进行检验的方法）、生物检验（使用组织学分析法、生物实验法、显微镜观察法等手段检验商品的成分、结构等技术指标。大量运用于食品、药品、化妆品和冷冻品等商品的检验与鉴定）。

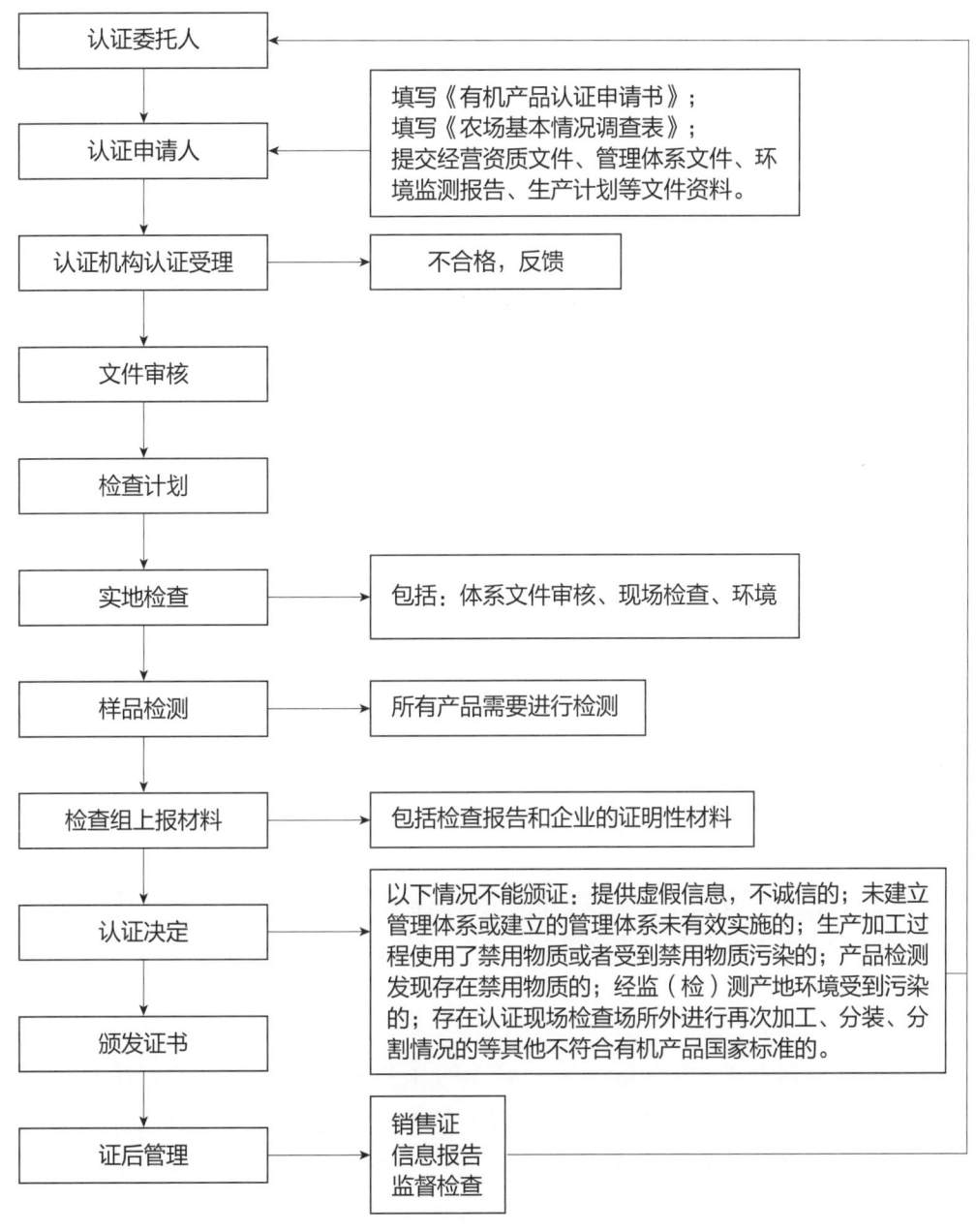

图 3-6 有机产品认证流程

（4）按检验后检验对象的完整性划分为破坏性检验、非破坏性检验。
（5）按检验的地点划分为固定检验、流动检验。
（6）按检验目的划分为生产检验、验收检验、监督检验、验证检验、仲裁检验。
（7）按供需关系划分为第一方检验、第二方检验、第三方检验。
产品质量检测项目是依据国家标准来选定的，不同产品有不同的标准规定。如大米：

农药残留、污染物（重金属元素）、真菌毒素、食品添加剂等。小麦粉：白度、面筋的含量及数量、灰分、水分、降落数值、面粉的粗细度等。

所以质量检测要具体到某个产品，国家对该产品的质量依据是哪个标准，该标准具体项目有哪些，检测具体项目实测数据依据标准范围判断产品是否合格。

2. 农产品等级评定

农产品等级评定即对农产品内在质量、外观质量和包装质量等做出检验结论。

（1）农产品的等级有时也称为品级。等级常用顺序号来表示，如一等、二等、三等或一级、二级、三级等，此时"等"与"级"无含义上的差别。有些农产品在等下面，还有级别之分，如二等一级、二等二级、二等三级等。此时"等"与"级"的含义有所不同。也有一些农产品用其他的方式来表示，如优级、上级、中级、下级等。随着科学技术和生产技术的发展，以及农产品质量的提高，不同时期的同一等级所表示的农产品实用性程度会有所提高。农产品的质量受气候及病虫害的影响极大，因此不同年份和不同地区的同一等级，在质量方面也可能有较大差异。

（2）农产品的分级标志。农产品分级标志较多，农产品分级不仅取决于用途和消费层次，还取决于生产方式、成熟度、自然形态、病害、气候等。

①合格品与不合格品。合格品是符合使用要求的产品，不合格品是不能享用的产品。

②级品、等级品和等外品。在农产品中多用"特级""特等"反应几乎完全符合要求的农产品，有的也称一等品。等级品是不完善但仍有一定使用价值的农产品，等级品的等级很多。若优级品叫一等品，则等级品从二等品算起，但这种分级法容易混淆等级标准，一般较少使用。等外品，又称次品，是指虽不符合现有产品质量标准，但仍可使用的产品。

③多级分类标志。多级分类标志是用几个级别表示农产品的质量，如棉花，有纺织用棉和短绒两大类，每类又分为好几个等级。之所以分这么多等的类别，是因为这类产品的质量、性能差异性很大，又不易人为控制。

（3）常用分级方法。

①限定法。这种分级方法就是将农产品各项缺陷和各项要求都列出来，凡不符合要求者作为一项缺陷，缺陷累计超过一定数量，或缺陷大小、位置超过规定标准者，则认为该农产品不符合某一等；缺陷数不足限定数者，则认为符合某一等。用这种限定法分级适用于农产品缺陷易被肉眼看出的表面性能或易为仪器作无损鉴定的农产品质量的鉴定。

②计分法。这种分级方法是将农产品的各种缺陷和各项要求列出，根据这些缺陷的重要性逐一确定分数，累计各项分数，分数越高等级数就越高。有些工业原料，对其每种疵点规定一定分数，疵点越多，分数就越多，等级就越低。这种方法的重点是对缺陷不等同对待，而是针对缺陷造成的质量问题的主次分配给不同的分数。国际贸易中这种方法应用也较广泛。

③百分记分法。这种分析方法是将农产品的各项质量要求列出，将每项要求对农产品的重要性分别用百分数列出，最后累计得分。如水果分等分级时，果品糖度比标准高，分

数增加;比标准低,分数减少。西瓜的甜度标准要求一般为 11 度,比 11 度高的每高出 0.2 度加 1 分,比 11 度低的每低 0.2 度减 1 分。百分法常用于对成熟的鲜活农产品质量的分级。

三、产品质量管理

产品质量管理指在一定技术经济条件下,应用科学的方法,对产品质量进行直接或间接的测定或事先加以控制,保证为用户提供所要求的产品质量而进行的一系列活动。

1. 推行 PDCA 循环的工作方法

PDCA 是 Plan(计划)、Do(执行)、Check(检查)、Action(总结、处理)四个词的首字母的组合。PDCA 工作循环,就是按照计划、执行、检查、处理四个阶段的顺序来进行管理工作。在质量管理活动中,要求把各项工作按照计划,经过实践,再检验其结果,将成功的方案纳入标准,将不成功的方案留待下一个循环去解决。这种工作程序(图 3-7),反映了开展管理活动的一般规律性。

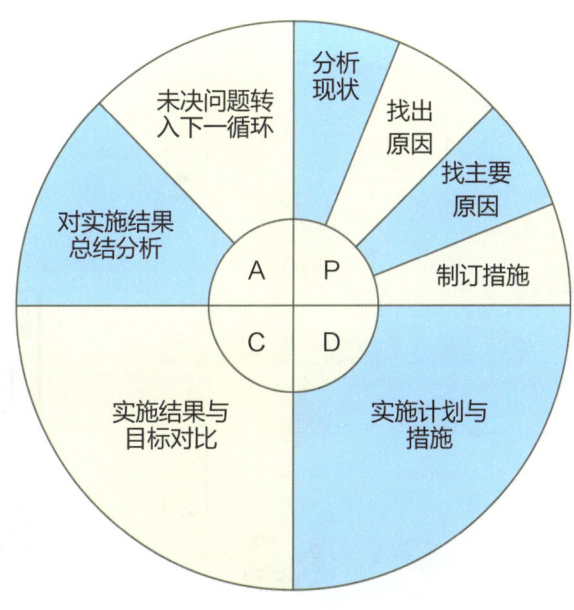

图 3-7 PDCA 流程

全面质量管理

全面质量管理即 Total Quality Management,是一种由顾客的需要和期望驱动的管理哲学。TQM 是以质量为中心,建立在全员参与基础上的一种管理方法,其目的在于长期获得顾客满意,以及组织成员和社会的利益。ISO8402 对 TQM 的定义是:一个组织以质量为中心,以全员参与为基础,目的在于通过让顾客满意和本组织所有成员及社会受益而达到长期成功的管理途径。

2. 农产品质量安全追溯管理

农产品可追溯系统,用于追踪农产品从生产到流通的全过程,包含了生产、收购、运输、储存、装卸、搬运、包装、配送、流通加工、分销直到终端用户等过程,是由 ISO9000 认证、HACCP(Hazard Analysis Critical Control Point,危害分析和关键点控制)、SSOP(Sanitation Standard Operation Procedures,卫生标准操作程序)、GMP(Godd Manufacture Practice of Medical Products,良好操作规范)等组成的综合管理体系(图 3-8)。HACCP 体系是国际上许多国家实施食品质量溯源时共同认可和接受的食品安全保证体系。HACCP 主要为确定"质量控制点"提供了重要依据。所谓"质量控制点",是指每一个产品在生产过程中都需要进行生产状态监测,质量控制属于生产过程的标准之一。任何一种产品都有一套独立的生产标准。产品生产到达了某个质量控制点就需要录入质量控制信息。质量控制点信息包含"检测结果""控制方案""控制措施规则"三种。

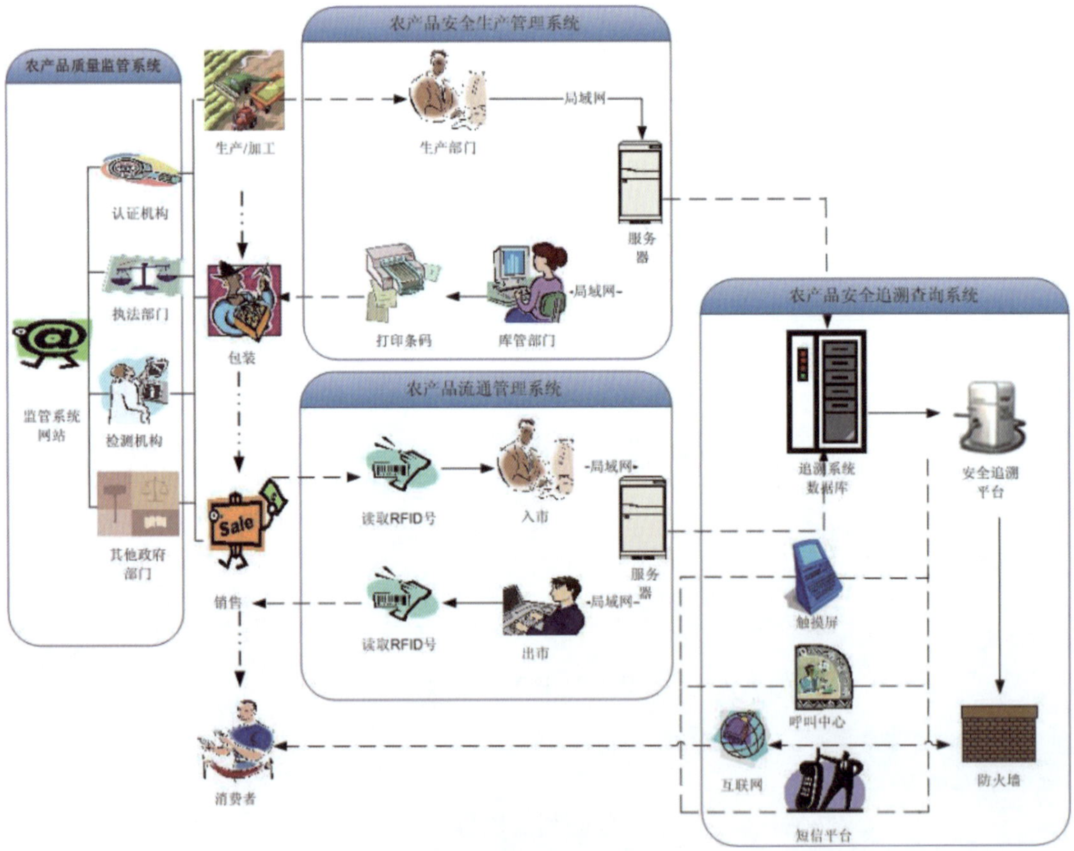

图 3-8 农产品溯源管理系统

农产品质量安全及管理溯源系统综合运用了多种网络技术,包括条码识别等前沿技术,实现了对农业生产、流通过程的信息管理和农产品质量的追溯管理、农产品生产档案(产地环境、生产流程、质量检测)管理、条形码标签设计和打印、基于网站和手机短信平台的质量安全溯源等功能,基于单机或网络环境运行,可用于农产品质量监管部门和农业生产企业应用。

迁移应用

(1)请通过网络查询已有的大米、柚子两类产品的质量标准,以规范文本形式展示。

(2)请选择广东省阳山地区任一农产品(暂未获得"三品一标")指导农户申请农产品"三品一标"认证。

(3)为了规范富农电商公司农产品质量管理,请你为该公司设计一份适合的产品出入库质量管理制度。

总结与评价

1. 知识导图

任务二知识导图如图 3-9 所示。

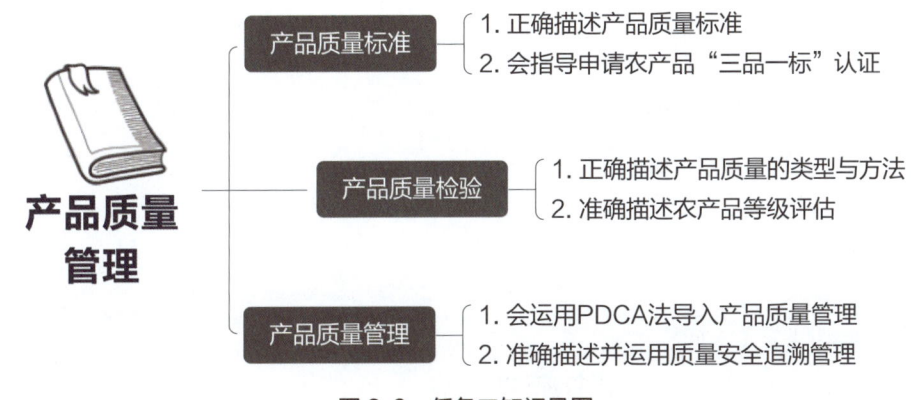

图 3-9　任务二知识导图

2. 学习评价

请完成表 3-5 学习评价。

表 3-5　学习评价

评价项目	评价内容	评价标准	评价方式(百分制)		其他说明
			自评(40%)	师评(60%)	
准确描述农产品质量标准	准确描述国家标准及分类	完全准确,并能准确描述			
	准确描述农产品质量标准	完全准确,并能准确描述			

（续表）

评价项目	评价内容	评价标准	评价方式（百分制）		其他说明
			自评（40%）	师评（60%）	
会指导申请农产品"三品一标"认证	准确描述农产品"三品一标"认证的流程	完全准确，并能准确描述			
	会申请农产品"三品一标"认证	能依据流程进行认证的申请			
会制订产品质量管理办法	会制订产品质量管理办法	流程正确、方法选择得当			
	会利用办公软件对文件进行排版	文件美观、排版规范			
会引入溯源管理系统进行质量管理	准确描述溯源管理系统	完全准确，并能准确描述			
	会引入溯源管理系统进行质量管理	成本合理、管理有效			

3．相关学习网站

（1）中国农产品质量安全网。

（2）广东省农村农业厅。

（3）农业标准网。

（4）中国农业信息网。

（5）国家农产品质量安全追溯管理信息平台。

4．学习感悟

收获：

不足：

改进：

任务三 库存控制与管理

学习目标

1. 女会依据企业情况合理选择库存控制方法和库存管理模式。
2. 会制订适合的库存控制方案。

库存控制是为了达到公司的财务运营目标，特别是现金流运作，通过优化整个需求与供应链管理流程（Supply Chain Management Processes，SCMP），合理设置 ERP 控制策略，并辅之以相应的信息处理手段、工具，从而实现在保证及时交货的前提下，尽可能降低库存水平，减少库存积压与报废、贬值的风险。库存管理的好坏不仅影响着供应链上企业的综合成本，而且也制约着整条供应链的性能。库存既要防止缺货，避免库存不足；又要防止库存过量，避免产生大量不必要的库存费用。如果库存不足，将导致送货延迟、客户不满、引发生产瓶颈等；如果库存过剩，则会占用不必要的资源。库存控制与管理不仅仅是实现公司财务目标的一种手段，而且是整个库存控制的一个必要的环节。

情境引入

富农电商公司通过一段时间的运营，初期规划的企业自用仓库逐渐无法存放库存的商品。通过盘点发现：有些商品已经临近保质期，有些商品已经在电商平台下架，个别商品库存量较大采购系统仍显示有订单未交货。企业为了管理好库存，要求仓库管理人员选择适合的库存控制方法，制订一份合理的库存控制方案。

一、库存控制方法

库存控制（Inventory Control），是对制造业或服务业生产经营全过程的各种物品、产品成品，以及其他资源进行管理和控制，使其储备保持在经济合理的水平上。库存控制是使用控制库存的方法，得到更高的盈利的商业手段。库存控制是在满足顾客服务要求的前提下通过对企业的库存水平进行控制，力求尽可能降低库存水平、提高物流系统的效率，以提高企业的市场竞争力。库存控制主要是在保证企业生产、经营需求的前提下，使库存量经常保持在合理的水平上；掌握库存量动态，适时、适量提出订货，避免超储或缺货；减少库存空间占用，降低库存总费用；控制库存资金占用，加速资金周转。

对于农村电商企业而言，库存控制尤为重要；农村产品多以小加工作坊为主或产品本身的质量保证期有限，不适宜做过多的库存，但又经常会因此出现缺货导致客户投诉或取消订单。

知识链接

库存的定义

库存，英文是"Inventory"或"Stock"，表示为了满足未来需要暂时处于闲置状态的资源，是指处于储存状态的物品或商品。可以分两类：一类是生产库存，即直接消耗物资的基层企业、事业单位的库存物资，是为了保证企业、事业单位所消耗的物资能够不间断地供应而储存的；另一类是流通库存，即生产企业的成品库存、生产主管部门的库存和各级物资主管部门的库存。此外，还有特殊形式的国家储备物资，以保证及时、齐备地将物资供应或销售给基层企业、事业单位的供销库存。

库存控制方法很多，有物资卡片控制法、物资预算控制法、定期控制法、定量控制法、ABC分类法、"双堆"法及物资需求计划（Material Requirement Planning，MRP）法。基于农村电商业务的专业性，重点介绍ABC分类法和"双堆"法。

1. ABC分类控制法

库存物资品种多、数量大、占用资金多，但每种物资重要性不同，占用金额也不同，企业应区别对待，分类管理。ABC分类控制法是将一般的ABC分析法应用于库存管理。将物资按品种及资金占用多少，划分为A、B、C三类。其中A类物资品种数少，只占品种总数的10%左右，但其资金却占资金总额的70%以上；B类物资的品种数及资金占用额均占库存总数的20%左右；C类物资品种数占总额的70%左右，但资金占用只占总金额的10%以下，如图3-10所示。

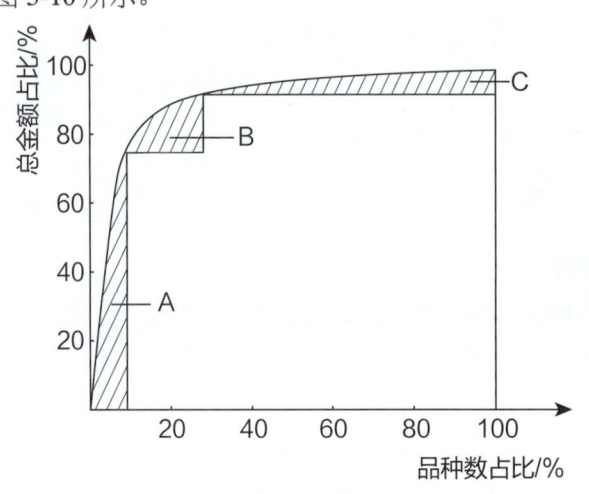

图3-10　ABC分类法占比

二八定律

二八定律又名 80/20 定律、帕累托法则（Pareto's principle），也叫巴莱特定律、朱伦法则（Juran's Principle）、关键少数法则（Vital Few Rule）、不重要多数法则（Trivial Many Rule）最省力的法则、不平衡原则等，被广泛应用于社会学及企业管理学等。1897年，意大利经济学者巴莱多偶然注意到 19 世纪英国人的财富和收益模式。在调查取样中，发现大部分的财富流向了少数人手里。同时，他还从早期的资料中发现，在其他国家，都发现有这种微妙关系，并一再出现，而且在数学上呈现出一种稳定的关系。于是，帕累托从大量具体的事实中发现：社会上 20% 的人占有 80% 的社会财富，即财富在人口中的分配是不平衡的。

进行 ABC 分类的步骤为：

第一步：统计或推算各种库存物资需求量或上一年度的实际出库量。

第二步：调整各种库存物资的单价，然后乘以需求量，求出年度所需金额。

第三步：按年度所需金额，对库存物资进行排序，编出 ABC 分析计算表，格式如表 3-6 所示。

表 3-6 ABC 分析计算

序号	物料编号	品名	单价	年均需求量	金额	占总金额的百分比	累计百分比
1							
2							
3							
……							

第四步：分类，按 ABC 分类标准分类，分类标准如表 3-7 所示。

表 3-7 ABC 分类标准

库存分类	数量比	价值比
A 类	15%～20%	75%～80%
B 类	20%～25%	10%～15%
C 类	60%～65%	5%～15%

第五步：调整，把全部物资划分为 ABC 三类，将 C 类物资中的下列项目摘提出来，

归入 A 类或 B 类：

①单价很高，因出库量少而被划为 C 类的品种。

②新产品或技术要求变化较多的品种。

③季节变化影响大的品种。

④供应周期长的品种。

对物资进行了有效地分类后，就要对各种物资实施分类管理。对于 A 类物资，应严格控制储备定额，制订尽量低的保险储备量，采用比较短的订货间隔期。总之，要严格管理，严格控制。对于 C 类物资，应对储备定额实施一般控制，制订相当高的保险储备量，采用较长的订货间隔期。总之，一般管理，一般控制。对 B 类物资管理的严格程度可介于 A、C 类之间。

2. 双堆法（复式库存管理法）

这种库存物资控制法要为同一种物品准备两个容器（或货堆），如果一个容器里的物品用完了，就去订货，这样在另一个容器里的物品用完之前，新货就可入库。由于这两个容器是交替使用的，所以也称复式库存管理法。用这种方式管理的物资，一般不需要库存台账、出库传票，大多属于现场管理。对库存中单价很低的物资可采用双堆法，适用于 C 类物资。

在农村电商企业中对于一般低值或常用的包装辅助材料均可以采用双堆法。

二、库存管理

库存管理是指在物流过程中商品数量的管理。供应链的库存管理不是简单的需求预测与补给，而是要通过库存管理获得用户服务与利润的优化，在充分了解库存状态的前提下确定适当的服务水平。通过平衡各种资源的，企业对供应链中不确定性产生的缺货、延迟等风险进行有效地识别、缓解与控制。

在农村电商企业的库存管理中不仅包含库存控制与管理，还包含仓储运营的管理，目前比较常见的几种农村电商库存管理模式有如下几种：

1. 自建仓库

企业自己修建仓库进行仓储。电商自建仓储完全服务于企业自身的战略发展，有利于仓库管理与运营。但企业自建仓储需要一定的投资，建设周期较长，长期占用一部分资金，可能会让企业"喘不过气"；并且需要招募与培训专业的员工团队支持仓储管理的运营，如果电商业务量不足的话，会直接导致自建仓不能正常运转或者运营成本过高。

因此自建仓更适合规模大、资金充足、商品数量多、库存量单位（Stock Keeping Unit，SKU）多且订单量高的电商企业。

2. 第三方仓储

将仓储业务外包给第三方，从而避免自己不擅长的业务，将重心放在核心业务上，既降低成本和管理难度又能使服务质量提升，这是很多小微电商企业常用的做法。在选择第

三方仓储时需要关注以下几点:

(1) 实地考察:考察仓库的地理位置是否优越、交通是否便捷。

(2) 仓库建设完备程度。

①硬件:硬件主要包括以下几个方面。

仓库面积:是否可以满足企业日常运营需要,以及大促期间的爆发空间。

仓库结构:是否可以对商品存储进行合理布局,减少无效路径。

仓库设备:是否配备充足的货架、叉车、托盘、拣货车、周转箱、掌上电脑(Personal Digital Assistant,PDA)、扫码器、打印机、传送装置等常用设备。

②软件:要满足电商仓储高效准确的作业要求,需要仓储安装一套高水平的 WMS 系统,使得仓储进货、出货和库存管理实现高效率和高精确度。

③服务能力:服务能力主要包括以下几个方面。

作业人员数量是否满足业务需要。

业务熟练程度与订单处理时间。

应急处理能力,如外包合作劳务公司,常用外包人员数量,作业能力。

(3) 租赁成本。目前第三方仓库的收费模式有两种,一是按操作量收费,二是按耗用资源收费。企业需要将费用核算清楚,注意避免隐性收费。

(4) 外包与自己管理仓库不同,很多沟通上的问题如果没有做到位,即使对方再专业,也会出现很多仓储管理问题。因此在与之签订合同时,要把 KPI 考核写入合同以规避风险。

3. 云仓

云仓的出现是第三方仓储公司适应更高要求的市场变化的体现。云仓是物流仓储的一种,利用云计算及现代管理方式,依托仓储设施进行货物流通的全新物流仓储体系产品,解决了仓储+配送的问题。

目前云仓主要有三种类型:电商平台类、物流快递类、互联网化第三方仓储云仓。前两类直接为商家提供云仓服务,而第三类云仓致力于云仓供应链的解决方案。云仓公司配备了专业的仓储方面的人才和先进的仓储管理系统,二者互相配合,为电商仓库提供了专业化的仓储管理体系,保障了发货准确率,这对于提高电商店铺 DSR 评分来说也是极好的。同时云仓公司大多有应对大促活动的丰富经验,仓库毗邻快递分拨中心,不管是配送服务还是速度时效,都不会因为大促活动的到来而大打折扣。由于云仓公司与快递公司的合作更加紧密,所以在配送价格方面相对也会更加优惠。

以上三种不同的库存管理模式均有各自的优劣势,适合的才是最好的。农村电商企业应依据企业自身实际发展的需要,秉承成本最低、效益最佳的原则进行规划选择。

（1）请归纳总结三种库存管理方式的优势、劣势和适用范围，完成表3-8。

表3-8　三种库存管理方式的比较

库存管理方式	优势	劣势	适用范围
自建仓库			
第三方仓储			
云仓			

（2）利用ABC分类法对表3-9的物资进行ABC分类。

表3-9　ABC分类库存信息

货号	年需求数量/台	单价/元
A	33	1 055
B	106	80
C	190	23
D	98	120
E	410	9
F	80	90
G	260	11
H	41	630
I	40	710
J	40	200

（3）通过查询相关资料将库存控制方法与适用的管理场景进行连线。

定量订货法　　　B类物资

定期订货法　　　A类物资

ABC分类法　　　C类物资

双堆法

（4）富农电商公司为了规范库存管理，配合年度管理方案要求仓库管理员制订一份库存控制方案，能有效地规避库存积压、紧急订单缺货等问题，请小组讨论后写出任务完成流程，并填写表3-10。

表 3-10　库存控制方案

任务计划	
步骤一：收集库存信息	
步骤二：ABC 分类	
步骤三：库存管理模式确定	
步骤四：合理匹配信息技术	
成果：	

总结与评价

1．知识导图

任务三知识导图如图 3-11 所示。

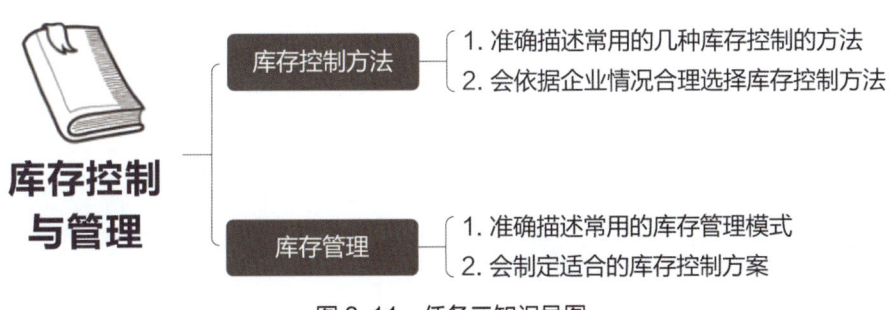

图 3-11　任务三知识导图

2．学习评价

请完成表 3-11 学习评价。

表 3-11　学习评价

评价项目	评价内容	评价标准	评价方式（百分制）		其他说明
			自评（40%）	师评（60%）	
准确描述常用的库存控制方法和库存管理模式	知道几种库存控制方法	完全准确，并能准确描述			
	ABC 分类法对物资进行分类	按流程依据 ABC 分类法标准对库存物资进行正确分类并形式列表			
	知道几种库存管理模式	完全准确，并能准确描述			

（续表）

评价项目	评价内容	评价标准	评价方式（百分制）		其他说明
			自评（40%）	师评（60%）	
会依据企业情况合理选择库存控制方法和库存管理模式	库存控制方法的区别与适用场景	能准确描述区别			
	库存管理模式应用的企业环境	能准确描述几种库存管理模式的优缺点			
会制订适合的库存控制方案	企业仓库信息的收集	能通过合适的渠道高效、快速地收集仓库信息			
	科学选择适合的库存控制方法和库存管理模式	库存控制方法和管理模式选择合理、得当			
	利用办公软件编制符合企业要求的方案	方法选择的科学性、合理性与方案陈述的准确性、方案呈现的美观性与规范性			

3．相关学习资料

（1）中商情报网。

（2）中国电商网。

（3）公众号：物流沙龙。

（4）公众号：物流装备在线。

4．学习感悟

收获：

不足：

改进：

项目三　供应链管理

任务四　运输与配送管理

学习目标

1. 会合理选择物流合作商并有效管理。
2. 能依据企业实际需求制订合理的物流解决方案。

随着我国电商发展模式日趋成熟，电商与物流协同发展不断加深，电商物流仍然是物流细分领域中较为活跃的领域之一。农村电商物流作为物流发展的一个新兴市场，仍然存在着很多亟待解决的问题。农村电商物流"最后一公里"是农村经济发展的痛点、焦点、难点，充分利用信息技术，积极打造"互联网＋高效物流"，实现线上线下多渠道、多平台一体化的订单渠道管理，从而满足消费者多样化的个体需求，打通农村电商物流"最后一公里"。只有充分利用信息技术，全力打造农村"智慧物流"供应链体系，才能全面、彻底地解决农村电商物流"最后一公里"的难题，使中国数量最为庞大的农村居民成为"消费升级"的受益者和未来市场的主导者。

情境引入

富农电商公司团队在2019年上半年通过对市场与政策的了解与前期调研，决定进入农村电商市场。以贵州、新疆、黑龙江等地的扶贫农产品为主，同时也覆盖广东省粤西北等区域的扶贫农产品，供应商从开发、选择直到供应链的构建，都有自己的独立、专业的运营与采购团队，着力于打造一家从事扶贫事业的电商企业。在运营前期为了保证物流配送时效，所有订单均以顺丰快递为主，但经过一段时间的运营与复盘发现，在相对较高的物流费用情况下并不是所有地区的订单均能有预期的时效保证。

为了平衡成本与时效、客户体验感，需要设计合理的物流解决方案。

一、运输方式选择

运输方式是运输业中使用不同的运输工具、设备线路，通过不同的组织管理形成的运输形式。现代运输以铁路运输、公路运输、水路运输、航空运输和管道运输为主。交通运输是国民经济良性循环的物质基础，合理发展各种运输方式，是国民经济迅速发展的关键。国家根据技术经济特点、资源状况、地理特点、生产水平，以及国民经济总体规划、区域规划，有计划、有目的地综合发展各种运输方式。

选择适当的运输方式是物流合理化的重要因素，从物流系统要求的服务水平和允许的物流成本来决定。既可以使用一种运输方式，也可以使用联运方式。相关因素主要有：

1．货物品种

关于货物品种及性质、形状，应在包装项目中加以说明，选择适合这些货物特性和形状的运输方式。

2．运输期限

运输期限必须与交货日期相联系，应保证运输时限。必须调查各种运输工具所需要的运输时间，根据运输时间来选择运输工具。运输时间的快慢顺序一般情况下依次为航空运输、汽车运输、铁路运输、船舶运输。各运输工具可以按照它的速度编组来安排日程，加上它的两端及中转的作业时间，就可以算出所需的运输时间。

3．运输成本

运输成本因货物的种类、重量、容积、运距不同而不同。而且运输工具不同，运输成本也会发生变化。在考虑运输成本时，必须注意运费与其他物流子系统之间存在着互为利弊的关系，不能只考虑运输费用来决定运输方式，要由总成本来决定。

运输成本与运价

在提供运输服务的过程中，要产生购置设施设备、燃料备件、雇用劳动力、设置管理机构等成本，统称为运输成本。

运输价格一般指运价。运价是指承运单位货物的价格，是完成某一计量单位货物运输所收取的运费，运费是运价与运量的乘积。

4．运输距离

从运输距离看，一般情况下可以依照以下原则：300千米以内用汽车运输；300～500千米的区间用铁路运输；500千米以上用船舶运输。一般采取这样的选择是比较经济合理的。

5．运输批量

因为大批量运输成本低，应尽可能使商品集中到最终消费者附近，选择合适的运输工具进行运输是降低成本的良策。

运输方式的判断标准主要有以下要素：货物的性质、运输时间、交货时间的适应性、运输成本、批量的适应性、运输的机动性和便利性、运输的安全性和准确性等。对于货主来说，运输的安全性和准确性。运输费用的低廉性，以及缩短时间等是关注的重点。

一般而言，农村电商的产品大都会选择公路运输的方式，只是依据产品数量的不同做整车处理。

公路运输分类

（1）按货运营运方式分类。按照货运营运方式的不同，可分为整车运输、零担运输、集装箱运输、联合运输和包车运输。

整车运输是指一批托运的货物在3吨及以上或虽不足3吨，但其性质、体积、形状需要一辆3吨及以上汽车运输的货物运输，如需要大型汽车或挂车（核定载货吨位4吨及以上的）以及容罐车、冷藏车、保温车等车辆运输的货物运输。

零担运输是指托运人托运的一批货物不足整车的货物运输。

集装箱运输是将适箱货物集中装入标准化集装箱，采用现代化手段进行的货物运输。在我国又把集装箱运输分为国内集装箱运输及国际集装箱运输。

联合运输是指一批托运的货物需要两种或两种以上运输工具的运输。目前我国联合运输有公铁（路）联运、公水（路）联运、公公联运、公铁水联运等。联合运输实行一次托运、一次收费、一票到底、全程负责。包车运输是指根据托运人的要求，经双方协议，把车辆包给托运人安排使用，按时间或里程计算运费的运输。

（2）按托运的货物是否办理保险分类，可分为不保险运输、保险运输。

运输的货物保险与否均采取托运人自愿的办法，凡办理保险的，需按规定缴纳保险金或保价费。保险运输须由托运人向保险公司投保或委托承运人代办。

（3）按货物种类分类，可分为普通货物运输和特种货物运输。

普通货物运输是指对普通货物的运输，普通货物可分为一等、二等、三等三个等级。

特种货物运输是指对特种货物的运输，特种货物包括超限货物、危险货物、贵重货物和鲜活货物。

（4）按运送速度分类，可分为一般货物运输、快件货物运输。

一般货物运输即普通速度运输或称慢运。快件货物运输要求货物位移的各个环节上要体现一个"快"字，运输部门要在最短的时间内将货物安全、及时、完好无损地送到目的地。快件零担货运是指1 000千米运距内，48小时以内运达；2 000千米运距内，72小时以内运达。

运输方式选择

富农电商公司通过前期市场调研发现，贵州某地出产的水晶葡萄深受各地消费者喜爱，考虑产品的特殊性，为了让消费者品尝到刚下果的新鲜葡萄，运营团队选择用目前时效最快的顺丰快递从产地向消费者发货。全国各地的消费者大都在3天以内即可收到产品，普遍反映葡萄很新鲜、但损耗率很高。

请结合案例情况合理选择运输方式。

二、物流合作商选择

物流服务是从接收顾客订单开始到将商品送到顾客手中为止所发生的所有服务活动。可使交易的产品或服务实现增值。其本质是更好地满足顾客需求，即保证顾客需要的商品在顾客要求的时间内准时送达，服务能达到顾客所要求的水平等。物流合作商是指物流供应商（包括快递、专线、空运、水运、铁路运输等合作伙伴）与物流需方签订合作协议，可以长期服务的一方。

1．物流合作商的选择

只有选择了合适的物流商，才能真正使物流服务成为企业的竞争优势；否则，不仅影响企业物流管理的绩效，而且还将导致大量资金和时间的浪费。

（1）组织跨职能选择团队。虽然企业物流部门一般需要参与物流供应商选择的决策，但是物流职能与企业的其他各个部门都有着非常密切的联系，因此在选择物流供应商时，财务、营销、信息系统、物流等部门人员也常常参与其中。

（2）设定物流外包目标。一旦确定团队成员，团队应设定外包的目标，即降低成本或改善运作质量、提升客户服务水平。对物流外包目标的透彻理解是选择物流供应商的指南，并为后来的物流供应商的绩效考评提供依据。

（3）确定物流需求。选择团队应对企业内部和外部顾客进行调查以确定当前物流的优势和缺点，从而明确自己的物流需求，并把它们明确地表达出来，成为对潜在物流供应商的服务需求。由于大多数物流供应商对企业目标的实现关系重大，所以开始时对物流需求理解花费的时间较长。

（4）制订选择准则。选择准则应与企业的外包目标和物流需求相联系，主要基于成本、服务质量（包括时效）、产品限制（生鲜冷运）方面进行选择；最初的标准应该包括质量、费用、能力和递送能力。第三方物流供应商的递送能力往往决定了一个供应商的核心能力。当挑选过程变得越来越精确，其他标准诸如财务实力、信息系统架构、操作和定价上的弹性、专业管理技术的深度和文化差异等都在挑选过程中扮演着重要的角色。挑选的准则必须能准确地反映出企业的目标和目的。这些标准同时也成为企业的 RFP（Request For Proposal），也就是计划要求的基线。一般地，当主要的挑选准则制订好了以后，每条准则所占的比例将被分配开来。这种方法有助于在众多的第三方供应商中挑选出最适合自己企业的候选人。最后，信赖是物流合作成功的基石。

（5）列出候选名单。候选者应具有与企业相似业务的方向并能提供企业所需的地理覆盖范围的服务。为选定潜在的合作伙伴，团队可以与专业组织联系，与供应商和顾客交流，甚至在网络上查找。主要通过两种渠道：与其他物流同行的交流和物流供应商的销售拜访。一个值得注意的趋势是，企业开始更注重专业刊物上的广告和其他途径，如专业刊物上的文章、咨询项目和私下的人际交往等。

（6）候选者征询。候选团队向候选者发出征询信，询问对方有无兴趣投标。信中应包含企业的信息和外包项目的实质和范围，同时要求候选者提供其公司及服务能力的基本信息。

（7）发出招标书及回收投标书（如果企业规模较小也可以采用议价方式进行选择）。企业向有资格的且对该项目感兴趣的物流供应商发出招标书。当然，为了便于竞标者编制预算，一些基本的专业信息是要做出说明的。同样，选择者的投标书中也应包括一些特定信息，如组织结构、能力、现有顾客及报价模式等。

（8）初评及现场考察。在初步评审投标书的基础上，将候选者范围缩至4~5家，现场考察其作业情况。通过考察让团队了解候选者的管理设施、程序和职员情况。在考察时应依据标准的检查表，并安排相同的团队成员对候选者能力进行一对一的比较。

（9）候选者资格评审。选择团队应研究有关资料和投标书细节，通过检查单和现场考察完成的调查表，评审候选者的财务状况、信息技术能力、服务柔性、战略符合程度，以及经营理念。

（10）利用分析工具选择物流供应商。利用相应的分析工具，如层次分析法等对各个候选者进行选择评价，做出最后的决定。

（11）关系实施和反馈与改进。在选择了合理的物流供应商后，必须及时对其具体的作业情况进行监督和反馈，发现其中出现的问题，并及时改进。

物流合作商的选择可以参考供应商的选择方法。

三、运输配送管理

运输管理是指产品从生产者手中到中间商手中再至消费者手中的运送过程的管理。它包括运输方式选择、时间与路线的确定及费用的节约。其实质是对铁路、公路、水运、空运、管道5种运输方式的运行、发展和变化，进行有目的、有意识地控制与协调，实现运输目标的过程。

运输管理工作的原则

组织运输工作，应贯彻执行"及时、准确、经济、安全"的原则。

（1）及时。及时就是按照产、供、运、销情况，及时把货物从产地运到销地，尽量缩短货物在途时间，及时满足农业生产和人民生活的需要。

（2）准确。准确就是在货物运输过程中，切实防止各种差错事故，做到不错不乱，准确无误地完成运输任务。

（3）经济。经济就是采取最经济、最合理的运输方案，有效地利用各种运输工具和运输设施，节约人力、物力和动力，提高运输经济效益，降低货物运输费用。

（4）安全。安全就是货物在运输过程中，不发生霉烂、残损、丢失、燃烧、爆炸等，保证货物安全地运达目的地。

"及时、准确、经济、安全"亦称物流运输的"四原则"，这四个方面是辩证的统一，必须进行综合考虑，忽视或片面强调任何一方面都是不行的。

配送是以顾客为出发点的，配送过程实际上是为顾客服务的过程。在进行配送管理时，不仅要遵循以尽可能降低物流费用为宗旨的效益原则，而且还要遵循以尽可能满足顾客需求为宗旨的顾客服务原则。

四、"最后一公里"

"最后一公里"配送是指客户通过电商途径购物后，购买的物品被配送到配送点后，从一个分拣中心，通过一定的运输工具，将货物送到客户手中，实现门到门的服务。配送的"最后一公里"并不是真正的一公里，是指从物流分拣中心到客户手中这一段距离，通过运输工具，将货物送至客户手中的过程。

由于农产品的特殊性对"最后一公里"的要求与其他电商产品存在较大的差异：如粮油等产品重量比较重，不适合常用的驿站代收模式，如农村干货体积比较大不适合在蜂巢存放，生鲜品保质期较短需要即时配送。这里以农产品通过电商平台销售给客户展开进行分析。

1. "最后一公里"配送意义

（1）"最后一公里"配送服务是电商面对客户的唯一方式。负责"最后一公里"配送服务的第三方物流无法完成电商或产品的品牌传播和货物售后服务等工作。客户满意度很大程度上取决于这个环节的质量和效率。

（2）"最后一公里"配送服务可实现增值效益。服务中积累的数据，蕴含着客户端的丰富资源，能够提供基于数据采购、信息管理等极有价值的东西，对于前端市场预测，提供有力的支撑。"最后一公里"配送，使得整个物流由被动转向主动分析客户信息，挖掘出隐藏价值，对客户提出个性化服务。由于直接的客户接触，企业的形象、价值文化等都能够通过"最后一公里"配送服务进行传播，所以能达到增值效益。

总的来说，"最后一公里"配送意义重大，不仅是电商企业成败的关键，也是对电商消费者极其重要的一个物流活动。只有做好"最后一公里"配送，电商企业才能真正实现快速发展，整个物流过程也才可以称得上通畅，才能获得客户满意。

2. 解决农村"最后一公里"难题的各种方式

可以依据农产品的实际情况选择适合的模式，以保证能及时、便利地送达客户手中。

（1）自建社区便利店模式。这是可以收寄，还可以下单购买其他商品的模式，如京东的便利店。

要推行这种实体便利店，需要选择在一定范围内，最好是在快递最后一公里的交界处，让客户在收寄方面都能做到灵活方便。

但这种模式，前期建设困难，选址难度大，店面覆盖区域有限。另外还存在市场定位模糊，盈利模式不明朗，体验效果不佳等问题。

（2）智能快递自提柜。智能快递自提柜是一种用智能机器节省人力资源的办法。这种方式在人流量密集的地方比较有效果，比如多数社区和写字楼，但在一些基础设施较为落后的地区则难以辐射带动。

智能快递自提柜的好处是可以打通快递最后一百米，提供24小时自由存取服务，可以最大化地满足消费者对时间自由度的需求，还可以减少配送员的等待时间、节省沟通环节，提高配送效率、降低物流成本。

自提柜虽好，由于自身占用外部空间较大，存储空间和存储量比较固定，同时对那些长、大、异形的包裹也无能为力，所以它并不能十分完美地解决快递最后一公里的问题，但它确实能解决一大部分主流需求。另外，快递柜因为是实体产品，涉及后期维护，这也是一个不容忽视的问题。

（3）代收模式。代收模式是一种提供包裹代收服务的商业平台，其商业模式为代收服务费。

代收可分为两种，一种是自营代收模式，比如菜鸟驿站、阿里巴巴校园邮局、京东自提点、国美自提点等；另一种为第三方代收服务，比如收货宝。当然它不仅仅能提供代收服务，如今已经延伸到代寄、退货等所有的包裹服务。

代收模式的优点是存取方便，可以满足客户的不同需求。业务种类多，人工服务易于沟通，可存放各种异形包裹。

其缺点也是显而易见的，运营成本较高，房租、人工成本等占比很大。

（4）连锁店合作模式。通过加盟第三方便利店，利用它们在全国范围内成熟的社区连锁网点，增加包裹自提与代收服务。

这种模式的好处是存取方便，易于沟通，有利于便利店延伸发展，但缺点也比较明显，代办费用高，存放空间有限等，利润较低的快递公司难以承受。

（5）社区杂货店加盟模式。社区杂货店有很多，其本身盈利模式比较单一，增加快递收寄服务，可以增加一些分成收入，同时也能为杂货店引流，带动其他产品销售。

这种模式没有连锁店各种条款的限制，但有一定的风险，在新社区有难度，另外选择口碑好、长期稳定的店铺也较为关键，服务费也不能过高。

（6）物业代收服务模式。物业代收服务就是社区物业公司提供包裹代收、代寄服务，通过利润分成达成合作。比如万科在全国推出的"万科幸福驿站"。

但这种模式在规模较小的物业和社区，无力形成像万科那样的O2O闭环服务，所以很多物业不愿意承担包裹代收业务，在合作上存在一定的难度。

（7）个人代办模式。个人代办即社区业主利用自住房屋的空间和个人空闲时间完成快递包裹的收寄与代办服务。这种模式比较适合于全职妈妈和退休人士。

合作业主可以与多家快递公司合作，以量取胜。但由于是个人代办，存在一定的不稳定性，服务质量也参差不齐。

（8）引入众包模式。引入众包模式类似于滴滴打车的模式，就是利用社会闲置人员和资源进行配送服务，将这些资源和配送点连接起来，能够提高配送效率。

这种模式的好处是能够降低同城配送企业的固定资产投资（轻资产），降低企业固定成本，其问题是存在个人信息泄露、服务质量低下、客户接受度低等问题。

（9）社区物流共同配送站模式。社区物流共同配送站是在同一区域合理选址，由其他快递物流企业共同设立的配送站。并由中心统一计划、统一协调，统一调配，实现社区"最后一百米"配送的信息标准化、配送区域化和服务集中化。北京"城市一百"就是这方面的典范。

以北五环科荟路的"城市一百"共配店为例，该店主要服务于周边1公里范围内的15个社区，24小时营业。所有的快件，可以由快递员配送或者客户自取，对于服务范围内的社区居民来说非常方便。

该模式可以降低成本，减少快递人员数量和降低货物重复配送成本，让快递企业获得规模效益。但前期选址、建设比较困难，覆盖范围有限，且成本较高，权责界定不清，利润分配复杂，容易泄露企业商业机密。

随着电商物流的飞速发展，只有以客户为先的理念不断创新，适合的新模式才能更好提升农村电商的服务质量。

案例分析

合理匹配适合农村产品的"最后一公里"

富农电商公司目前经营的农村产品有体积较大干货、季节性鲜果、5千克以上的粮油产品、小包装的当地特产零食产品等。

请结合以上农村产品与"最后一公里"几种模式进行合理匹配，以列表形式进行分析。

迁移应用

（1）通过网络查询，列出广东地区常用的物流供应商，并进行综合分析、比较。

（2）富农电商公司在节日期间社区、单位集中配采业务占比85%，而且订单均有指定交货时间要求，对口扶贫类生鲜类产品的时效要求很高。该类产品的供货地以贵州、广东省为主，请针对该部分业务设计一份合理的物流解决方案。

总结与评价

1. 知识导图

任务四知识导图如图3-12所示。

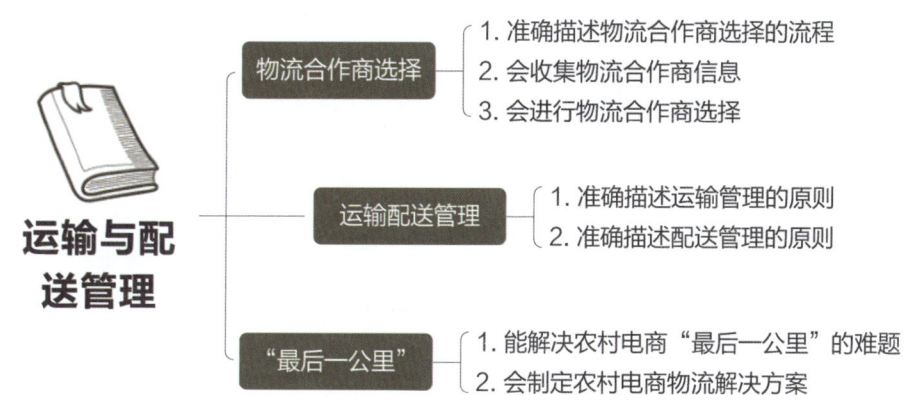

图 3-12 任务四知识导图

2．学习评价

请完成表 3-12 学习评价。

表 3-12 学习评价

评价项目	评价内容	评价标准	评价方式（百分制）		其他说明
			自评（40%）	师评（60%）	
会合理选择物流合作商并有效管理	通过合适的渠道收集物流合作商信息	渠道合适、信息准确			
	合理选择物流合作商	方法得当			
能依据企业实际需求制订合理的物流解决方案	制订合理的物流解决方案	时效合理、成本控制得当			
	利用办公软件编制符合企业要求的方案	方法选择的科学性、合理性与方案陈述的准确性、方案呈现的美观性与规范性			

3．相关学习网站

（1）中国公路交通地图全图（高清）。

（2）中国铁路运价查询。

（3）运输人网。

（4）中华人民共和国交通运输部。

（5）中国公路运输网。

（6）中国道路运输网。

农村电商职业经理人

4. 学习感悟

收获：

_____

不足：

_____

改进：

_____

项目四

品牌塑造

广义的品牌指具有经济价值的无形资产，用抽象化的、特有的、能识别的心智概念来表现产品与产品之间的差异性，从而在人们意识当中占据一定位置的综合反映，促使消费者加深对产品的认知。狭义的品牌指对理念、行为、视觉、听觉等方面进行标准化、规则化，使之具备特有性、价值性、长期性、认知性的一种识别系统总称。品牌塑造是为产品建立一套具有特色，能够形成可识别、能传播、容易被记住的标识的过程，品牌塑造是一个持续的过程，包括品牌定位、品牌建立、品牌运营及品牌维护等内容。通过本项目知识内容的学习，我们将对品牌从无到有，从弱到强的塑造过程有全面地掌握，掌握品牌塑造的方法与品牌运营维护的各种技能与技巧。

任务一　品牌定位

学习目标

1. 准确说出品牌定位定义及品牌定位的维度。
2. 精准定位目标人群、品牌价值、品牌特色卖点以及产品渠道设定等方法。
3. 在企业发展过程中进行指导，用品牌定位的方法帮助和提升农业产品品牌影响力。
4. 准确区分产品目标人群及说出产品品牌价值。

情境引入

随着公司的发展，富农电商公司在经营过程中要进行业务优化和企业转型升级，品牌化策略是公司重要的升级板块。根据富农电商公司的产品特点对产品进行定位，通过知识内容的学习，帮助富农电商公司找到建立品牌的定位基础。

品牌定位是品牌塑造的第一步，精准的品牌定位能让消费者更好地认识产品、了解产品市场渠道、挖掘产品深层次的价值，通过建立品牌实现产品品牌化发展。做好品牌定位，首先要对产品本身有详细深入地了解，把握产品背后的文化故事、发展历程、亮点与特色等要素，通过抓取核心要素确定产品品牌的定位。

本任务将重点学习品牌定位知识，对不同类型的品牌进行定位设定，掌握方法与原理为品牌建立奠定基础；通过学习为品牌定位挖掘价值，价值包括市场价值、企业价值、社会价值等；找到产品的卖点，根据品牌诉求为产品确定适销对路的渠道。

一、品牌目标人群定位

品牌定位指对特定的品牌在文化取向及个性差异上的商业性决策，它是建立一个与目标市场有关的品牌形象的过程和结果。品牌定位的维度有市场定位、价格定位、形象定位、地理定位、人群定位、渠道定位等，从而形成品牌的综合特征。

品牌是一个广泛的概念，不局限于某个具体产品的品牌。根据目标对象不同可分为产品品牌、品类品牌、企业品牌、区域公共品牌等（图4-1），无论是什么类型的品牌，建立品牌不是一个短期的工作，需要持续不断地为品牌赋能，提升品牌影响力及价值，小品牌可以培育成大品牌，大品牌可以成为知名品牌。

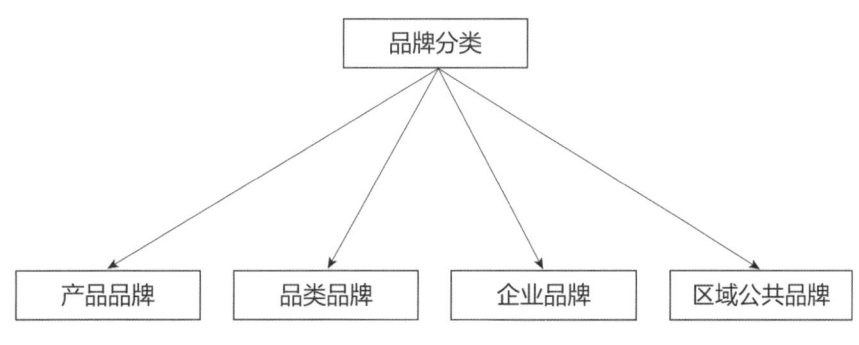

图 4-1　品牌的分类

1. 目标人群定位

目标人群定位是品牌建立的第一步，准确分析及把握目标人群对于品牌设定至关重要。根据产品特点及产品潜在用户对象，精准确定产品的目标人群。

2. 目标人群的分类

目标人群按性别可分为男性目标群体、女性目标群体，按照年龄结构可分为年轻群体、中年群体、老年群体，按照不同年龄阶段分为"70 后"群体、"80 后"群体、"90 后"群体、"00 后"群体等不同群体，按照知识层次结构分为高等知识群体、中等知识群体、一般知识群体，按照喜好不同分为体育爱好群体、音乐爱好群体、艺术爱好群体、健身爱好群体等不同群体类型（图 4-2）。按照不同群体的特点及喜好，结合产品自身特点确定品牌的人群定位，准确的人群定位有利于塑造品牌调性、打造品牌宣传推广口号及营销推广策略，抓住消费者的喜好特点，赢得消费者对产品品牌的认可。

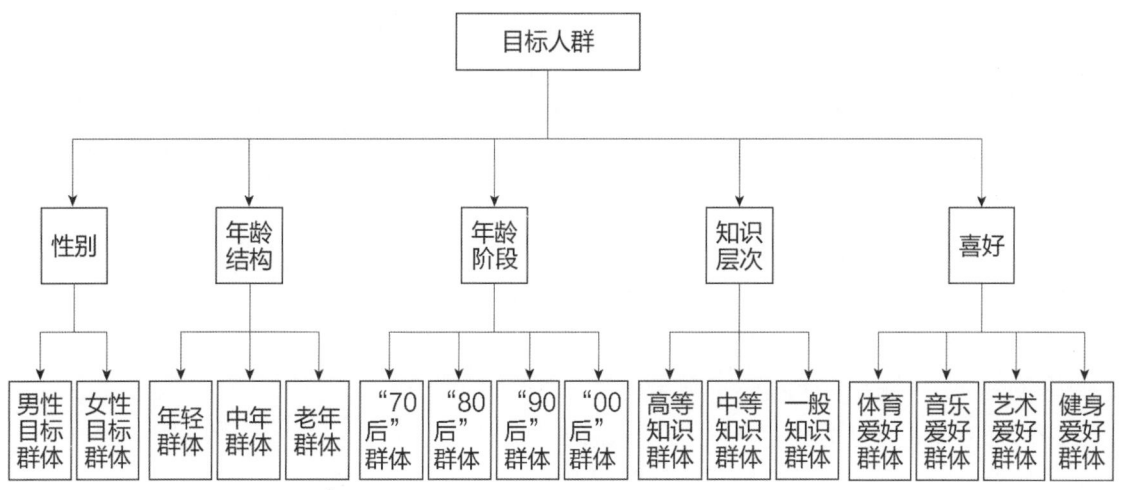

图 4-2　目标人群分类

3. 目标人群的定位原则

目标人群定位遵循符合大众化，大部分消费者认同的定位原则。总体遵循产品特征特性显著、特点概括精确的原则确定目标群体。

4. 品牌价值

品牌价值是品牌最为核心的部分，也是品牌区别于同类竞争品牌的重要标志。迈克尔·波特在品牌竞争优势中曾提到，品牌的资产主要体现在品牌的核心价值上，或者说品牌核心价值是品牌精髓所在。通俗来讲，品牌的价值是指品牌在长期的经营、推广及营销过程中产生的可估算的价值，包括其属性、品质、档次（品位）、文化、个性等，在某一个时点的、用类似有形资产评估方法计算出来的金额或等价的市场价格。

迁移应用

富农电商公司拟拓展一款牛肉丸的线上产品品牌，牛肉丸在广东省汕头市是非常知名的一种肉类产品，当地牛肉丸的生产一直沿用传统的生产工艺，通过捶打、挤压及定型生产出来的牛肉丸筋道、爽口，请你运用品牌定位的方法，提炼出该牛肉丸产品建立品牌的核心元素。

二、精准定位品牌价值

1. 如何提升品牌价值

（1）从无到有，创立品牌。无论是产品品牌、品类品牌还是企业品牌、区域公共品牌都是企业的无形价值资产，在运作产品或运营企业之初就要树立品牌的理念。在企业运作之初就根据产品特点或者企业发展方向确定符合自身特性的品牌，从无到有创立品牌并将此品牌通过不断地推广及营销提升其影响力，形成具有影响力的品牌（图4-3）。

（2）运用资本，做大品牌。如果企业试图进入一个全新市场，其在品牌拓展上将投入巨大的财力和精力，而且还要遭遇原有市场各种力量的竞争。这时，运用企业资源、资本的力量建立或拓展品牌、提升品牌价值就成为企业首选的策略，运用品牌策略占领新市场并取得市场地位。

（3）跨界联手，品牌共赢。品牌价值的提升可以通过与其他品牌联手来迅速扩展自己的品牌形象，从而创造更多的品牌附加值。对于知名的国际级大企业，它们往往很善于利用其在各自行业中的强大品牌号召力和市场优势，与其他行业的领导者进行"强强"品牌联手，以期在更大的市场深度和广度上进行扩展，来强化自己的品牌

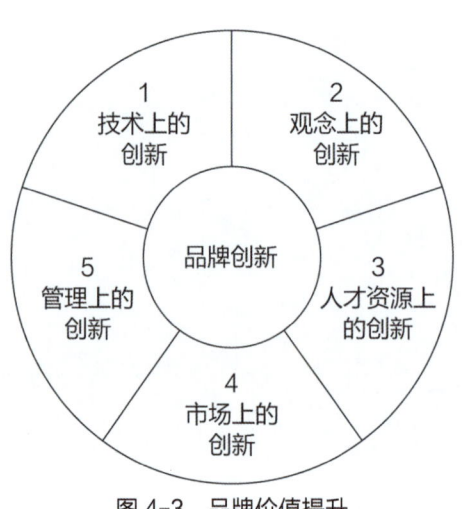

图4-3 品牌价值提升

形象。这种联手往往是基于合作双方或多方的品牌共赢，也较容易得到来自合作伙伴和市场的积极反馈，取得良好的运营效果。

（4）品牌延伸，形成矩阵。品牌延伸战略包括副品牌战略和多品牌战略。副品牌战略是介于一牌多品和一牌一品之间的品牌战略。形成多品牌的战略并形成主品牌、副品牌相结合的品牌矩阵，借助消费者对现有成功品牌的信赖和忠诚，推动副品牌产品的建立并扩大影响力。

（5）渠道渗透，持续提升。拓展提升品牌首先要让目标对象及潜在用户经常见到该品牌，因为品牌价值最终要归结到用户的购买行为上，要使用户完成购买行为首先要降低实施这一行为的成本，这包括心理成本和行为成本，也就是说要让用户比较容易想到该品牌，购买产品的时候少一些顾虑和担心，比较容易产生购买行为。而要达到这种效果就需要强有力的渠道支持，特别是要"密集"销售终端，建立起完善的产品布局网络，不断加大对区域市场的渗透。

可口可乐公司就是一个较好的依靠市场渠道渗透塑造品牌形象的例子，它遍设销售渠道，在全球范围内广泛地发展地域经销商，可口可乐不但自动售货机、超市、便利店里有卖，而且在电影院、音像商店，甚至出租车上都能看到可口可乐的产品。

2. 品牌价值提升策略

（1）差异化策略，避免恶性竞争。品牌的价值体现在差异化价值的竞争优势上，品质差别是品牌价值差别的核心，而技术是一切品质的终极决定因素。企业在进行品牌价值创新的时候必须以技术为先导。先进的技术可以让企业研发出新的产品，形成企业的"先动优势"，让企业形成核心竞争力。同时，由服务差异化带来品牌附加价值的提升。塑造品牌个性的差异化，品牌联想能够影响顾客的购买心理、态度和购买动机，所以品牌能够提升顾客感知价值。品牌联想是品牌内涵塑造和个性强化的结果，要想构建品牌联想价值差别优势，首先需要塑造品牌的内涵，强化品牌的个性。

（2）创新策略，让品牌独具价值。创新是企业发展的根本，也是品牌具有核心竞争力的重要表现。在品牌形象与品牌宣传推广方面进行创新，采取创新策略，塑造与其他品牌具有明显区别的标识能够有效提升品牌认知度。由于品牌识别被用于推动所有的品牌创建工作，它的内容就必须具有深度、广度和关联度，而不只是一句广告语或一个定位的说明，这就体现了在品牌价值定位方面创造性的重要性。在品牌塑造过程中需要考虑品牌的参照体系、相似点、差异点，品牌识别、价值方案、执行策略、品牌杠杆、品牌投资等。

（3）把握时机，塑造强势品牌。发现品牌历史上的主要里程碑或重要节点，如公司成立与扩张，主要包装或识别体系的重新设计、传播策略、第一次转型、负面公关或质量危机等；与主要竞争对手相比，关键差别化因素有哪些等。分析出未来品牌发展的行业趋势，在用户表面描述与心理描述方面、在通路方面、在服务方式方面、在用途扩展方面等；将目标人群、品牌主张、个性和洞察有效结合，找到一个能够刺激创意、具有差别化的品牌平台，找出品牌的 DNA。品牌的 DNA 是对品牌实质的一种速记，它简明、区别、持久、具有吸引力，是单一的点，不是广告和口号。

迁移应用

富农电商公司根据企业发展战略建立了自己的产品品牌，在品牌的推广过程中投入了大量的资源，经过几年的发展已经在县域市场拥有了一定的用户群体，中老年用户群体非常认可企业产品及品牌，获得了很好的口碑和市场认同，请你运用品牌价值提升的方法分析一下企业的品牌的价值提升可以怎么做，填写表 4-1。

表 4-1　品牌价值提升的方法

	采取方法	具体做法
方法一		
方法二		
方法三		
其他		

三、挖掘品牌特色卖点

每个品牌都具有自己的特点，品牌具有与其他品牌的差异，如何挖掘品牌特色卖点？品牌的特色卖点如何最大化地应用？都是品牌定位与塑造的关键。众所周知，产品都具有自身独特的卖点，品牌同样也是如此。产品自身的特点表现在比如外观、功能、性价比或是情感附加值等方面。而随着产品的更新换代，在不同方面会出现创新与改动。当你的产品与别家的同类型产品存在竞争，在这个阶段找到自身产品的特点并找到与同类产品的差异性，确定好产品的卖点非常重要。我们可以通过多个维度去挖掘产品的差异化，从而找到产品的卖点及优势。挖掘与品牌相关的特色与卖点对于品牌发展定位及市场定位具有重要意义。具体做法：

1. 找到品牌与品牌之间的差异点

品牌之间是有很多差异化可供挖掘的，但品牌的核心卖点却往往只有 1～2 个。在进行品牌营销时，一定要抓住一个或者两个核心卖点，把它放大，将卖点打造到极致，以打动用户，让他们选择你的品牌及品牌下的相关产品。

2. 为品牌赋予独特的价值内涵

品牌之所以能够成为有影响力的品牌，往往是因为品牌能够体现不同的价值并具有足够的想象空间。独特的价值内涵是品牌能够被记住的重要特征，是品牌塑造及品牌传播的核心要点。与品牌相关的历史、文化、故事、重要时刻都可能成为品牌独特的价值内涵。

3. 策划具有个性的独特的营销方式

品牌营销的差异，主要体现在具体产品的价格、热点事件、品牌故事、促销活动、数据营销、服务口碑六个方面。当你的产品品牌有价格优势时，可以以此为卖点，在保证产品质量及自身利润的同时进行竞争，树立"物美价廉"的产品形象；但如果你的产品价格较高，则要模糊价格这一个点，通过套餐搭配等方式，在保证利润的同时形成一定的优势。一个产品成为爆款不一定是因为品牌自身做了很好的宣传，也可能是向某个热点事件借力。由于羊群效应，人们往往会对一些热点人物使用的产品产生兴趣，进而搜索同款。通过热点事件能让消费者快速认识到你的品牌。同样，现在很流行的节日营销活动，比如春节、中秋，也是一种很好的营销方式。

4. 利用大数据挖掘品牌营销的特色卖点

在互联网时代，我们越来越注重数据信息。很多产品也是在用一些销售数据来体现自身品质或品牌的实力，以此为卖点来吸引用户消费。互联网时代的另一个特点是大家越来越习惯线上购物。发挥互联网大数据优势，对用户群体关注的热点、焦点等进行数据化分析，借助数据分析用户的喜好、使用频次、使用时长等用户习惯并找到切入点，找到品牌提升的新亮点与新的突破点，持续优化品牌新的卖点。

四、产品渠道设定

有了产品及品牌以后，如何让产品及品牌快速占领市场，产品渠道设定是产品及品牌能够快速推进的重要渠道。根据产品渠道的特性结合产品渠道掌握渠道设定的要点主要有：

1. 根据渠道的盈利性设定产品渠道

作为企业化运营渠道的盈利性是产品渠道设定的重要考量因素，也是企业赖以生存的根本。根据渠道的盈利性选择和建立产品的渠道对于企业发展及品牌发展至关重要。掌握渠道的真实盈利性，首先要掌握类似客户（或提供类似产品）的服务成本。同时，掌握经常容易被忽略的成本因素，如运输费用和销售返还成本等，一些看似利润很高的渠道可能实际并上没有那么高，反之亦然。掌握这些情况，还能够发现一些可以削减某些渠道成本的机会。企业对类似客户群不同渠道的服务成本进行一对一地对比后，就应该考虑不同渠道客户的质量差别。

2. 根据客户偏好设定产品渠道

根据客户偏好设定产品渠道将渠道盈利性和客户偏好相匹配十分有益。了解了不同客户群的购买偏好，企业就可以确定哪些客户应该由销售人员提供面对面的服务，哪些由远程销售人员或其他远程渠道提供服务即可。企业据此采取行动后，销售成本明显下降，销售利润率也提高了。

3. 根据市场变化设定产品渠道

随着商业模式的不断变化，以及"互联网＋"的深刻影响，根据市场的变化及消费习惯等的变化进行产品渠道设定显得十分重要。在"互联网＋"的推动下，尤其是在以电商为手段推动商业模式变革的渠道下,根据变化设定产品渠道对于提升产品影响力、品牌价值等尤为重要。传统企业的优势在于生产及销售方面的优势,但在新市场、新渠道、新模式等新兴方式接轨方面显得经验不足或者不能够做出大胆尝试,造成了部分原本是大规模的企业由于市场及用户群体的变化而无法适应新形势,逐渐被淘汰。因此,企业之间的竞争除了技术方面的竞争外还体现在应对市场竞争方面的变化,随着电商的深入发展,企业拥抱互联网已经成为大趋势,根据市场变化设定产品渠道是应对市场竞争的重要内容。

迁移应用

应用品牌定位的方法,以富农电商公司拟经营华南地区特色水果——火龙果为例,为火龙果产品进行品牌定位分析,建立火龙果品牌,打造具有华南地区特色火龙果品牌,为企业发展及火龙果产业发展提供品牌支撑,并完成表 4-2。

表 4-2 火龙果市场定位策略分析表

产品	产品卖点	盈利性	渠道设定	市场环境
火龙果				

总结与评价

1. 知识导图

任务一知识导图如图 4-4 所示。

项目四　品牌塑造

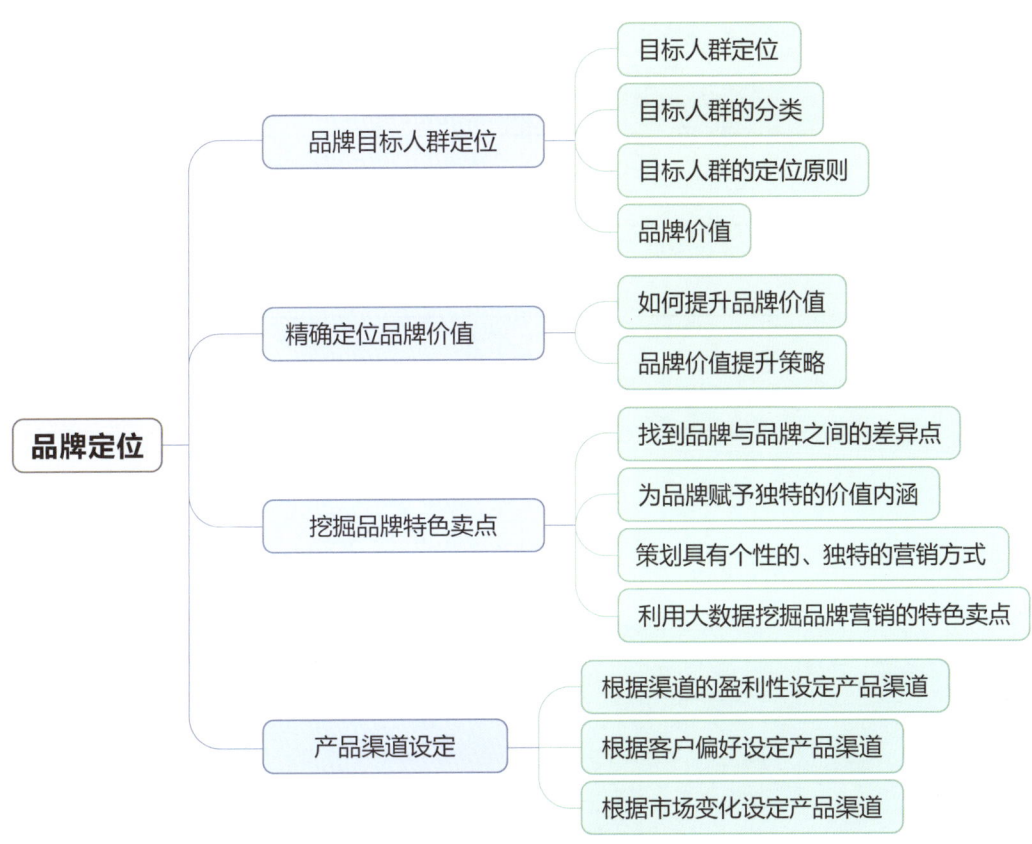

图 4-4　任务一知识导图

2．学习评价

请完成表 4-3 学习评价。

表 4-3　学习评价

评价项目	评价内容	评价标准	评价方式（百分制）		其他说明
			自评（40%）	师评（60%）	
品牌定位的原则及方法	品牌定位的概念	完全准确，并能准确描述			
	品牌的分类	准确描述品牌的类别			
	如何提升品牌价值	解析提升品牌价值的方法			
	品牌价值提升的策略有哪些	准确说出品牌价值提升的策略			
	如何挖掘品牌的特色和卖点	描述品牌特色卖点挖掘的方法			
	产品渠道设定的内容有哪些	准确描述产品渠道设定内容			

83

农村电商职业经理人

3. 学习感悟

收获：

___

不足：

___

改进：

___

任务二 品牌建立

学习目标

1. 掌握品牌建立的基本方法。
2. 通过品牌建立的方法为企业打造一个既能准确提炼、能够客观形象地体现产品特性又富有传播性的产品品牌。
3. 准确说出品牌建立过程核心元素抓取与提炼、品牌 Logo 设计与定型、品牌视觉识别系统（Visual Identity System，VIS）设定的要点。
4. 将品牌建立的知识应用于品牌建立的全过程。

通过任务一品牌定位知识的学习，让我们对如何准确定位品牌有了一定的认识和了解，学习了品牌定位的基本方法，掌握了关于目标人群定位、品牌价值精准定位、挖掘品牌特色卖点及产品渠道设定等知识。任务二将在任务一品牌定位的基础上学习品牌建立的相关知识，了解并学习如何建立品牌，掌握品牌核心元素抓取与提炼、品牌 Logo 设计与定型、品牌基础系统、应用系统及包装设计 VIS 设定，准确掌握和品牌建立的基础知识，并能够运用品牌建立的相关知识应对品牌建立过程中各项具体问题。

情境引入

富农电商公司为了进一步提升企业的竞争力，在挖掘优质产品的同时准备建立自己的产品品牌，但是对于公司而言在品牌建立方面经验不足，为了建立一个与公司发展定位相匹配的品牌，他们应该从哪些方面入手，分析公司品牌建立的核心和关键呢？

品牌建立是品牌运营的基础，建立一个与企业发展相匹配的品牌对于企业的长远发展起着重要作用。本任务将重点学习与品牌建立有关的知识，掌握如何根据产品特点及卖点，找到品牌的核心元素，并就核心元素进行提炼，形成具有辨识度高、易传播、具有影响力的品牌；根据提炼的核心元素进行品牌 Logo 设计及定型，形成可用于产品包装、企业宣传及营销等不同场景下的 Logo；根据设计的 Logo 制订具有精练概括、高度浓缩及传播度高的品牌宣传口号，进行应用设计包括 VIS 基础系统、应用系统和包装设计。形成一套图形、文字、应用等多层次、全方位的品牌 VIS 系统。

一、品牌核心元素抓取与提炼

（一）相关概念

核心元素：指形成一个品牌的众多元素时，特征明显、重点突出、要点分明且在形成品牌的过程中起着主要作用的元素。核心元素的数量并不是越多越好，一个好的品牌一般具备 1～2 个核心元素。

（二）知识要点

品牌建立是品牌创建的过程，是根据产品特性对其进行核心元素挖掘并提炼包装，形成具有可传播性品牌的过程。要建立一个符合产品特性的品牌，需要深入了解产品背后的故事，包括企业从成立之初到快速发展的全过程、重要发展经历等具有重要意义的事件，在发展过程中形成的团队精神、企业文化等软实力，以及对企业所在地的人文历史、自然景观、特色文化等进行分析和提炼，找到与产品特性相匹配，并能在产品品牌塑造过程中融入的重要元素，成为品牌建立的核心元素。

（三）核心元素的抓取方法

品牌建立的第一步是找到产品的核心元素，如何找到产品的核心元素？可以采取如下方法：

1. 从产品本身提炼出品牌核心元素

这种方法简单地讲，就是从产品本身出发，深入了解自身产品的特点，从产品本身的特性入手，如产品原材料产地、加工工艺、生产流程、包装设计等，找到符合建立产品品牌的具有价值的元素，如"叉烧包""火腿肠""榴梿酥"等都是从产品自身特点入手建立起来的品牌。这种品牌核心价值源于产品又高于产品，让消费者通过产品特征与品牌建立独特的联系。从产品特性提炼品牌价值的方法是被采用最多的方法。

2. 把情感嫁接到产品中去

这种方法是将一种或多种具备感情色彩的元素加入产品品牌建立过程中，让消费者能够与品牌产生共鸣，从情感方面引起消费者的购买欲望。这种以情感为导向的产品品牌往往能够迅速获得消费者的感情认同，促使消费者产生强烈的购买欲望。把情感嫁接到产品中去，使品牌成为这种感情特征的符号、象征、寄托等，如亲情、爱情、友情、师生情、关怀、牵挂、思念等。

3. 把文化元素与品牌相结合

此方法是将产品与文化结合在一起，赋予产品除了产品本身的认同感以外更多的认同，尤其是消费者消费背后对文化价值的认同，会让消费者对产品产生更为强烈的价值认同，通过文化的力量推动产品品牌的建立和发展，同时让产品品牌更具有灵魂价值，也是产品品牌之间能够互相区别的一个重要因素。赋予品牌的文化元素须是其他竞争者所未使用,而对消费者有价值的,这样才能产生良好的效果。以文化结合产品建立起来的产品品牌的典型代表有可口可乐、麦当劳、万宝路、星巴克等。

（四）品牌核心价值要素

通过赋予产品以品牌,以品牌促进产品市场拓展,通过品牌让消费者对产品产生更高层次的价值认同感。那么,品牌核心价值的要素有哪些呢？大致可以分为以下8类（图4-5）。

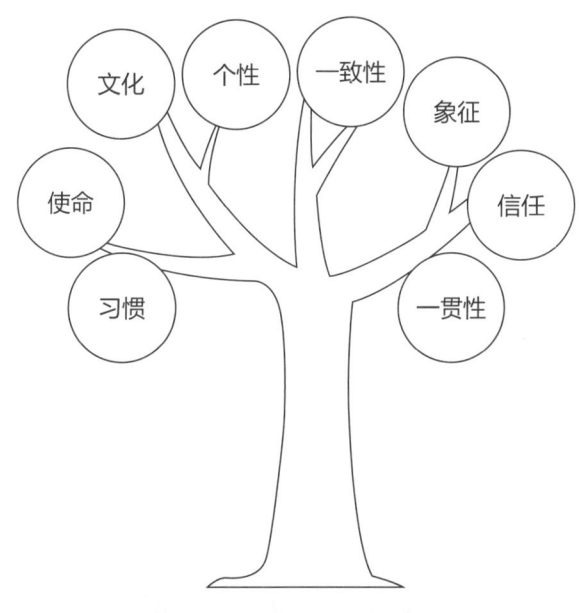

图4-5 品牌核心价值要素

1. 个性

品牌个性是独一无二的、特征明显的属性。一个优秀的品牌必须具有高度的个性,品牌个性是可以明确区别于其他品牌的独特品牌核心,没有个性的品牌只会被淹没在品牌的汪洋大海之中,具有个性是区分品牌的重要特征。具有个性的品牌就等于给了目标消费者一个独一无二的购买理由。

2. 一致性

一致性是指品牌的承诺与事实要相符合,而不是仅仅停留在传播层面,更要从品牌层面落实到产品层面、传播层面,甚至是经营管理层面。只有把统一的品牌核心承诺落实到每一个经营环节上,才能使品牌的核心价值变得真实并具有力量,消费者也才能由衷地认可。

3. 文化

一个品牌力量的强弱决定于其文化内涵,一个拥有文化的品牌就像一个有内涵、有深度、有故事的人,会奇妙地吸引他人的关注与兴趣。好的品牌文化会让品牌变得有思想、有生命力。文化是品牌核心的重要构成部分之一。

4．象征

一个优秀的品牌要具有某种象征性意义，消费者通过选择该品牌的产品可以表达其思想或代表其形象。每个品牌都要有一个专属的象征意义，以便让消费者"对号入座"，找到属于自己的品牌。

5．使命

当一个品牌可以为顾客及社会创造出价值时，这个品牌即使不做广告，也会被消费者铭记。如一些制药企业把品牌的使命定为为顾客解除病痛；微软把品牌的使命定为让世界上每一台电脑都能使用它的操作系统，并由此改变人们的生活方式；迪士尼则赋予了品牌为人类创造欢乐的使命，这让其经历了几十年的社会变迁，同行纷纷倒下的情况下，依然蓬勃发展。

6．信任

信任包含了各种感性因素，信任的产生来自产品功能达到甚至超过消费者预期，有品牌信守承诺产生的信任，也有产品性能稳定带来的信任等。比如国内知名电商平台——京东商城的服务给使用者一种很安全的感觉，用户清楚产品发生任何问题，这个品牌都敢于承担，出现问题时都能及时得到解决，如果对购买的产品不满意或满足"七天无理由退货"条件时，京东商城会无条件为消费者提供退换货的承诺，使得消费者敢于放心购买。能让消费者对品牌产生信任是件很不容易的事，但如果做到了，基本也等于拥有了忠诚顾客。

7．习惯

一个品牌做到极致时，不仅仅是销售产品，而是为消费者创造一种生活方式或者是融入消费者的生活。当想到某个品牌就会习惯性地想到要做什么，或做什么时一定想到某个品牌，这时这个品牌就已经变成了消费者生活中的一种习惯。

8．一贯性

每一个品牌都有自己的品牌基因，可口可乐从创立至今已经有100多年，经历了时代的变迁，市场的洗礼，之所以生存到今天并且品牌价值居于世界品牌榜前列的原因就是其品牌基因发挥着巨大的作用。

（五）品牌核心元素提炼的五大原则

在品牌建立的过程中会有与产品相关的多种元素，但并不是所有元素都是产品的核心元素，核心元素往往比较少且需要在基础元素上进行提炼形成产品的核心元素。核心元素提炼原则主要有五大原则（图4-6）。

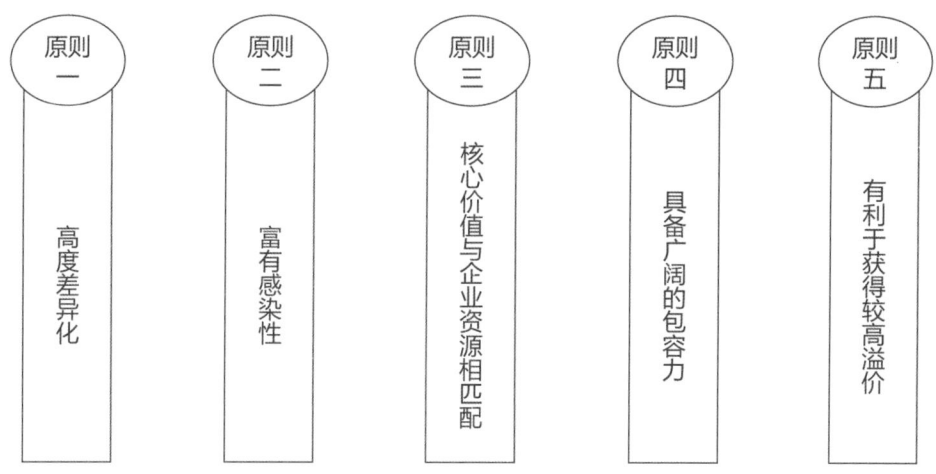

图 4-6　品牌核心元素提炼原则

1. 高度差异化原则

把握高度差异化原则拓展思路、发挥创造性思维，提炼个性化品牌核心价值找到与其他产品的差异点，实现产品定位差异化。一个品牌的核心价值与竞争品牌没有鲜明的差异，就很难引起公众的关注，高度差异化的核心价值能以低成本获得关注，引发消费者内心共鸣。差异化的品牌核心价值是避开正面竞争，低成本营销的有效策略。

2. 富有感染力原则

品牌富有感染力是让品牌具有亲和力，让消费者感知到品牌的温度。品牌感染力是能够获得消费者的认同并成为忠实消费者的关键，一个品牌具有触动消费者的内心世界的核心价值，就能引发消费者共鸣，那么花较少的广告传播费用就能使消费者认同和喜欢上该品牌。

3. 核心价值与企业资源相匹配原则

核心价值不仅要通过传播来体现，更要通过产品、服务不断地把价值长期一致地交付给消费者，才能使消费者真正地认同核心价值。核心价值在提炼过程中，必须把企业资源能力能否支持核心价值作为重要的衡量标准，力争做到核心价值与企业资源相匹配，达到高度统一，相得益彰。

4. 具备广阔的包容力原则

由于无形资产的利用不仅是免费的，还能进一步提升无形资产的价值，所以不少企业期望通过品牌延伸提高品牌无形资产的利用率来获得更大的利润。因此，要在提炼规划品牌核心价值时充分考虑包容力和前瞻性，预埋好品牌延伸的管线。否则，想延伸时发现核心价值缺乏应有的包容力，就要伤筋动骨地改造核心价值，意味着前面付出的大量品牌建设成本有很大一部分是浪费的，不能发挥资源优势的最大化。具备广阔的包容力是品牌核心元素提炼的重要原则。

5. 有利于获得较高溢价原则

品牌的溢价能力是指同样的或类似的产品能比竞争品牌卖出更高价格。品牌核心价值对品牌的溢价能力有直接而重大的影响。一个高溢价能力的品牌核心价值与品牌识别有如下特点：

（1）功能性利益有明显优于竞争者的地方，如技术上的领先乃至垄断、原料及原产地的精挑细选，像梅州金柚产自中国蜜柚之乡梅州大埔一样，在地理环境、生产规模、标准化方面都优于其他产区。

（2）在情感型与自我表达型利益方面要突出"豪华、经典、时尚、优雅、活力"等特点，在产品自身价值的基础上赋予更高层次的情感价值，获得更高的溢价。

迁移应用

牛杂是广州本地一种非常有特色的小吃，小吃牛杂起源于广州荔湾，经过多年的经营发展已经在一定区域范围有较大影响力，成为消费者认可的本地知名小吃。随着牛杂知名度的提高，传统牛杂小吃店逐步从个体经营变成了企业化运作，发展迅速。如果您是富农电商公司的品牌营销负责人，请您运用品牌核心元素抓取与提炼的方法提炼牛杂小吃品类的品牌核心元素。

二、品牌 Logo 设计与定型

我们学习了品牌核心元素抓取与提炼的相关知识，大家对如何找到品牌的核心元素，如何从众多的元素中找到与品牌紧密相关的核心元素的方法进行了学习，下面将学习掌握品牌 Logo 的设计方法、掌握品牌 Logo 定型等课程内容。

（一）相关概念

Logo：徽标或者商标的外语缩写，可以起到公司的识别和推广的作用，通过形象的徽标可以让消费者记住公司主体和品牌文化。

Slogan：意思是口号、广告语。对消费者的意义在于其所传递的公司的产品理念，它所强调的是一家公司和它的产品最为突出的特点。Slogan 通常是一句或两句高度精练的具有很强概括性的文字，它的作用就是以最简短的文字把企业或商品的特性及优点表达出来，给人传递浓缩的广告信息。

（二）品牌 Logo 概况

品牌 Logo 是品牌的具体表现形式之一，是品牌触达消费者并被消费者认知的第一步，很多时候我们认识一个品牌第一眼或者最直观的感受就是先看到品牌的 Logo，然后才是品牌本身甚至是产品。一个完整的 Logo 具有多种组成内容，根据 Logo 的存在形式及体现的意义和价值，大致可分为有形和无形两类。根据品牌 Logo 的不同定位，包含有形和无形两个层面的含义。

一个好的 Logo 可以用来做视觉延展，便于应用在更广泛的场景里，当人们一看到这个视觉元素，脑海中立马就会想到品牌 Logo，而增加了用户和品牌之间的情感黏性。

（三）品牌 Logo 设计形式

从众多成功且具有影响力的 Logo 品牌来看，品牌 Logo 设计的形式一般可分为：文字变形类、英文缩写类、英文字体类、英文字体变形类、图形＋文字类、图形＋英文类等（图 4-7）。

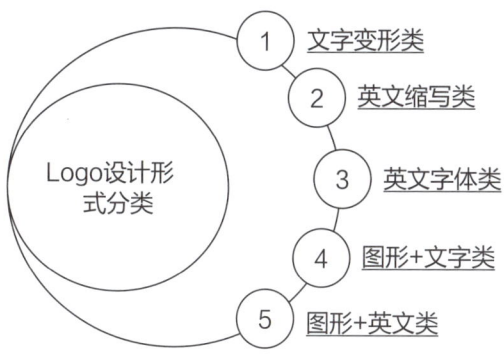

图 4-7　Logo 设计形式分类

1. 文字变形类

中国的汉字本就是一个图形，而且同一个字也有很多种写法，并且每一个汉字都集结了深厚的文化底蕴，随着时代的不断变化演变而来的，所以文字变形类的 Logo 不仅好看，而且总能透出一股文人气息，这种类型的 Logo 比较适合茶饮、书店、咖啡馆、酒楼、珠宝饰品这些需要体现人文气息的品牌。

2. 英文缩写类

将品牌的英文名或者英文缩写进行变形设计，让其既能够表达品牌的特点又能够具有很好的美感和传播性。比如麦当劳的品牌 Logo（图 4-8）为一个"M"的变形设计，麦当劳英文全称为 McDonald's，取其首字母 M 进行设计，麦当劳已是家喻户晓的国际知名品牌。

图 4-8　麦当劳品牌 Logo

3. 英文字体类

英文字体类 Logo 也是品牌 Logo 设计的重要类别之一,数码科技类、高端护肤美妆类、奢侈品箱包类、高端服饰饰品类都采用的是英文字体 Logo,或者在某些英文字体的基础上稍作变形,体现国际化。英文字体类设计出来的品牌 Logo 能够很好地传达品牌本身的特点,让消费者在短时间内能够快速了解产品品牌及背后的产品。"可口可乐"品牌的英文全称为"Coca-Cola"(图 4-9),可口可乐已经成为消费者熟知的国际知名品牌,其品牌 Logo 的价值也得到最大化的体现。

图 4-9　可口可乐品牌 Logo

4. 图形＋文字类

图形＋文字的 Logo 设计搭配是国内最常用、最通用的一种 Logo 形式,有横版的也有竖版的,并且这种形式适用于任何气质的品牌,能够满足绝大部分的品牌的设计需求。对于传播方面,也更容易让国内的消费者认识品牌,图形＋文字建立起来的品牌 Logo 具有容易被认识的优点,也便于一些新的品牌快速被消费者认识,从而较为容易地打开市场。

如国内快递巨头顺丰速运公司的企业品牌 Logo 就是采用的"图形＋文字"的形式,左边的图形是由"顺丰"两个字的首字母组成,右边的文字是对左边图形的释义以及对品牌的深度解析(图 4-10)。

图 4-10　顺丰速运品牌 Logo

5. 图形+英文类

图形+英文字体的搭配是国际上最常用的一种 Logo 形式，同样有横版也有竖版，并且这种形式也适用于任何气质的品牌，适合本身具有国际化业务的企业或者被国外消费者所认可的产品，这种"图形+英文"类的 Logo 能够快速地被国外的消费者认识，对于国外消费者了解和认识品牌具有帮助作用，以便于打开或者进一步拓展国外市场。

例如国际知名汽车品牌奥迪汽车的 Logo 就是采用的图形+英文的组合（图 4-11），对奥迪品牌而言，图形+英文能够很好地起到传播的作用，让消费者能够很好地认识产品品牌，从而让消费者对产品产生强力的信任感及购买欲望。

图 4-11　奥迪汽车品牌 Logo

（四）Logo 设计方法

Logo 的设计方法主要有以下几种（图 4-12）。

1. 字体变形法

字体变形法，就是在原有品牌名称的基础上，做一些效果或变形处理结合品牌的个性或性质来发挥创意，让原本枯燥的文字通过变形演变成为具有活力、感染力和传播力的品牌 Logo。

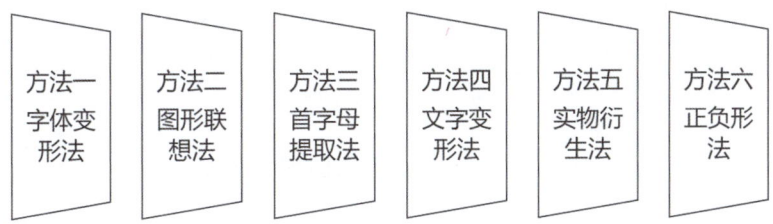

图 4-12　Logo 设计方法

2. 图形联想法

从相关事物和目标愿景两个方面去联想，将联想到相关的物、图形、文字、样式等融入 Logo 设计中，从图形联想上发散思维，找到与品牌相切合的结合点。通过大胆假设和联想，可以联想到做设计和产品相关的很多事物或场景，将所有能联想到的与设计相关的图像和与产品相关的图像相结合产生不同的创意方向。以此类推，形成具有价值、意义及想象空间的具象化表现形式。

3. 首字母提取法

顾名思义首字母提取法就是用名称的首字母来做Logo设计，将品牌的特性与品牌的名称结合，找到二者的结合点体现品牌的核心元素及要突出的主体核心，实现完美结合和搭配，设计出既能够表达产品特性又能让消费者快速记住的品牌Logo。

4. 文字变形法

文字变形法是提取名字里面的某个文字或者某个字母（一般指首个字母，也可用其他字母）来做变形，从而得到一个新的Logo图形，这种方法比较适合3个字以内的短名字。

5. 实物衍生法

实物衍生法适合起的名字本身就比较具象化的品牌，它们的Logo往往直接就在相应的物体形状上稍作改动，比如壳牌的Logo就是一只贝壳图形，苹果的Logo就是一只被咬了一口的苹果图形，天猫的Logo就是一只猫的简化图形。

6. 正负形法

有一些名称比较讨巧，由它联想到的图形或者它的首字母组成的图形刚好可以处理成正负形的形式，这样的Logo形式新颖，会让消费者在第一时间记住，从而记住这个品牌。这样创作出来的品牌Logo再多也看不厌，让人印象深刻。

（五）Logo设计的要点

Logo的设计要点主要有以下几点（图4-13）。

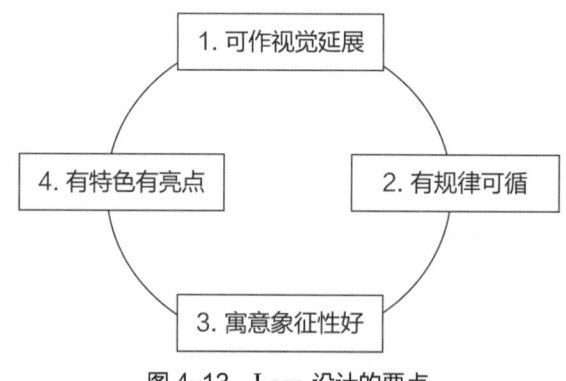

图4-13 Logo设计的要点

1. 可做视觉延展

设计的Logo最好是能提取出可做视觉延展的元素图形，便于借助互联网传播。比如天猫的一些大型活动对于猫头形象的延展运用，就是非常好的案例，用户一看到这个颜色或这个形状元素就知道是天猫的活动了，让品牌形象持续深入人心。

2. 有规律可循

有规律可循主要指两个方面，一方面是指Logo的图形是有来源的不是凭空捏造的，另一方面是指组成这个 Logo 的各个元素之间是互相有联系、有规律的。有规律可循的原则能形成具有可溯源性或与品牌相匹配的 Logo 图形，具有较好的整体感和美观度。

3．寓意象征性好

在进行 Logo 设计的时候一般来说有些忌讳的颜色或数字图形能不用就不用，避免表现形式太过尖锐等。总之，在设计开始执行之前了解关于产品相关的忌讳点，在具体设计的时候避开。让设计形成的 Logo 具有较好的寓意或者较好的象征性。

4．有特色、有亮点

跟同行或者同类型产品相比，设计的 Logo 更有创意或更有寓意，而不是普通的或雷同的，消费者不能很好地记住品牌，就不能产生良好的宣传推广作用。要让设计的 Logo 有特色和亮点，可以跨行借鉴或做竞品分析，取长补短，做别人没做过的或做比别人做得好的，吸收好的设计样式突出创新创意，让设计的 Logo 看起来有特色。具体做法可以从表现形式、创意、工艺、用材、展示方式等各个方面去考虑，找到 Logo 设计的创意点，设计出有特色、有亮点的 Logo。

（六）Logo 设计的步骤

Logo 的设计主要分为以下几个步骤（图 4-14）。

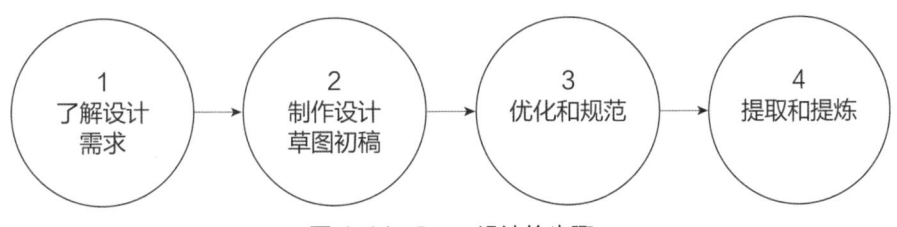

图 4-14　Logo 设计的步骤

1．了解设计需求

首先了解设计需求，了解品牌需要传达给消费者的主要意图，明确品牌的理念和定位。基于品牌的需求给出合适的创意方向和设计形式。了解设计需求是进行 Logo 设计的前提，准确把握设计需求有利于我们抓住品牌的核心，从而设计出符合品牌特性的 Logo 作品。

2．制作设计草图初稿

根据设计需求先初步形成设计草图草稿，此草稿草图是完善和修订的前提，有利于固定核心元素或确定图形比例。在创作草图阶段先不用考虑黄金比例或网格或视觉延展的问题，先把大致的图形给出来，基于大致的创意图形确定创意方向。

3．优化和规范

按照产品品牌的诉求，遵循规避禁忌，延展适宜的条件等原则优化规范已经完成的 Logo 初稿，按照 Logo 设计网格规律，简化成基本图形，比如圆形、方形、三角形等有规律可循的图形。

4. 提取和提炼

提取可用于视觉延展的图形，再进一步调整，让它看起来是平衡的、达意的、有特色的、简洁统一的、美观大方的图形 Logo。

遵循以上 4 点设计步骤，就能够准确地设计出满足品牌需求的 Logo 图形。

富农电商公司在经营过程中准备上线一款具有特色的猕猴桃产品，上架前需要为猕猴桃产品设计品牌 Logo，请应用品牌 Logo 设计的要点，为猕猴桃设计一款符合主要产品特征又具有传播性的 Logo。

三、品牌 VIS 设定

前面我们学习了品牌核心元素抓取与提炼，品牌 Logo 设计与定型的相关知识，我们要对设计完成的 Logo 要进行不同场景下的应用，具体在哪些方面应用，应用前与 Logo 相关的设定有哪些，接下来将重点学习品牌 VIS 设定相关的知识。

VI（Visual Identity，视觉识别系统）是指在企业经营理念的指导下，利用平面设计等手法将企业的内在气质和市场定位视觉化、形象化的结果。在品牌营销的今天，没有 VI 对于一个现代企业来说，就意味着企业的形象将淹没于商海之中，让人很难认识和了解企业，难以将企业的品牌或产品快速传递给消费者。

（一）相关概念

VIS 指视觉识别系统，是将与产品品牌相关联的 VI 形成有机统一的整体而形成体系，让消费者能够更好地感知品牌。视觉识别系统是运用系统的、统一的视觉符号的系统。视觉识别是静态地识别符号具体化、视觉化的传达形式，具有项目多、层面广、效果直接的特点。

（二）VIS 的作用

视觉传达体系能够将企业理念、文化特质、服务内容、企业规范等抽象语意转换为具体符号的概念，塑造出独特的企业形象。

（三）VIS 对于企业品牌传播的意义

完整、有机结合、统一的 VIS 能够给企业发展尤其是品牌传播带来巨大的推动作用，能够帮助企业品牌有效触达消费者。主要作用表现在：

（1）能够明显地将企业与其他企业区分开来的同时又确立该企业的行业特征或其他重要特征，确保该企业在经营活动当中的独立性和不可替代性。

（2）明确该企业的市场定位，VIS 是企业无形资产的重要组成部分，是企业软实力的体现。

（3）传达企业的经营理念和企业文化，以形象的视觉形式宣传企业，让消费者快速、准确、直接、有效地感知到企业及企业品牌。

（4）以特有的视觉符号系统吸引消费者并产生记忆，使消费者对该企业所提供的产品或服务产生良好的忠诚度。

（5）提高员工对企业的认同感，形成企业发展的内生动力和凝聚力。

（四）VIS 的分类

视觉识别系统分为基本要素系统、应用要素系统和包装设计系统三个方面（图 4-15）。

1. 基本要素系统

基本要素系统主要是指企业的 VI，主要包括企业名称、企业标志、标准字、标准色、象征图案、宣传口语等。企业 VI 形象设计是 VIS 系统的重要组成部分，企业 VI 形象设计的意义在于将较抽象的企业理念，准确、有效地转化成易于被人们识别、记忆并接受的一种视觉上的符号系统。VI 设计能够使企业的形象高度统一，使企业的视觉传播资源得到充分利用，达到理想的品牌传播效果。

2. 应用要素系统

应用要素系统主要包括办公事务用品、生产设备、建筑环境、产品包装、广告媒体、交通工具、衣着制服、旗帜、招牌、标识牌、橱窗、陈列展示等。应用要素系统主要是将设计的整套 VI 在不同场景下进行应用，在日常办公、活动策划、大型会议等不同场景下进行整体应用。

3. 包装设计系统

包装设计系统主要包括标准字、标准色、Logo、宣传口语等在产品上的应用，将标准字、标准色、Logo、宣传口语应用于产品内外包装设计，完成品牌的 VI 体系，让设计的 VI 元素在企业产品上具体展现，直观地让消费者感知到产品品牌的真实存在，产品包装设计对于产品品牌触达消费者方面具有重要意义。包装设计聚焦于具体的产品，是品牌在产品上面的具象化应用，是面向消费者最直接的表现形式。

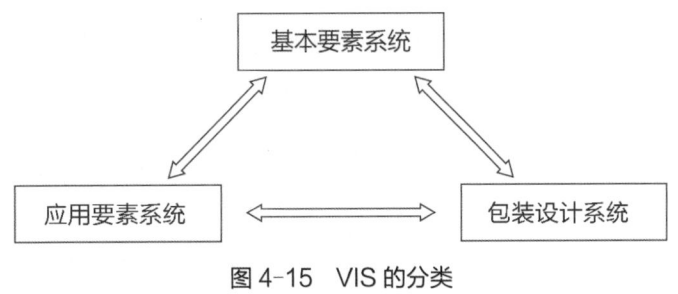

图 4-15　VIS 的分类

（五）VIS 的基本要素组成

VIS 的基本组成要素有以下几点（图 4-16）。

1. 企业名称

企业名称是企业注册时经过工商行政管理局登记备案获得营业执照所核准的企业名称。企业名称代表企业的商业信誉，一经核准登记，企业即取得对该名称的专有使用权。

企业名称与企业形象有着紧密联系，是 VIS 设计的前提条件，是采用文字来表现识别要素。企业名称的确定，必须要反映出企业的经营思想，体现企业价值理念；要有独特性，发音响亮并易识易读。企业名称的文字要简洁明了，同时还要注意国际性，适应外国人的发音，以避免外语中的错误联想。

图 4-16　VIS 的基本要素组成

2. 企业标志

企业标志是特定的企业象征，属于重要的识别符号，是视觉识别系统的核心基础，企业标志是通过简练的造型、生动的形象来传达企业的理念，具有特定内容、产品特性等信息。企业标志的设计不仅要具有强烈的视觉冲击力，而且还要表达出独特的个性和时代感，必须能够广泛地适应各种媒体、各种材料及各种用品的制作。

3. 企业标准字体

企业的标准字体包括中文、英文或其他文字字体，标准字体是根据企业名称、企业品牌和企业经营理念等来进行提炼和设计的。标准字体的选用要有明确的说明性，直接传达企业、品牌的名称并强化企业形象和品牌诉求力。可根据使用的不同，采用企业的全称或简称来确定，字体的设计要求字形正确、富于美感并易于识读，在字体的线条粗细处理和笔画结构上要尽量清晰简化和富有装饰感。

4. 企业标准色彩

企业的标准色彩是用来象征企业并应用在视觉识别设计中所有媒体上的制订色彩。透过色彩具有的知觉刺激心理反应，可表现出企业的经营理念及产品内容的特质，体现出企业属性和情感，标准色在视觉识别符号中具有强烈的识别效应。企业标准色的确定要根据企业的行业属性，突出企业与同行的差别，并创造出与众不同的色彩效果，标准色的选用以国际标准色为标准，企业的标准色使用不宜过多，通常不超过三种颜色。

5. 象征图案

象征图案是为了配合基本要素在各种媒体上广泛应用而设计的，在内涵上要体现企业精神，引起衬托和强化企业形象的图形图案，主要表现形式是企业 Logo。通过象征图案的丰富造型，来补充通过标志符号建立的企业形象，使其意义更完整、更易识别、更具表现力。

6．标语口号

企业提出的标语口号是企业理念的高度概括，是企业根据自身的营销活动或理念而研究出来的一种文字宣传标语。企业标语口号的确定要求文字简洁、朗朗上口。准确而响亮的企业标语口号是激发职员为企业目标而努力的动力，对外则能展现企业发展的目标和方向，加深企业在公众心里的印象。

7．企业吉祥物

企业吉祥物是以平易可爱的人物或拟人化形象的动物来引起社会大众的注意和好感。企业吉祥物往往形象可爱，易于接受，又能够让消费者产生较好的理解认知，企业吉祥物是企业发展过程中体现企业文化与精神的一个重要内容，能够在企业品牌及企业形象塑造方面提供支撑作用。

（六）VIS的应用要素组成

应用要素系统设计即对基本要素系统在各种场景的应用所做出具体而明确的规定。当企业视觉识别最基本要素标志、标准字、标准色等被确定后，就要从这些要素的精细化作业，开发各应用项目，设计在不同场景下的应用对象。当各种视觉设计要素在各应用场景上的组合关系确定后，就应严格地固定下来，以期达到通过统一性、系统化来加强视觉展现力的作用，下面就来介绍几种VIS应用要素的组成（图4-17）。

图4-17　VIS应用要素组成

1．办公事务用品

办公事务用品的设计制作应充分体现出强烈的统一性和规范化，表现出企业的精神。其设计方案应严格规定办公用品形式排列顺序，以标志图形、文字格式、色彩套数及所有尺寸依据，形成办公事务用品完整、精确和统一规范的格式，给人一种全新的感受，并表现出企业的风格。办公用品设计应用包括名片、徽章、工作证、请柬、文件夹、资料袋、公文表格等。

2．外部建筑环境

企业外部建筑环境设计是企业形象在公共场合的视觉再现，是一种公开化、有特色的群体设计，标志着企业面貌特征系统。在设计和表现上借助企业周围的环境，突出和强调企业识别标志，并贯彻于周围环境当中，充分体现企业形象统一的标准化、正规化，以便获得用户群体的好感。主要包括建筑造型、旗帜、门面、招牌、公共识标牌、路标指示牌、广告位等。

3. 内部建筑环境

企业的内部建筑环境是指企业的办公室、会议室、休息室、接待室等内部环境的整体形象。设计时是把企业识别标志贯彻于企业室内环境之中，塑造、渲染、传播企业识别形象，并充分体现企业形象的统一性。主要包括企业形象墙、内部各部门标示、企业形象牌、吊旗、吊牌、货架标牌、荣誉墙等。

4. 交通工具

交通工具是一种流动性、公开化企业形象的传播方式，通过其多次的流动并给人瞬间的记忆，有意无意地建立起企业的形象。设计时应具体考虑它们移动和快速流动的特点，要运用标准字和标准色来统一各种交通工具外观的设计效果。企业标志和字体应醒目，色彩要强烈才能引起人们注意，并最大限度地发挥其流动广告的视觉效果。主要包括轿车、中巴、大巴、货车、工具车等。

5. 服装服饰

统一设计企业整洁高雅的服装服饰，可以提高企业员工对企业的归属感、荣誉感和主人翁意识，改变员工的精神面貌，促进工作效率的提高，强化员工对企业的责任心。设计时应严格区分出工作范围、工作性质和岗位特点，符合不同岗位的着装。主要有经理制服、管理人员制服、员工制服、礼仪制服、文化衬衫、领带、工作帽、胸卡等。

6. 广告媒体

企业选择各种不同媒体的广告形式对外宣传，是一种长远、整体、宣传性极强的传播方式，可在短期内以最快的速度，在最广泛的范围中将企业信息传达出去，是现代企业传达信息的主要手段。主要有互联网新媒体广告、微信公众号和微博广告、电视广告、报纸广告、杂志广告、路牌广告、招贴广告等。

7. 印刷出版物

企业的印刷出版物品代表着企业的形象直接面向社会大众，在设计时为取得良好的视觉效果，充分体现出强烈的统一性和规范化，表现出企业的精神。在编排时要一致，固定印刷字体和排版格式，并将企业标志和标准字统一安置在特定的版式风格，形成统一的视觉形象来强化公众的印象。主要包括企业简介、产品简介、企业简报、发展年历、重要发展事件等。

（七）VIS 设计类别及名称

VIS 设计类别及名称如表 4-4 所示。

表 4-4　VIS 设计类别及名称

类别	名称		
VI 设计类	标志图形设计及创意说明	标志与中英文组合	标志正负形置式
	标志尺度与制图	标志中英文字制图	中英文印刷指定字体
	禁用组合	象征图形	不同底色的使用规范
事务用品类	名片设计（中式）	名片设计（西式）	名片设计（中西式）
	信纸（空白）	信纸（横纹）	信纸（方格）
	信封（中式）	信封（西式）	公文袋（大、中、小）
	资料袋（大、中、小）	传真用纸表头	便条纸
	各式表格格式	卷宗夹	公司专用稿纸
	贵宾卡	来宾卡	通行证
	贴纸	笔记本封面	合同书封面
	企划书封面	事务用标签贴纸	专用海报纸（长 4K）
	奖杯	纸杯	文件格式
	办公用笔	电脑用报表	留言条
	手提袋设计	—	—
CI 风格类	徽章	领带夹	领带
	安全帽	上岗证	雨具（雨披、雨伞）
标志风格类	报纸广告商标风格	公司简介商标风格	产品简介商标风格
	促销 DM 商标风格	营业用卡商标风格	海报商标风格
	POP 商标风格 / 设计	幻灯片商标风格	—
环境风格类	大楼建筑物外观标志	环境色彩标志	—
交通运输工具类	业务用车	—	—

（八）VIS 设定原则

企业要想在公众中建立良好的信誉，保持良好的形象，并不是一件容易的事，企业 VIS 设定应当遵循基本的原则，保证整体输出的一致性。遵循的原则主要有以下三点（图 4-18）：

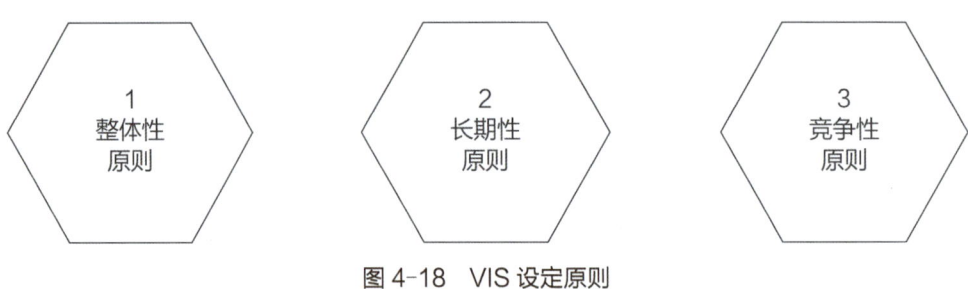

图 4-18 VIS 设定原则

1．整体性原则

整体性原则即树立一种全局观念，统筹全局考虑 VIS 设定。对于一个企业来说，建立信誉和树立形象是一项全方位的工作，它不只是靠某一个部门去独立完成的。因此，企业要从全局出发，制订统一的品牌营销与传播政策来协调企业的各种关系活动，使之统一化、整体化和科学化，使企业各部门工作能相互促进、相辅相成，协调一致。

2．长期性原则

建立信誉、树立形象是一项持久性的战略目标。它不是一朝一夕之事，这是一种持续推动的过程，要靠一点一滴地积累，这样树立的形象才有坚实的基础，一夜之间树立的形象，往往没有很好的根基，很可能在一夜之间倒塌。随着社会的不断进步，公众的需求会在许多方面发生变化，因此企业要不断适应变化着的公众对企业评价标准的改变，不断改进和更新，使得本企业的形象总是处于适应社会潮流的较高层次。

3．竞争性原则

企业形象的树立是竞争的结果，同时也是加强企业竞争力的重要的手段。所以，企业建立信誉、树立形象不能靠弄虚作假和恶性竞争，而是要根据企业自己的实力建立起具有竞争力的品牌，如妥善的经营、优质的服务、得力的宣传方法、真诚的社会交往和良好的职业道德。企业只有认真了解并研究对手的长处，在不断改变、完善自我的同时，吸收他人的优秀经验，才能在信誉和形象上赶上和超越竞争对手，在竞争中立于不败之地。

迁移应用

火龙果是华南地区特色水果，富农电商公司拟开展火龙果产品的经营，请你应用品牌定位的方法，为火龙果产品进行品牌定位分析，建立火龙果品牌基础，打造具有华南地区特色火龙果品牌，为富农电商公司拟建立的火龙果品牌提供支撑。

总结与评价

1．知识导图

任务二知识导图如图 4-19 所示。

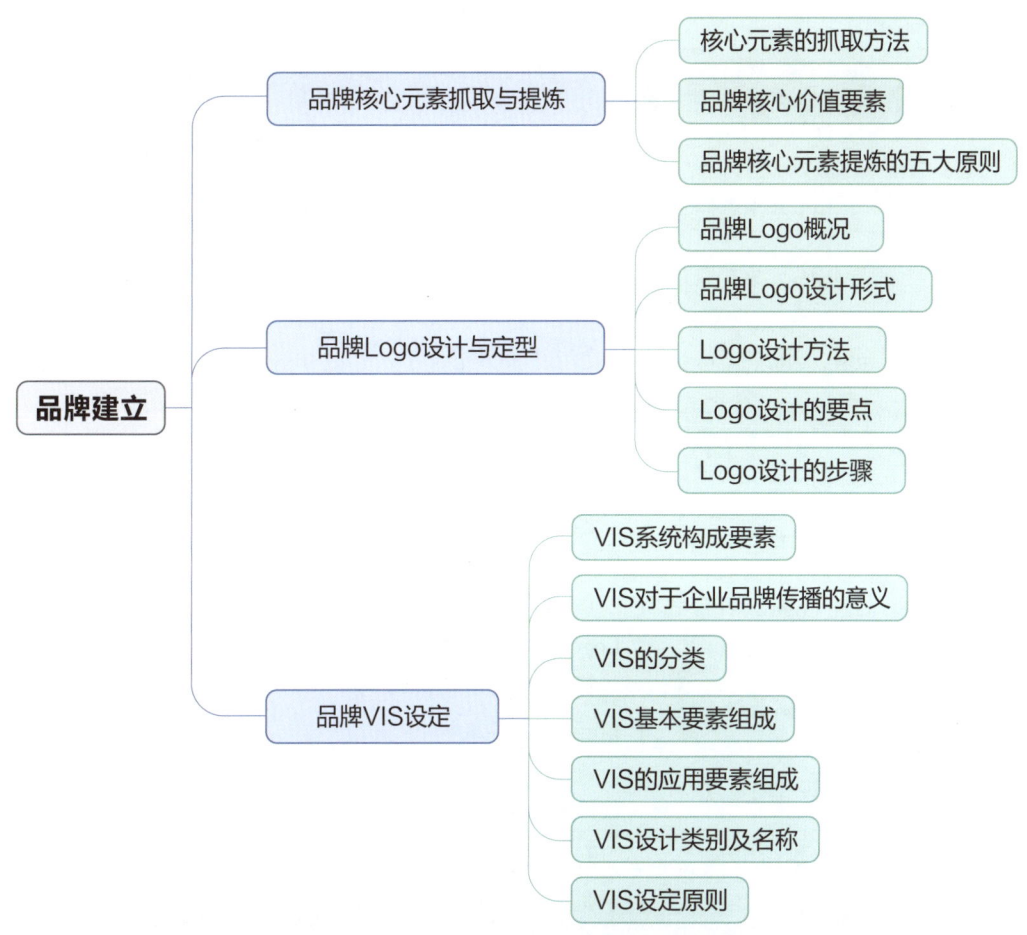

图 4-19　任务二知识导图

2. 学习评价

请完成表 4-5 学习评价。

表 4-5 学习评价

评价项目	评价内容	评价标准	评价方式（百分制）		其他说明
			自评（40%）	师评（60%）	
品牌核心元素抓取与提炼	掌握核心元素的概念	准确描述概念			
	掌握核心元素抓取方法	准确描述核心元素抓取方法			
	掌握品牌核心价值要素	熟练掌握品牌核心价值要素			
	掌握品牌核心元素提炼五大原则	准确描述及熟练掌握品牌核心元素提炼五大原则			
品牌 Logo 设计与定型	掌握相关概念	准确描述及掌握 Logo 的概念			
	品牌 Logo 设计形式有哪些	准确描述及掌握品牌 Logo 设计的形式			
	品牌 Logo 设计方法	准确描述及掌握品牌 Logo 设计方法			
	Logo 设计的要点	准确描述及掌握 Logo 设计的要点			
	Logo 设计的步骤	掌握 Logo 设计的步骤			
品牌 VIS 设定	VIS 概念	准确描述及掌握 VIS 概念			
	VIS 对于品牌传播和发展的意义	掌握 VIS 对于品牌传播和发展的意义			
	VIS 的分类有哪些	掌握 VIS 的分类			
	VIS 的基本要素有哪些	掌握 VIS 的基本要素			
	VIS 的应用要素有哪些	掌握 VIS 的应用要素			
	VIS 设定原则有哪些	掌握 VIS 的设定原则			

3. 学习感悟

收获：

_____

不足：

_____

改进：

_____

任务三 品牌运行

学习目标

1. 准确描述品牌运行的基本方法。
2. 掌握品牌运行的基本原理,将建立的品牌能够通过多种组合形式直接、深入、有效地传递给消费者。
3. 应用品牌运行的方法促进产品销售及扩大产品品牌的影响力。

通过任务一和任务二知识的学习,我们对品牌定位、建立等方面的知识进行了学习,让我们对如何确定品牌定位,以及建立品牌的方法有了认识和了解并通过学习到的方法建立符合产品特点的品牌,满足发展需求。本任务将在前面两个任务的基础上学习品牌运行相关知识,了解并学习建立的品牌如何通过有效运行,让品牌能够更好地被消费者所认知,从而产生购买行为并成为品牌的忠实消费群体。

情境引入

富农电商公司准备将建立的品牌进行市场化运作,富农电商公司要让更多的消费者知道新品牌,在品牌运营这个环节找到突破口,运用品牌运行方法做出有成效的宣传推广方案,让品牌走进千家万户。

本任务将重点学习和掌握品牌运行的知识,根据品牌特性及品牌的传播策略,找到适合品牌传播的方法;根据品牌运行的方法将品牌打造成为有影响力的品牌;学习和掌握运营检验模式及顶层设计、品牌运行合作共赢机制、招商发展路线、品牌陈列与产品矩阵呈现、品牌动态传播方法等知识。

一、小规模运营检验模式及顶层设计

(一)相关概念

品牌运营指企业利用品牌这一最重要的无形资本,在打造强势品牌的基础上,更好地发挥强势品牌的扩张功能,促进产品的生产经营,使品牌资产有形化,实现企业长期成长和企业增值。

（二）知识要点

品牌运营是将建立起来的品牌通过持续运营的方法把品牌宣传和推广出去，让更多的消费者能够了解和认识建立的品牌，以及品牌需要传递给消费者的信息，从而为企业产品营销提供支撑和服务。从品牌运营内容来讲，主要指品牌的名称、产品或服务的商标和其他可以有别于竞争对手的标志、广告等构成企业独特市场形象的无形资产，是为企业发展提供源源不断内生动力的关键，可为提升企业的软实力，为企业产品占领市场提供支撑和帮助。

（三）与品牌紧密联系的概念

1．品牌运营名

品牌运营名是指品牌运营中可以读出的部分，如词语、字母、数字或词组等的组合。如格力、海尔、金龙鱼、奔驰等。

2．品牌运营标志

品牌运营标志是指品牌运营中不可以发声的部分，如符号、图案或明显的色彩或字体。如耐克的一钩造型，小天鹅的天鹅造型，IBM的字体和深蓝色的标准色等。

3．品牌运营角色

品牌运营角色是指用人或拟人化的标识来代表品牌运营的方式，如海尔兄弟、米老鼠、康师傅等。

4．商标

商标是指经国家工商行政管理总局商标管理局受理并通过审核，受到法律保护品牌标志、品牌角色或者各要素的组合。根据商标申请的受理情况及商标受理的进度，当商标使用时，要用"TM"或"R"明示，意指已经受理注册并被认定、认可的合法的注册商标。

（四）我国品牌运营的现状

成功的品牌运营能为企业带来巨大的效益，我国企业在品牌运营上所做的努力是值得肯定的，取得了一定的成绩也形成了一些具有影响力的品牌。但是，企业在进行品牌运营的实际操作中仍然与发达国家的品牌发展有一定差距，主要表现在以下几个方面。

1．对质量重视不够

质量是产品的根本，就像是一棵大树的根基，一旦根基不稳，那么以此为基础的商标设计、广告、管理水平、营销策略等枝叶再茂盛，也是枉然，整棵大树还是会倒下，也必然会走向枯萎甚至是死亡。目前，部分企业为了追逐品牌快速发展，忽视了产品质量本身对品牌长远发展的影响。

2．品牌定位不准

品牌定位不准，难以通过建立的品牌准确地传达出企业及产品的核心价值理念，容易让消费者对企业及其品牌的理解和认知产生偏差甚至是错误的认知。一个准确的定位，胜过定位不准的"好卖点""好创意"，品牌定位不准，将大幅削弱品牌对市场的影响力。

3．认为做广告是树立品牌最好的手段

企业一味地追求知名度，花费大量的资金投入广告宣传当中，通过广告的轰炸作用产生影响力，这样建立起来的产品品牌只有广告轰炸出来的知名度，却没有品牌的美誉度。品牌的最高战略是创造强势品牌，这样才能使产品成功，广告宣传仅是让消费者能够认知和关注品牌的宣传传播中的一种手段和方式，只是当中的一个要素，并不是全部。

4．对品牌的保护重视程度不够

只要是经过合法申请手续并注册成立的企业都应有自己的品牌，可是我国注册成立的企业对知识产权的保护意识和保护程度还远远不够，企业商标的注册数量远低于企业注册数量，我国市场上流通的商品，很多都是企业生产的或者作为原料供给的，大多没有自己的商标。没有商标的企业，在市场竞争中是难以获得具有竞争优势的地位的。

面对企业发展，以及企业相关知识产权的保护，企业必须要有品牌保护意识，企业要在创立品牌、管理品牌、发展品牌上下工夫，从各个相关的方面寻求解决问题的对策。

（五）品牌成功运营的要素

成功品牌的价值是在竞争中体现的，品牌的成功是和竞争力的大小息息相关的。从竞争的角度来看，一个成功的品牌应该具有三要素（图4-20）：品牌的科技力、形象力和营销力。品牌的活力是由这三力合成的。

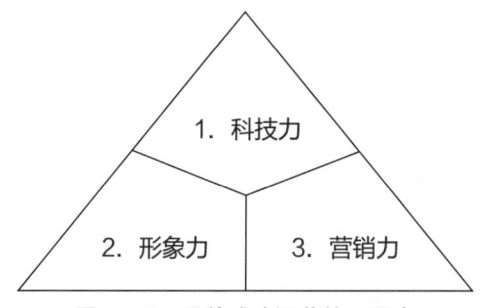

图4-20　品牌成功运营的三要素

1．科技力

科技力在品牌三要素中处于基础性地位，是成功品牌的基础。品牌并不是单纯靠广告宣传推广出来的。任何一个企业的品牌离不开其商品或服务于这个物质的载体，品牌运营能够成功的基础是品牌自身具有较强的竞争力，在科技上本身具有较强的创新创造力与市场活力。因此，科技力是品牌运营的基础，也是品牌运营的重要支撑。

2．形象力

形象力也是成功品牌不可缺少的，企业形象是企业的生命线，是企业对外的形象，企业形象能够影响消费者的外在表现。一个企业如果不能在社会公众面前树立起良好的形象，赢得社会的普遍好感，就难以获得同行业竞争者的尊重，也难以获得消费者的认同，那么这样的企业在社会也是难以长久立足的。

3．营销力

营销力是在科技力和形象力的基础上通过品牌运营和推广所形成的树立认知、开拓市场、征服消费者的能力，是企业诸因素综合作用的结果。企业营销力是企业及其产品占领市场的利器，是企业在激烈的竞争中区别其他企业及其产品的关键，也是能够快速建立消费者信任、建立市场地位的重要推动力，良好的企业营销力能够为企业发展提供源源不断的动力，让企业迅速产生较强的行业影响力和市场竞争力。

（六）品牌成功运营的核心和关键

与品牌运营相关的因素有很多，如企业的文化、定位、策略、产品和机遇等，品牌成功运营的核心和关键是产品质量。

品牌运营是个复杂的系统，产品质量是关键。消费者在选择产品时，选择具有影响力的品牌是消费者购买动机的重要影响因素，但是，消费者最终愿意为产品买单的根本因素一定是产品质量。企业必须清楚地认识到，产品1%的缺陷，对买到产品的消费者来说，就是100%的损失，想要长期地获得消费者的认可必须把产品质量放在首位。

（七）品牌运营管理的步骤

品牌运营管理是个复杂的、科学的、多维度的管理过程，每一个步骤和环节都很重要，而且是关系到品牌运营效益能否最大化的重要影响因素。成功的品牌管理应遵守以下四个步骤，来达到品牌运营效益的最大化。

1. 描绘出品牌的理性因素

提炼和抓出品牌的核心要素，让消费者直接感知产品及品牌的理性因素。这里包括消费群体的信息、员工的构成、投资人和战略伙伴的关系、企业的结构、市场的状况、竞争格局等。

2. 描绘出品牌的感性因素

感性因素是能够打动消费者、吸引消费者并得到消费者认可的重要方面，感性因素如个人喜好、文化根源、社会责任等，往往能让消费者短时间内产生情感的认同，这是品牌传播和让消费者了解品牌的开端，是品牌传播能够成功的重要影响因素。

3. 找到品牌与众不同的差异化战略

品牌与品牌之间的竞争并不完全是技术方面的竞争，在激烈的竞争环境中，要想后来者居上或者实现弯道超车，就要找到品牌与品牌之间的差异化，找到品牌与品牌之间的不同点，并将差异化在竞争中体现出来，走差异化战略，找到突破点，实现突破。

4. 品牌的培育、保护及持续性维护

品牌管理的重点是品牌的维持，通过持续不断、体系化、系统化的品牌管理运营策略，让消费者持续感知到品牌的温度，让消费者对品牌的认同感一直能够保持，吸引越来越多的消费者对品牌产生认同，形成具有影响力的知名品牌。没有好的品牌关怀战略，品牌是无法成长的。

（八）品牌运营重要原则及要点

品牌运营并不是持续不断的创立新品牌，而是做好品牌的延伸。研究显示，品牌运营的关键不在于包装和创立了多少新的品牌，成功的品牌有2/3是延伸品牌，而不是新上市的品牌。品牌延伸已成为西方企业发展战略的核心，让品牌建立的口碑得到延续，得到深度发展和提升影响力是持续产生影响力的关键。中国市场还处于起步竞争状态中,因此,品牌延伸会比欧美发达国家有更多的成功机会。品牌延伸在整个中国市场有着顽强的生命力,品牌延伸使品牌有了加速度,对于品牌的提升起着重要作用。

创新才能使品牌有持久的生命力。品牌创新是品牌的生命力和价值所在,是获得品牌心理效应的重要举措。名牌不是"终身制",也不可能一直具有影响力,在信息瞬变、新产品不断涌现的今天,稍不努力就会被竞争者所取代。老品牌固然有深厚的技术、文化、经营管理因素,但必须经过几代人的不懈努力,不断注入时代信息,注入新的增长动力与亮点,并进保持活力,才能代代相传。创新是多角度、全方位的,包括多个方面的创新(图 4-21)。主要表现在以下几点:

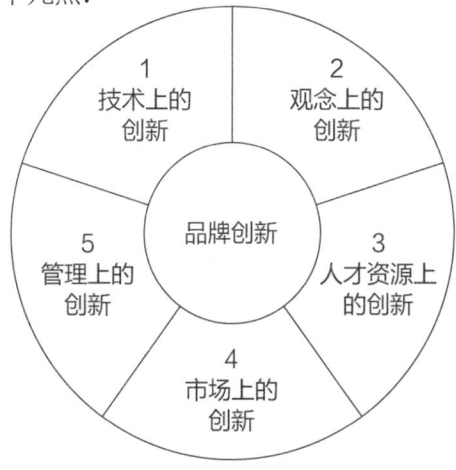

图 4-21 品牌创新的主要表现方面

(1)技术上的创新。持续不断的技术创新是产品具有竞争力的重要体现,通过技术创新不断开发和升级产品,提升效率,降低成本,提高工艺水平和生产技术水平,让产品具有更强的竞争力。

(2)观念上的创新。企业观念上的创新是要让企业保持活力,对新鲜事物的认知,对新观念、新观点的认同,对新理念的了解和掌握都是观念上的,在面对市场和新环境挑战要有忧患意识和市场感知意识,不断保持接受新鲜事物的观念和意识才能保持思想上的先进性。

(3)人才资源上的创新。企业的员工应该锐意进取,刻意求精,不断补充新的知识,在人才资源和人才要素结构上力争通过人才结构更新、知识层次结构更新、专业人才队伍专业技能更新等方面在人才资源上实现创新。

(4)市场上的创新。不断研究新兴的消费群体、消费阶层,开拓更多的细分市场,在市场拓展上具有发现新市场、了解新市场、融入新市场的创新,勇于挑战、敢于接受和应对,实现竞争市场的创新。

(5)管理上的创新。面对企业管理升级和企业管理优化的挑战,要勇于在管理机制和管理体系上进行创新,根据管理机构和手段、竞争者等的变化做出迅速调整,保证做到管理上的高效、灵活、精简。

（九）品牌运营的特点

品牌运营的目的是形成持续的品牌推广及品牌影响力，在品牌运营的过程中品牌运营具有以下特点（图4-22）：

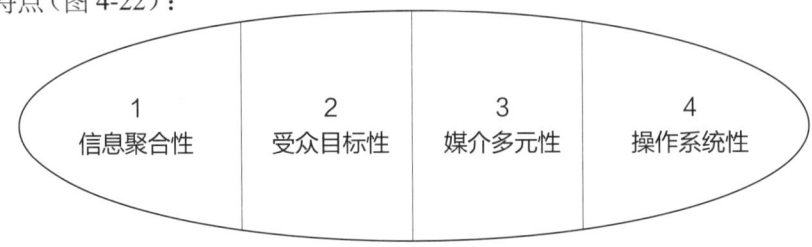

图4-22　品牌运营的特点

1. 信息聚合性

品牌运营及品牌传播具有动态的显著特征，其信息的聚合性，是多信息的相互融合，是由静态品牌的信息聚合性所决定的。品牌表层因素如名称、图案、色彩、包装等，其信息含量是有限的，但"产品特点""服务允诺""品牌认知""品牌联想"等品牌深层次的因素，却无疑使产品的多方面信息产生了聚合，形成了信息聚合的综合体，同时也衍生出了更多的聚合信息。而它们构成了品牌传播的信息源，也就决定了品牌传播本身信息的聚合性。

2. 受众目标性

企业设定的品牌瞄准的目标对象的年龄结构、文化水平、区域范围和个性喜好等都是有一定的目标性的，根据产品自身的特点和受众对象的定位，在品牌运营传播的时候具有明确的目标性，明确的目标性是品牌运营的关键点，如果品牌运营没有明确的目标，那么就很难把握准确的目标群体，难以让品牌运营的投入产生最大化的效益和保持持续性的影响力输出。

3. 媒介多元性

在传播技术正得到革命性变革的今天，新媒介的诞生与传统媒介的新生，共同打造出一个传播媒介多元化的新格局。以农业农村发展来讲，在农业及农村信息传播上，传播媒介由传统媒体向新媒体转变，由新媒体向自媒体转变等，再到现在直播形式等媒介的兴起，经历了巨大的变革。新兴的传播媒介如微信朋友圈、短视频、公众号等对信息的传播起到了更加重要的作用，这些媒介之间本身也是能够组合和相互融合的，对它们的选择及组合本身就具有多元性。而新媒体的诞生和应用，则使品牌传播的媒介多元性更加突出。

4. 操作系统性

在品牌传播中，其系统的构成主要为品牌的拥有者与品牌的受众，二者由特定的信息、特定的媒介、特定的传播方式、相应的传播效果、相应的传播反馈等信息互动环节构成，形成系统化的运作策略和运作方式。由于品牌传播追求的不仅是近期传播效果的最佳化，而且追求长远的品牌效应，因此，品牌传播总是在品牌拥有者与品牌的受众的互动中遵循系统性原则进行操作。

 迁移应用

假如你是富农电商公司的品牌负责人,公司已经注册了"富农"牌火龙果品牌,请运用本节学习的知识来为企业品牌的运营制订一个运营模式的方案,以更加合理的方式来制订品牌运营推广计划。

二、建立良好的品牌合作共赢机制

前面我们学习了品牌运营的方法、原则、核心要点等内容,我们对于品牌运营的模式和方式、品牌运营的特点等都有了一定程度的掌握,接下来,我们将学习如何发挥品牌运营策略和建立良好的品牌合作共赢机制。

我们知道,在市场大环境下同类型产品、同类型企业之间存在着竞争关系,但是商业的竞争是建立在良性的竞争环境之下的,恶性竞争不是正常的竞争关系,也是不值得提倡的。如何建立品牌与竞争品牌之间的良性竞争关系甚至是合作共赢的竞争机制是非常重要的。如何实现品牌的良性发展甚至是多方合作共赢对于品牌发展十分重要。

(一)合作共赢的重要性

1. 市场经济的健康发展离不开合作与共赢

市场经济是国民经济发展的基础,是合理配置市场要素与市场资源的基础保障,是与我国国情相匹配的经济体制,健康的市场经济体制需要良性的竞争关系和良好的竞争氛围,而这些又离不开合作共赢的促进与推动。

2. 规范市场经济秩序离不开合作与共赢的理念

恶性的市场竞争既破坏了竞争的环境和市场的竞争秩序,又对商业体系造成了负面影响,长此以往对商业体系产生严重的破坏,恶性竞争往往以价格竞争、偷工减料、以次充好等为代价,最终承担损失的还是消费者,受损害的还是整个市场环境。因此,规范市场经济秩序离不开合作与共赢的理念。

(二)合作共赢的前提条件

在现代商业竞争中,任何一家企业都不可能独立于整个市场环境,都是在不断与上下游合作伙伴进行着各种方式的合作,那么双方合作达成共赢的前提条件是什么,这值得我们认真思考和总结。具备怎样的前提才能让合作的双方都能够获得收益并产生良好的合作效果呢?综合分析,合作共赢需要具备以下四个条件(图4-23)。

1. 诚信

在商业领域诚信主要指信守承诺。企业的信誉需要以诚信为基本准则,只有诚实守信的企业,才可能在激烈的商业竞争中占据主动地位,才能够获得合作伙伴的认可和信赖,也才能建立起长期稳定的合作关系。

2. 互信

互信即相互信任,商业合作的两个主体作为合作双方,合作的达成是建立在双方相互

信任的前提条件下的,如果合作的一方不能真诚地与另外合作方进行合作,那么这种合作关系是不牢固的也是不能让合作方全身心与之合作的,这样双方也不能真诚地建立起合作关系,因此合作共赢的前提是互相信任即建立互信关系。

3. 平等

平等是合作双方具有相同的发展机会,享有同等的权利。建立合作关系的双方如果不能把平等合作当成出发点或者行为准则,合作一方凌驾于合作另一方,或者合作方有求于另一方,这样建立起来的合作关系只是简单的业务层面的合作,或者是简单的买卖关系的合作,是很难长期稳定的。

4. 利益

商业合作是以满足双方利益需求为前提的,如果商业合作不以保障双方的利益为前提,那么这样建立起来的商业合作难以长期且稳定地维持下去,因为合作一方总是在攫取另外一方的利益甚至是损害另外一方的利益,另外一方也不可能被动接受被长期攫取利益,因此这样的合作关系也会面临随时解除的可能。

合作双方建立共赢的合作关系,需要双方真诚以待,以诚信互信为前提,同时能够满足合作双方的利益,这样才有了合作共赢的前提和基础,这样建立起来的合作关系才能长期且持久。合作双方以共赢为出发点的合作才能让双方更好地发挥各自优势,这对合作双方来讲都是更好的发展机遇,也将推动双方在效益方面的提升和业务上的共同促进。

图 4-23 合作共赢的前提条件

迁移应用

请根据合作共赢的前提条件,结合富农电商公司的情况,分析富农电商公司与上游火龙果产品供应商双方诚信合作对双方带来的促进作用。

三、制订切实可行的招商发展线路

前面我们学习和掌握了品牌运行的运营检验模式、顶层设计及建立良好的合作共赢机制等内容,我们对品牌运行的方法、原则及品牌促进与发展都有了一定的掌握,接下来,将学习如何根据品牌的定位制订切实可行的招商发展线路的相关知识,让品牌顺利地被代理商、合作伙伴等认识并取得认同，快速打开市场。

作为企业或者品牌，迅速占领市场拓宽销售渠道，招募一批理念一致、共谋发展的合作伙伴是必须的也是企业经营的重要内容。作为一个品牌，我们要制订符合企业实际的招商政策及招商发展线路，这样就能够制订出不同阶段的招商策略。

（一）招商的流程和步骤

1. 确定经销商目标群体

新产品或新品牌上市以后，要根据产品的市场定位、产品特点、渠道特点、消费对象等来确定适合自己的经销商目标群。精准定位产品品牌，精准定位目标消费群体，找到与之相匹配的经销商群体，借助经销商群体已经建立起的销售渠道和终端市场渠道，打开市场。

2. 确定经销商的来源

企业在招商前一定要结合自己的实际需求，做好充分的市场调研和分析，确定适合自己的经销商范围，有针对性、有选择性地进行招商。通常，企业可以从相关产品的经销商、企业同类型产品的代理经销商、有闲置资金的潜在经销商等不同维度确定经销商的来源。

（二）招商的方法

企业在确定了自己的目标招商群以后，接下来要做的就是要把潜在的经销商找出来，说服他们来经销自己的产品。如何才能快速、高效、低成本地将这部分经销商找出来呢？这就需要企业根据不同的目标群体采取不同的寻找方式，主要做法有以下四种：

1. 广告招商

广告招商是我们常见的一种招商方式，它主要是通过各种广告媒体将企业的招商信息传播出去，通过电话、传真、信件、公众号、H5小程序页面等方式来收集客户资料，通过进一步谈判，引导经销商来经销本企业的产品。

2. 业务人员走访招商

业务人员走访招商是最直接的一种招商方式，它主要是在企业确定招商目标群体后，针对竞争对手和相关产品的经销商有目的地进行走访和沟通，传达企业的招商信息，进行招商。

3. 外包招商

外包招商就是指企业把招商的所有事情都可以外包给专业的招商外包公司去做，企业只需集中力量经营好自身的品牌和产品，渠道建设交给专业的招商外包公司。此类公司负责的业务内容包括渠道盈利模型、产品组合策略、招商项目包装、招商项目创意设计、招商项目推广、招商会邀约与执行、招商签单与追款等所有招商环节。

4. 众包招商

众包招商指的是一个公司或机构把过去由自己员工负责或外包给别的公司执行的销售招商工作，以自由、自愿的形式包给非特定的社会销售人员的网络做法。众包的招商任务通常是由个人来承担，但如果涉及需要多人协作完成的任务，也有可能以依靠多个个体组织销售的形式出现，是近几年较火热的概念与方式之一。

（三）让潜在经销商愿意成为你的经销商

无论是哪一种招商方式，其最终目的就是要将招商信息传播到目标招商群中去。在招商信息满天飞的今天，不是将招商信息传播出去就能够成事了，接下来还有大量的工作要做。如何才能快速、有效地让经销商放心地经销企业的产品呢？通过前期的人员走访和广告招商的准备工作，需要举行招商宣讲会。在招商会上，企业可以从以下几个方面去做准备。

1. 用企业或品牌实力打动经销商

让经销商了解企业的发展史，了解企业的实力。经销商对企业是陌生的，要让经销商放心地经销企业的产品，必须要让经销商对企业产生信任。如何让经销商信任企业，光靠企业说是远远不够的，要有说服力的招商工具。如企业所获得的荣誉、媒体对企业的报道等。

2. 建立样板市场，让经销商看到自己的未来

企业在招商过程中，仅靠招商广告和业务人员的游说是远远不够的，要让经销商看到实际的东西。这就需要企业建立样板市场，对于样板市场企业要做好严格管理。在举行招商会的同时，可以带经销商参观样板店或者样板产品库，使经销商从样板店中收获信心，看到自己的未来。

3. 做好长远规划，让经销商看到发展的前景

企业要做好长远的规划，对企业的前景做一个描绘，树立一种长久发展的企业形象。让经销商感觉到这是一个很有发展潜力的企业，与这样的企业合作是有前途、值得信赖的。

4. 建立可操作的经营模式，让经销商放心经销

为经销商建立一种可操作的、简单的经销模式。这种模式简单、易操作，只要经销商照模式运作，就可以有一个很好的收益。通常，经销商所担心的不是投资额太高，而是进货以后如何才能销售出去。经销模式可以让经销商感觉到，企业不是让经销商自己去销售，而是企业在帮他们一起销售，让经销商消除后顾之忧。

5. 经销商现身说法

请已经合作的优秀经销商现身说法，讲述自己与企业合作的经历和经营的业绩，用具体的数据来说明产品给自己带来的利益。事实胜于雄辩，通过现有经销商的讲解，可以打消经销商对产品的疑虑。

6. 其他方式

如聘请行业专家指导，消除经销商对产品的疑虑。请行业内的专家对行业和产品进行分析，增强产品的可信度。

制订切实可行的招商线路是企业快速发展的必经之路，是企业快速找到下游合作伙伴

的关键，也是快速打开终端市场，形成利于共享的生产、加工、销售体系的重要环节，因此制订切实可行的招商线路十分重要。

> **迁移应用**
>
> 假如你是富农电商公司农产品品牌企业的市场总监，请你根据农产品特点及企业实际，应用招商相关的知识制订企业产品的招商策略。

四、品牌终端陈列与产品矩阵化呈现

品牌露出的重要形式是品牌在终端产品上的应用，具体表现形式是产品包装设计、产品形象等。最终应用在产品上是要在各种终端渠道进行露出及宣传推广，涉及产品相关的陈列，以及产品在各种渠道的呈现。

接下来我们将学习和掌握品牌终端陈列与产品矩阵化呈现的相关知识，一起了解如何进行品牌终端陈列及产品矩阵设置。

（一）相关概念

1. 陈列

陈列意为 Display 即展示，陈列设计为视觉营销中的一部分，指把商品有规律地集中展示给顾客。商品陈列的目标是占据更多的陈列空间、尽可能地增加货架上的陈列产品数量，能够更好地将产品呈现给消费者。

2. 产品矩阵

产品矩阵指基于同一个用户群体，满足其需求的一系列产品，形成产品的相互补充和多样化的产品体系。各产品均可满足用户某一方面的需求，业务独立完整。

（二）产品陈列的原则

1. 规则性

产品陈列的时候要把握好规则性的原则，即陈列的产品呈现一定的规律或规则，产品陈列具有美观感，让消费者能够舒心地选择产品，给人以美感和艺术感。

2. 思维性

陈列设计过程中还需要考虑文化的影响，陈列是连接品牌文化和销售区域文化之间的桥梁。在陈列展示过程中，无论橱窗、卖场，都需要密切地结合当地人的生活及习惯，将品牌与潜在客户融合在一起。

3. 肌理

陈列设计要突出设计师传达的品质感、设计感，好的陈列设计甚至是二次创造，准确表达的同时进一步地升华，陈列肌理冲突是陈列设计表达方式之一，瞬间抓住消费者目光，让人眼前一亮并记住品牌。

（三）产品陈列的技巧

好的产品陈列除了遵循产品陈列的科学规则外，还有一些与产品陈列相匹配的小技巧，技巧的合理运用能够给产品陈列带来意想不到的效果。

1. 主题陈列

给产品陈列设置一个主题的陈列方法，根据不同的季节、不同的节日或不同的目标对象等主题设置陈列的方法。主题应经常变换，以适应季节或特殊事件的需要。它能给门店创造独特的气氛，以吸引顾客，进而起到促销商品的作用。

2. 整体陈列

将整套商品完整地向顾客展示，比如将全套系列产品作为一个整体，用使用时间顺序或者使用先后顺序进行陈列。整体陈列形式能为顾客作整体设想，方便顾客购买。

3. 整齐陈列

按货架的尺寸，确定商品长、宽、高的数值，将商品整齐地排列，突出商品的数量感，从而给顾客一种刺激，整齐陈列的商品通常是店铺想大量推销给顾客的商品、促销类商品等，或因季节性因素顾客购买量大、购买频率高的商品等。

4. 随机陈列

随机陈列将商品随机堆积的陈列方法。它主要是适用于陈列特价商品，它是为了给顾客一种"特卖品即便宜品"的印象。采用随机陈列法所使用的陈列用具，一般是圆形或四角形的网状筐，另外还要带有表示特价销售的提示牌，达到销售特价产品的目的。

5. 盘式陈列

盘式陈列实际上是整齐陈列的变化，表现的也是商品的量感，一般为单款式多件排列有序地堆积，将装有商品的纸箱底部作盘状切开后留下来，然后以盘为单位堆积上去，这样可以加快陈列速度，也在一定程度上提示顾客可以成批购买。

以上陈列方式为商品的主要陈列方式，除此之外，还有定位陈列、关联陈列、比较陈列、分类陈列等，把握好商品在店铺内空间、布局、位置等的陈列，有利于将产品更好地展现给消费者，让消费者对于感兴趣的商品能够更加直观、快速、高效地触达，同时让消费者产生购买欲望，从而达到促进产品的销售与推广的目的。

（四）企业搭建产品矩阵的情况

不是说一个企业做出了一堆产品就叫产品矩阵。矩阵化的产品必然存在相互关联、相互补充和促进的作用，这样才能形成一个有效的组合，让产品矩阵更好地促进产品的销售和市场的拓展。搭建产品矩阵的主要情况有：

1. 抢占市场或赛道

企业搭建产品矩阵是为了更好地充实企业产品线条，更好地满足消费者的消费需求，借助产品矩阵找到用户的多元化需求满足点，让消费者成为企业产品的忠实爱好者。

2. 布局上下游

围绕场景、流量、频次、级别，或流量的制造和消耗搭建产品矩阵。比如通过做内容来承接形成流量的长尾流量和用户留存,通过延伸现有产品的上游或者下游延长企业的多渠道经营布局,让企业在市场竞争中尤其是在产品搭建方面形成现有产品的上游、下游布局,形成一个更加多样、适应更多群体的上下游延伸布局策略。

3. 形成竞争护城河

通过产品矩阵打造并形成企业与企业间竞争的护城河。产品矩阵正是在满足消费者多样化诉求的基础上形成的具有竞争力的产品体系,在消费者消费习惯发生变化的时候不至于失去这部分消费群体,这也是企业形成竞争力的重要做法,形成竞争的护城河。

4. 形成产品生态

对于企业发展而言,拥有具有竞争力的核心产品是占据市场的重要武器,但并不是拥有核心产品的企业就一定能够在市场竞争环境中长期持久地生存下去,还必须形成自身产品的生态。"小米"是新兴的互联网科技企业,随着小米在智能手机上取得的成功,小米逐步地扩充了产品线形成了小米生态圈,小米生态体系下拥有手机、电视、冰箱、智能手环、音箱、扫地机器人、电子安防设备、智能灯具等几十类产品,极大地满足了用户的多元化需求,也让"米粉"们有了归属感和认同感。

产品矩阵化能够给企业建立起丰富的产品线,也能够满足消费者的多元化需求,让消费者在选择产品的时候能够更多地选择企业产品矩阵内产品,一方面满足了用户的需求,另一方面极大地提升了企业在市场竞争中的竞争力。

通过学习,我们掌握了产品品牌终端陈列和产品矩阵化的相关知识,在企业发展过程中尤其是在面向消费者的终端产品方面有了更加深刻的认识和了解,这在品牌发展过程中尤其是在品牌形象建立方面具有重要作用,让消费者更直观地感受到企业产品的在不同渠道、不同方式、不同类型等方面的多样化呈现,体现出产品的竞争力和企业的实力。

迁移应用

我们都知道产品在商超、门店等终端渠道销售,需要根据场地、环境、节日等不同因素对产品进行产品矩阵设置,富农电商公司的产品要进入上述渠道需要进行产品陈列,应该把握哪些方面的原则,请列举说明。

五、体系化管理品牌的动态传播

通过前面的学习,我们从如何建立品牌、如何运营品牌及建立品牌矩阵等方面的知识有了深入的了解和知识掌握,接下来我们将围绕品牌的传播方面学习,学习如何制订传播的策略、方法及如何体系化地管理品牌传播等方面的知识,以构建起品牌动态传播方面的知识内容,让我们在今后的工作中能够运用品牌动态传播的知识指导企业品牌传播,让品牌传播能够更加高效地传递给消费者。

(一)相关概念

从社会学的角度来讲,传播是指人与人关系赖以建立和发展的机制,包括一切精神象征及其在空间中得到传递、在时间上得到保存的手段。它包括表情、态度、动作、声调、语言、文章、印刷品、电报、电话,以及人类征服空间和时间的其他任何最新效果。

传播媒介:传播媒介也可称为传播渠道、信道、传播工具等,是传播内容的载体。传播媒介有两层含义:一是指传递信息的手段,如电话、计算机及网络、报纸、广播、电视等与传播技术有关的媒体;二是指从事信息的采集、选择、加工、制作和传输的组织或机构,如报社、电台和电视台等。

(二)传播媒介的类型

1．根据出现的时间先后分类

根据媒介出现的先后顺序,可分为符号媒介、语言媒介、文字媒介、印刷媒介、电子媒介和网络媒介等。

2．根据传播对象分类

从传播对象来看,可为分个人传播媒介和大众传播媒介。

3．根据作用感官分类

依据媒介所作用的人的感官的不同,可分为听觉媒介、视觉媒介和视听媒介。

4．根据传播方式分类

按照媒介的传播方式,分为直接媒介和间接媒介。

5．根据传播目的分类

按照媒介进行传播的目的,分为公益性媒介和盈利性媒介。

(三)传播媒介的特点

传播媒介主要有以下几种特点(图4-24)。

图4-24　传播媒介的特点

1．实体性

在大众传播中,如报纸、书刊、电视机等媒介都是用于传播的实体,是具体的、真实的、有形的物质存在。

2．中介性

媒介居于传播者和受传者之间,使传受双方通过它交流信息、建立联系。

3．负载性

负载符号既是传播媒介的特点,也是它存在的前提和必须完成的使命。

4．还原性

作为中介的传播媒介,在传播过程中要保持所负载符号的原声、原形、原样,而不应该对符号做扭曲、变形和嫁接处理。

5. 扩张性

媒介不仅可以使传受双方产生关系，还可以将一个人的思想、感情和所见所闻扩张开来为许多人所共享。

（四）传播媒介的角度

1. 传播媒介的传播手段

传播媒介手段的是认识媒介特性的出发点，也是区分各种媒介的根本点。不同媒介使用不同的符号和传播手段，导致了媒介在时间、空间形态上的差异。

2. 传播媒介的实效性

时效性强的媒介以传播基本信息为主，而报纸、杂志等时效性较弱的媒介则擅长报道新闻事实的详细细节，挖掘新闻的深度。

3. 传播媒介的持久性

媒介的持久性指的是其保存信息的时间长度，以及其提供信息给受众接触的可能性的特性。

4. 受众参与媒介的程度

受众参与媒介的程度指受众进入媒介过程的可能性，另外指在其接受传播内容时调动自身想象力的程度。

（五）网络媒介的特点

在众多传播媒介中，网络媒介是互联网时代下的重要的传播媒介，也是能够快速触达用户群体的重要传播媒介，以其快速、高效的优势将信息传递带入了一个全新的境界。网络媒介与电视、广播、报纸等传统媒介相比主要有以下 4 个方面的特点：

1. 交互性

网络媒介与传统媒介相比，具有明显的交互性，能够一定程度上实现与用户群体的互动。比如在网上参与活动、颁奖、征集发言等，电视、报纸等传统媒介是无法直接同步的。

2. 持久性

网络媒介与传统媒介相比，网络对于人文的表达更直接，所以才会有网恋、网婚等社会现象的出现。

3. 多元性

网络媒介的形式具有多元性，网络广告在尺寸上可以采用旗帜广告、巨型广告，在技术上还可以采用动画、Flash、游戏等方式，在形式上可以在线收听、收看、试玩、调查等，可以集各种传统媒体的精华，而传统媒体却无法互相沟通。

4. 密集性

网络媒介的密集性是网络最早被大众认可的作用和意义，网络媒介以提供及时、全面的信息获得最大的网友群。

（六）自媒体的特性

自媒体是指普通大众通过网络等途径向外发布他们本身的事实和新闻的传播方式，是普通大众经由数字科技与全球知识体系相连之后，一种提供与分享他们本身的事实和新闻的途径。自媒体一共有以下 6 个方面的特性（图 4-25）：

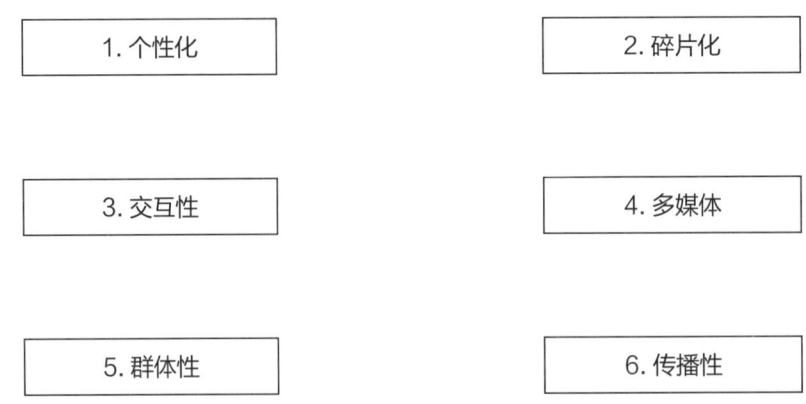

图 4-25　自媒体的特性

1. 个性化

个性化是自媒体最显著的特性。无论是内容还是形式，创业者在创办自媒体平台时一定要给用户提供充足的个性化选择空间。

2. 碎片化

碎片化是整个社会信息传播的趋势，受众越来越习惯和乐于接受简短的、直观的信息，创业者在创办自媒体平台时应该顺应这种趋势。

3. 交互性

交互性是自媒体的根本属性。其实受众使用自媒体的核心还是为了满足沟通和交流的需求，创业者要在自己的平台上给用户提供充分的分享、探讨、交流、互动等多元化体验。

4. 多媒体

一提到自媒体，大家往往首先想到的是微博和微信公众号，但微博和微信公众号仅仅是自媒体的一种模式，微博和微信公众号本身可以给使用者提供文字、图片、音乐、视频、动漫等多种选择，创业者也可以创办除文字之外，以图片、音乐、视频、动漫等多种类型为主题的自媒体平台。

5. 群体性

自媒体的一个重要特点是受众以小群体不断聚集和传播信息，创业者可以针对专门的群体创办自媒体平台，如针对文学爱好者、游戏爱好者、音乐爱好者、影视爱好者、汽车爱好者、学生群体等。

6. 传播性

有效快速传播。创业者在创办自媒体平台时一定要为使用者提供充足的传播手段和推广渠道。

(七) 自媒体运营的原则

自媒体运营具有以下四大原则(图 4-26)。

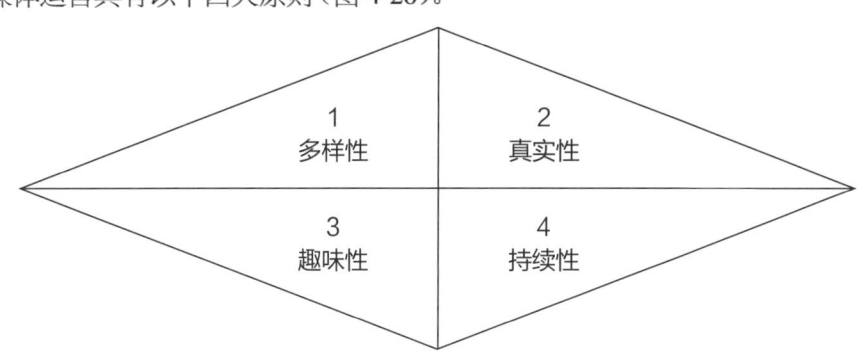

图 4-26　自媒体运营原则

1. 多样性

面对多样化的自媒体形式,需要保持对新媒体的敏感度,勇于探索尝试,一旦有新的自媒体平台出现,就积极响应加入其中。

2. 真实性

在自媒体平台发布信息时要力求准确,与网友沟通时要客观真诚,面对网友质疑时要实事求是。

3. 趣味性

内容的真实性并不影响在自媒体平台上体现一定的趣味性,包括发布趣味性的内容和策划趣味性的活动。

4. 持续性

自媒体的本质是媒体,需要获得越来越多的媒体受众。自媒体用户的增长不可能一蹴而就,只能依靠高质量且持续更新的内容,依靠不断组织有创意的活动,才能不断积累用户,获得用户的稳定增长,保持自媒体影响力不断扩大。

(八) 制订传播方案

营销计划就是为了解决顾客认知问题而设计的一连串行动,如何制订有效的传播计划和传播方案?应当满足以下 4 个方面的原则:

1. 明确要解决的问题或者需要达到的目的

任何计划,必须说明"到底要解决什么问题"以及"如何解决问题",如果问题并不明确,那么任何任务清单都毫无意义。所以,制订传播方案前必须在开头说明我们现在面临的关键问题是什么,为什么我接下来要说的计划能够有效帮助解决这个问题。

2. 注重传播的过程

传播方案应该注重过程，而不是简单描绘美好的愿望。当一个企业或者产品品牌需要一个传播方案时，它并不是"不知道营销的目标可以有多好"，而是"不知道到底应该怎么做"。

3. 针对用户群体设计行动

大部分大纲式营销传播方案，往往是从企业自身行动出发的，比如我要做海报或 H5，而不是从用户的行动出发。市场营销计划应该更多包含的是用户的想法和行动，做出针对用户群体喜好的传播行动。

4. 符合经济性原则

如果我们把计划当作"解决方案"，任何解决方案都需要重新考虑"经济性"，为了解决问题，评估有哪些价值被高估，有哪些价值被低估，传播方案要符合经济性原则。

体系化管理品牌的动态传播是企业及其品牌传播的重要内容，是高效、协同地促进企业品牌建立的重要方式，用体系化、系统化的管理思维，按照传播媒介的不同，新媒体的属性和特点，以及产品品牌传播的需求制订传播方案，让传播媒介、传播内容、传播要求等形成体系，力求做到有序管理、高效运作与科学管理相结合。

迁移应用

假如你是富农电商公司的营销宣传推广负责人，请你根据企业特点或其中一个产品的营销宣传推广制订动态传播的方案，以形成体系化的营销宣传策略，提升企业及产品的市场影响力。

总结与评价

1. 知识导图

任务三知识导图如图 4-27 所示。

项目四　品牌塑造

```
品牌运行
├── 小规模运营检验模式及顶层设计
│   ├── 与品牌紧密联系的概念
│   ├── 我国品牌运营的现状
│   ├── 品牌成功运营的要素
│   ├── 品牌成功运营的核心和关键
│   ├── 品牌运营管理的步骤
│   ├── 品牌运营重要原则及要点
│   └── 品牌运营的特点
├── 建立良好的合作共赢机制
│   ├── 合作共赢的重要性
│   └── 合作共赢的前提条件
├── 制定切实可行的招商发展线路
│   ├── 招商的步骤和流程
│   ├── 招商的方法
│   └── 让潜在的经销商愿意成为你的经销商
├── 品牌终端陈列与产品矩阵化呈现
│   ├── 产品陈列的原则
│   ├── 产品陈列的技巧
│   └── 企业搭建产品矩阵的情况
└── 体系化管理品牌的动态传播
    ├── 传播媒介的类型
    ├── 传播媒介的特点
    ├── 传播媒介的角度
    ├── 网络媒介的特点
    ├── 自媒体成为最强的传播媒介的特性
    ├── 自媒体运营的原则
    └── 制订传播方案
```

图 4-27　任务三知识导图

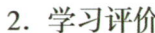

2. 学习评价

请完成表4-6学习评价。

表4-6　学习评价

评价项目	评价内容	评价标准	评价方式（百分制）		其他说明
			自评（40%）	师评（60%）	
小规模运营检验模式及顶层设计	掌握品牌运营概念	准确描述概念			
	了解我国品牌运营现状	了解并熟悉我国品牌运营现状			
	品牌成功运营的要素有哪些	掌握品牌成功运营的要素并能熟练应用			
	品牌运营的步骤有哪些	准确描述品牌运营的步骤			
	品牌运营的重要原则及要点有哪些	准确描述品牌运营的重要原则及要点			
	品牌运营的特点有哪些	准确描述品牌运营的特点			
建立良好的品牌合作共赢机制	合作共赢的重要性有哪些	掌握合作共赢的重要性			
	合作共赢的前提条件有哪些	掌握合作共赢的前提条件并能够应用			
制订切实可行的招商发展线路	我们应该怎样制订招商发展线路	掌握制订招商发展线路的方法			
	如何让潜在的经销商成为你的经销商	掌握潜在经销商转化为你的经销商的方法			
品牌终端陈列与产品矩阵化呈现	掌握陈列的相关概念	掌握陈列的相关概念			
	产品陈列的原则有哪些	掌握产品陈列的原则			
	产品陈列的技巧有哪些	掌握产品陈列的技巧并能熟练运营			
体系化管理品牌动态传播	掌握传播媒介的概念	掌握传播媒介的概念			
	掌握传播媒介的类型	掌握传播媒介的类型			
	掌握传播媒介的特点	熟练掌握传播媒介的特点			
	掌握传播媒介的角度有哪些	掌握传播媒介的角度			
	网络媒介的特点有哪些	熟练掌握网络媒介的特点并能熟练运用			
	自媒体媒介有哪些特性	掌握自媒体媒介的特性并能熟练运用			
	自媒体运营的原则有哪些	熟练掌握并运自媒体原则			

3. 学习感悟
收获：

不足：

改进：

农村电商职业经理人

任务四 品牌维护

学习目标

1. 准确说出品牌维护的基本方法。
2. 掌握品牌维护的基本原理。
3. 将品牌知识产权保护、品牌VI体系升级维护、品牌运营监督体系管理、品牌渠道优化升级与维护、品牌加盟商（经销商）管理等应用到品牌建立、品牌运行等环节。
4. 掌握知识产权保护的基本方法。
5. 应用法律手段保护建立的品牌的相关权利。

通过前面的学习，我们对品牌定位、品牌建立、品牌运行等方面进行了知识学习和要点掌握，让我们对如何确定品牌定位及品牌建立的方法有了了解和掌握，使我们能够按照学习到的方法建立符合发展需求的品牌，同时对如何进行品牌运行也有更加深刻的认识。本任务将在前面任务内容的基础上学习品牌维护相关知识，掌握如何保护形成的品牌及如何让品牌在后续传播和推进的过程中能够得到保护，加强相关知识产权保护方面的知识内容的学习。

情境引入

富农电商公司建立了自己的品牌，随着企业的发展，有部分不法商家假冒富农电商公司品牌充斥市场，给富农电商公司的正常运营造成了一定影响，请运用品牌保护的方法来保护富农电商公司的品牌权益。

一、品牌知识产权保护

（一）相关概念

1. 知识产权

知识产权也称"知识所属权"，指权利人对其智力劳动所创作的成果和经营活动中的标记、信誉所依法享有的专有权利。各种智力创造，比如发明、外观设计、文学和艺术作品，以及在商业中使用的标志、名称、图像，都可被认为是某个人或组织所拥有的知识产权,知识产权一般只在有限时间内有效。

2．专利保护

专利保护指一项发明创造向国家专利局提出专利申请,依法审查合格后,向专利申请人授予的在规定时间内对该项发明创造享有的专有权。

(二) 知识产权的类型

知识产权是智力劳动产生的成果所有权,它是依照各国法律赋予符合条件的著作者,以及发明者或成果拥有者在一定期限内享有的独占权利。它有两类:一类是著作权也称版权、文学产权;另一类是工业产权,也称产业产权。

1．著作权

著作权又称版权,是指自然人、法人或者其他组织对文学、艺术和科学作品依法享有的财产权利和精神权利的总称。主要包括著作权及与著作权有关的邻接权;通常我们说的知识产权主要是指计算机软件著作权和作品登记权。

2．工业产权

工业产权包括专利、商标、服务标志、厂商名称、原产地名称,以及植物新品种权和集成电路布图设计专有权等。主要包括专利权与商标权。

(三) 知识产权权益

按照知识产权的内容组成,知识产权由人身权利和财产权利两部分构成,也称精神权利和经济权利。

1．人身权利

所谓人身权利,是指权利同取得智力成果的人的人身不可分离,是人身关系在法律上的反映。例如作者在其作品上署名的权利,或对其作品的发表权、修改权等即为精神权利。

2．财产权利

所谓财产权,是指智力成果被法律承认以后,权利人可利用这些智力成果取得报酬或者得到奖励的权利,这种权利也称经济权利。它是指智力创造性劳动取得的成果,并且是由智力劳动者对其成果依法享有的一种权利。

(四) 知识产权的特点

知识产权一共有 5 个方面的特点。

(1) 知识产权是一种无形的财产。

(2) 知识产权具备专有性的特点。即只有权利人才能享有,其他人不经权利人许可不得行使其权利。

(3) 知识产权具备时间性的特点。各国法律对知识产权分别规定了一定期限,期满后则权利自动终止。

(4) 知识产权具备地域性的特点。除签有国际公约或双边、多边协定外,依一国法律取得的权利只能在该国境内有效,受该国法律保护。

(5) 知识产权的获得需要法定的程序。比如，商标权的获得需要经过登记注册。

（五）知识产权的法律保护手段

《中华人民共和国民法通则》中规定了 6 种知识产权类型，即著作权、专利权、商标权、发现权、发明权和其他科技成果权，并规定了知识产权的民法保护制度。《中华人民共和国刑法》中，确定了知识产权犯罪的有关内容，从而确定了中国知识产权的刑法保护制度。此外，《中华人民共和国专利法》（简称《专利法》）、《中华人民共和国商标法》（简称《商标法》）、《中华人民共和国著作权法》（简称《著作权法》）、《中华人民共和国发明奖励条例》（简称《发明奖励条例》）等单行法和行政法规也都对相关的知识产权做了规定。相关立法如下：

1. 《专利法》

自 1985 年 4 月 1 日施行。依法建立的专利制度保护发明创造专利权。发明创造包括发明、实用新型和外观设计等。

2. 《商标法》

自 1985 年 3 月施行。1993 年 2 月 22 日进行了修正，扩大了商标的保护范围，除商品商标外，增加了服务商标注册和管理的规定；在形式审查中增加了补正程序，在实质审查中建立了审查意见书制度。

3. 《著作权法》

自 1991 年 6 月 1 日起施行。2001 年 10 月进行了修正。

4. 《计算机软件保护条例》

2002 年 1 月 1 日实行《计算机软件保护条例》。

5. 《中华人民共和国植物新品种保护条例》

自 1997 年 10 月 1 日起施行。

6. 其他相关制度

2016 年 4 月，国务院办公厅印发当年全国打击侵犯知识产权和制售假冒伪劣商品工作要点。

品牌知识产权保护是企业长期稳定发展的基础，只有做好了企业知识产权保护，才能保障企业的合法权益不受侵害，才能让企业坚定、长期地投入资源和资金发展，企业也才能够在发展中取得长足进步，因此做好企业相关知识产权保护十分必要。

迁移应用

就富农电商公司而言，根据企业发展过程中取得的相关成果，哪些能够取得对知识产权的保护，请举例说明。

二、品牌 VI 体系升级维护

（一）相关概念

VI 体系即视觉识别系统，是运用系统的、统一的视觉符号系统。视觉识别是静态地识别符号具体化、视觉化的传达形式，项目最多，层面最广，效果更直接。视觉识别系统属于 CIS 中的 VI，用完整、体系的视觉传达体系，将企业理念、文化特质、服务内容、企业规范等抽象语意转换为具体符号的概念，从而塑造出独特的企业形象。

（二）品牌 VI 体系升级的好处

1. 进一步确定企业明显行业特征优势

对品牌 VI 体系进行升级，进一步将企业 VI 体系打造成为个性化、独特的创意企业，VI 设计帮助企业建立良好的品牌形象，同时还能帮助企业进一步确定其市场地位，使企业在市场当中具备更强的不可替代性。

2. 优化企业对外的公众形象

品牌 VI 体系升级能够让消费者更好感知企业形象，进一步优化企业对外的形象。品牌 VI 升级不仅是企业及产品公众形象树立的基础，也是优化企业对外的公众形象的重要方式。

3. 更好地增强员工对企业的认同感和凝聚力

企业品牌 VI 体系升级是企业形象的提升，也是员工对企业品牌的进一步认知，一套不断升级完善的 VI 不仅能让企业得到社会认同，也能让企业内部的员工更具有认同感和归属感，从而有效地鼓舞企业员工的士气，增强员工对企业的认同感和凝聚力。

4. 强化企业文化塑造与传播

在原有品牌 VI 体系的基础上进行升级，将企业发展的新理念、新方向、新规划融入升级的 VI 体系中，使得企业品牌在市场传播的同时让企业文化也能得到更为广泛地传播，强化企业文化塑造与传播从而产生口碑效应，得到消费者及企业的认可。

5. 提高品牌忠诚度

品牌 VI 体系升级能够让消费者的认同感和市场美誉度增加，对品牌 VI 体系升级不仅可以提高品牌的差异性和产品品质的稳定性，使顾客更加信赖和信服，更重要的是它可以更加恰当地传达品牌的定位、价值观和展现目标消费者形象，从而提高消费者对品牌的忠诚度，有效屏蔽竞争品牌的诱惑，降低消费者的流失率。

6. 建立唯一性和独特性

品牌 VI 体系升级能够更加明显地与同行业企业或品牌进行区分，根据品牌的特点塑造与品牌相匹配的形象让品牌能够脱颖而出，升级后的品牌 VI 体系能够确立企业在行业经济活动中的唯一性和独特性，传达品牌的精准定位，升级后的品牌随着企业未来发展将产生不可估量的价值。

（三）品牌 VI 体系维护的方法

品牌 VI 体系的维护是品牌长期可持续运营的重要工作，为让建立的品牌能够长期持续地运营，我们需要采取必要的做法进行品牌体系的维护，主要包括以下几个方面：

1. 数字化矩阵提升品牌美誉度

互联网品牌形象是企业的名片，通过网络渠道积极推广品牌的正面形象，加强对企业关键信息及敏感词的监控与排查，提升品牌知名度，美化品牌形象。通过建立品牌宣传、推广多维度数字化矩阵，来提升品牌美誉度，为企业的良性发展保驾护航。

2. 优化搜索引导品牌流量

根据品牌传播的需求及企业品牌发展战略，优化互联网等渠道的搜索引导品牌流量，对网页、网站、新闻等信息进行监测，提供相关的信息价值。让产品品牌通过互联网等渠道进行优化传播，带动企业品牌价值提升。

3. 品牌舆情监测

实时监测与企业品牌相关的舆情，关注企业品牌相关的评论、观点及消费者感知等。在企业发展过程中可能会存在对企业发展不利的各种负面信息，对相关信息予以监测和正确引导，及时排除负面信息对企业发展的影响，为企业发展营造一个良好的发展环境。

4. 负面危机处理

品牌一旦形成知名度后，企业可以利用品牌知名度及品牌效应迅速扩大市场，有助于企业建立良好的竞争优势。但是在企业发展过程中，难免会存在与企业及品牌相关的负面信息，第一时间建立预警反馈机制和制订危机处理方案是企业品牌运营的重要工作，强化企业危机处理的应对能力，及时清除负面危机对企业发展的影响，将负面影响降低到最低，最短时间内保护企业品牌形象。

把握好品牌VI体系升级维护，将对企业及其品牌形象提升起到重要的促进作用，能够让企业及其品牌在面对行业竞争、市场变化时高效应对，为企业发展赢得良好的声誉，让企业能够在激烈的竞争环境下获得优势，因此抓好品牌VI体系升级维护对于品牌运营是重要的工作内容。

迁移应用

富农电商公司在企业发展过程中形成了自己的品牌，但是随着市场的变化、消费群体的变化及产品结构的调整，现有产品品牌已经不能满足市场的需求，请根据所学的知识为企业品牌升级提供一些发展建议。

三、品牌运营体系监督管理

品牌运营体系是品牌在运营管理方面形成的一套管理方法，是与企业品牌相适应的，能够促进企业品牌建设的系统化管理方式。运营体系的监督管理重点是要强化运营体系的健康、可持续运营，因此建立品牌运营体系监督管理制度十分重要和必要，具体做法有以下3个方面：

1. 建立企业品牌运营推广职能部门

对于企业长远发展而言，设立相对应的品牌运营管理职能部门（前期可由专人负责）能够有效解决品牌运营管理方面的问题。对部门配备专员负责品牌运营相关工作的开展，负责品牌运营各项工作的落实与推进，强化企业品牌运营管理工作，提高品牌运营及维护能力。

2. 明确职责及分工

对设立的品牌运营管理部门明确职责及分工，于品牌运营管理工作进行规范化管理及处理与品牌运营管理相关职责。制订品牌运营的工作目标、工作计划、工作方案等并组织实施和达成目标。负责整合运营相关的各种资源，为品牌运营、产品销售及企业形象建立等提供支撑，为产品运营提供保障等。

3. 制订品牌运营应急方案

根据企业实际情况及品牌情况，在应对突发事件、负面信息、恶性竞争等情况时做好提前的工作应对预案，并就应对预案进行演练和优化，在出现特殊情况时能够快速响应和积极应对，将影响降到最低。

品牌运营体系监督管理是有效促进品牌建设的重要工作之一，是保障品牌运营体系高效运营的关键，通过建立合理的监督管理制度让品牌能够更好地为企业发展服务，为产品营销服务。

四、品牌渠道优化升级与维护

对于品牌发展而言，品牌渠道管理、渠道升级与维护是促进品牌健康发展的重要内容。根据品牌发展的不同阶段、市场环境及用户群体的变化等进行实时调整和优化品牌渠道，能够在宣传推广与品牌建立方面达到最优效果，能够让品牌更加高效、快速地渗透到与品牌相匹配的消费群体当中。

随着互联网的不断发展及信息技术的不断升级，通过互联网、新媒体等渠道进行的信息传播在面对用户方面更加精准，尤其是利用大数据和人工智能算法后，能够精准地匹配与品牌相互需求的用户群体。如果你的产品是运动系列的，通过大数据算法及人工智能匹配，能够将你的品牌精准地推广给喜爱运动、户外探险等的用户群体，通过人工智能算法匹配与品牌诉求对应的用户群体，与传统传播渠道相比较，到达率更好、用户群体更加精准，投入转化率也更高。

加强品牌渠道管理和维护，让品牌能够与传播渠道更好地实现融合发展，相互匹配产生更高的效率是品牌运营的重要工作，要将渠道管理应用到具体工作中指导品牌运营和推广，为品牌发展及企业发展奠定良好的基础。

五、品牌加盟商（经销商）管理

近年来，国家非常重视品牌的发展，把品牌建设作为推动产业发展的重要推动力，现阶段正是品牌建立与发展全面兴起的时候，这也是品牌建立口碑最好的节点，是品牌发展最需要强化管理的阶段。在这个阶段里渠道管理及加盟商管理是品牌重要的生命之源，渠道是沟通终端消费者的主要载体,加盟商是品牌面对消费者的重要的中间载体,同时也是商品流通的重要途径。

(一)品牌加盟的好处

作为加盟商加盟品牌将获得一定的发展优势,主要有以下几点:

(1)取得品牌方的支持,获得品牌在指定渠道的使用权。

(2)品牌方提供合理的经营供货折扣和低风险的调换货机制。

(3)制订合理的区域保护和渠道保护政策以保证良好的市场秩序。

(4)提供加盟场地的设计效果图。

(5)获得有效的宣传支持和全面的经营管理指导,如订货、销售、陈列、促销、货品管理、店铺运营、店铺管理等。

(6)产品专业的订货系统,高效的订货流程管理。

(7)货品调配制度,最大限度优化货品结构,降低经营成本及库存风险。

(8)与产品配套的售后服务。

(二)加盟商的选择标准

要想构筑一个稳定、有效的加盟体系,从加盟商选择上严格把关是第一要务。对于加盟商的选择来说,有如下标准(图4-28):

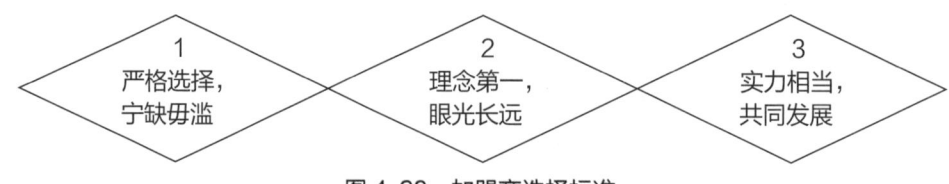

图 4-28 加盟商选择标准

1. 严格选择,宁缺毋滥

对于企业来说,选择加盟商运作市场不能只看短期,要看对市场的长期影响与贡献。因此,对加盟商的选择必须慎重,绝不能轻率从事。随意选择加盟商会给市场的运作造成严重的负面后果,轻则市场萎靡不振,达不到预期后果;重则市场秩序混乱、窜货、乱价泛滥。因此在选择加盟商的时候,一定要坚持严格选择,宁缺毋滥的原则。

2. 理念第一,眼光长远

选择加盟商时,很多标准都要考虑,比如理念、实力、管理能力、经验等。但是,从根本上来说,加盟商的理念才是最重要的。对于企业来说,就是要找品牌运作、市场理念与自己一致的加盟商,这样才会有真正合作的基础,才会在市场操作中协调一致、共同发展。理念一致才是真正合作的基石,眼光长远才能真正发掘出优秀的加盟商。

3. 实力相当,共同发展

对于寻找加盟商来说,常常有一个"越大越好"的误区,认为强大的加盟商能够为市场运作提供立竿见影的效果。然而,对于企业来说,大不一定好,小不一定不好。最关键的是加盟商是否能与企业共同发展。这就要考虑企业自身的定位、实力问题，找到与企业发展需求相匹配、合适的加盟商，这样的加盟商才可以与企业共同发展、成长，也是最具有发展前途的加盟商。

（三）如何管理好加盟商

1. 树立共生共赢、相互成就的理念

围绕"共生共赢、相互成就"的经营理念去管理与服务加盟商。共生共赢、相互成就是企业与加盟商在合作的过程中能够相互提升，共同成长，达到合作双方都能获取各自的利益，共同发展、相互成就的目的。我们在营销工作中考虑公司利益的同时也要考虑到加盟商的利益，让我们与加盟商一起开拓市场。

2. 加盟商不是上帝

明确树立加盟商是我们事业的战略合作伙伴这个价值理念。公司与加盟商之间的关系是平等互利的共荣共赢关系，不能把加盟商当作上帝无条件顺从，这样只会对加盟商的约束起到反作用。

3. 加盟商不仅是客户

加盟商是企业的利益共同体，品牌所有权归根结底是企业自己的，它归属于市场，品牌的经营策略和发展规划是由企业自身制订的。不管多大、多强的加盟商我们都不能盲从，我们应该满足大部分加盟商的共性需求，对极个别加盟商的特殊需要，可以视情况有针对性地去满足。

4. 重视合同对企业与供应商的双向约束

根据企业制订的加盟商加盟合同管理加盟商是最根本也是对双方最有效的管理办法。合同中的条款是公司与加盟商必须共同遵守履行的，也是企业评估加盟商贡献度、诚信度的重要依据之一。每一个营销工作者首先要了解公司加盟商的加盟协议中的条款和内容，只有这样才能根据合同管理好、服务好加盟商，同时达到约束双方公共遵守协议的目的。

5. 诚信是企业与加盟商合作的基础

诚信是企业的立足之本，企业如果没有了诚信，那市场就将无法拓展，企业将很快死亡。同时，我们也要勇于对那些不讲诚信的加盟商说不，一个不讲诚信的加盟商不仅是企业的负担，更是双方合作事业的绊脚石。企业的诚信是靠企业和员工日积月累不断用行动树立起来的。企业要做到诚信，就必须在企业内部做好员工的授权管理、岗位责任管理，强化约束企业和加盟商的诚信合作行为，坚持诚信合作，树立良好的诚信价值理念。

6. 加强对加盟商的培训提升

加盟商是需要企业不断给予其学习机会的，加盟商也要从培训学习过程中更加全面地认识企业及加盟的品牌的相关信息。培训加盟商品牌经营、店务管理、用人等，根据发展阶段制订不同时期、不同阶段的各个不同重点任务。当然，加盟商自身也有很多可学之处，在培训中也需要向优秀加盟商学习。

7. 加强对加盟商的督查与监督管控

加强对加盟商各项合作的监督落实是各个片区负责人的重点工作，这一点不能放松，更不能懈怠。通过巡店、店务管理等内容强化加盟商的日常运作行为。监控的目的并不是处罚，而是企业和加盟商能进一步共同提升，能够持续地产生共赢，进而实现企业的战略目标。

8. 允许加盟商提出发展建议，求同存异

对加盟商的管理求同存异，"同"就是品牌加盟的标准，是公司品牌经营的标准化、格式化与精细化，体现在终端的形象、陈列、服务、色彩、价格、橱窗等方面。"异"是差别，是企业实施一地一策、一客一策、一店一策的战术性要求，不能用同一种营销管理方法去做所有的市场。

9. 实施加盟商优胜劣汰管理

加盟商并不是都是按合同办事也并不是完全具有契约精神的，对于那些无理由地打破游戏规则、不讲诚信的加盟商；那些在合作中找茬、吹毛求疵，把企业对它的尊重当作是企业的让步，将企业与客户之间正常相互尊重的关系破坏得一干二净的加盟商；那些对外传播企业负面信息及总说企业对它的支持不够或不到位，对企业与之沟通的努力视而不见的加盟商等，根据企业对于加盟商的管理办法，实行优胜劣汰，定期和不定期筛选和淘汰一批不合格加盟商。

品牌加盟商管理是企业及其品牌发展过程中必然要经历的，做好品牌加盟商管理能够为品牌长远发展提供重要支撑，是保障产品及品牌渠道建设、市场拓展、满足消费者需求的重要保障措施，因此对品牌加盟商管理十分重要也十分必要。

迁移应用

富农电商公司正在开展线下连锁实体门店业务，公司除了自营店铺以外同时开放加盟合作，在加盟合作方面采取了多方面措施，随着连锁加盟的合作伙伴越来越多，根据学到的知识，请你给予他们关于加盟商管理的一些建议，以促进企业良好健康发展。

总结与评价

1. 知识导图

任务四知识导图如图 4-29 所示。

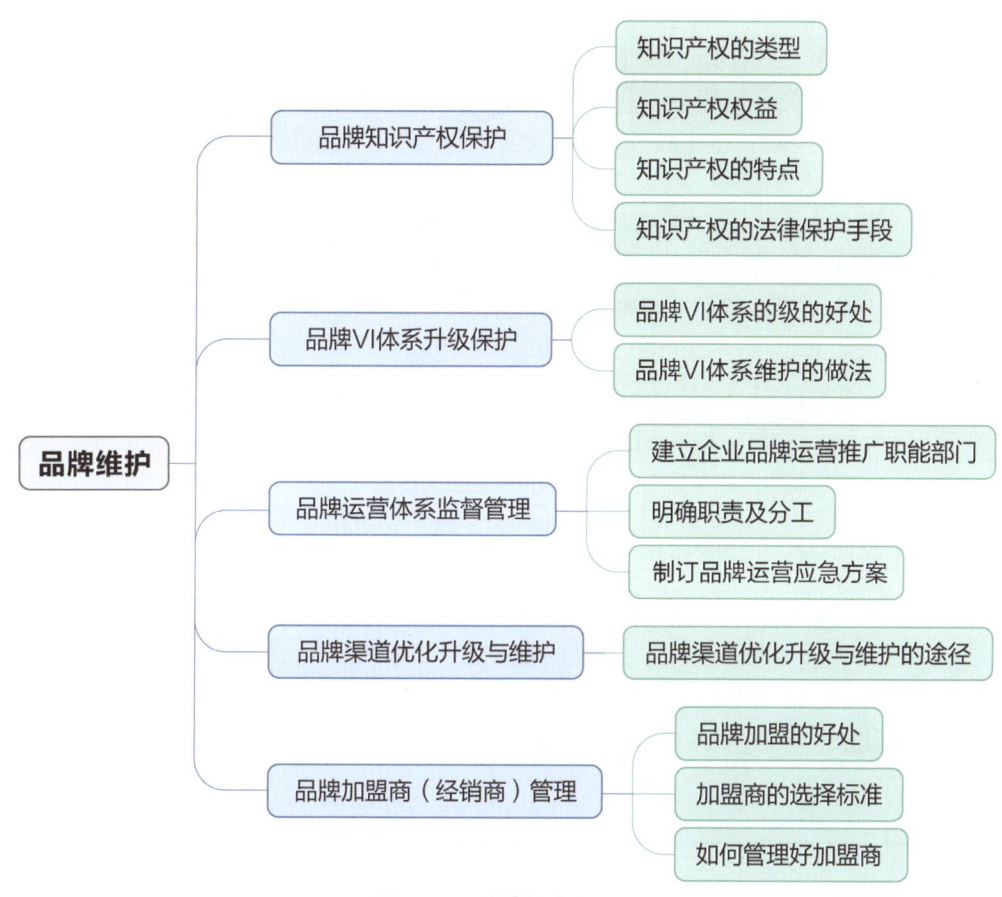

图 4-29　任务四知识导图

2. 学习评价

请完成表 4-7 学习评价。

表 4-7　学习评价

评价项目	评价内容	评价标准	评价方式（百分制）		其他说明
			自评（40%）	师评（60%）	
品牌知识产权保护	掌握知识产权及相关概念	准确描述概念			
	掌握知识产权的类型有哪些	掌握知识产权的类型			
	掌握知识产权权益有哪些	是否熟练掌握知识产权权益方面的知识			
	掌握知识产权的特点	掌握知识产权的特点			
	掌握知识产权的法律保护手段有哪些	完全准确，并能准确描述			

（续表）

评价项目	评价内容	评价标准	评价方式（百分制）		其他说明
			自评（40%）	师评（60%）	
品牌VI体系升级保护	掌握VI体系概念	掌握VI体系概念			
	掌握企业及品牌VI体系升级保护的好处	掌握企业及品牌VI体系升级的好处等相关知识			
	品牌VI体系维护有哪些做法	掌握品牌VI体系维护的做法			
品牌运营监督管理	品牌运营监督管理的做法	掌握品牌运营监督管理的做法并熟练运用			
品牌加盟商（经销商）管理	品牌加盟的好处有哪些	掌握品牌加盟的好处			
	掌握加盟商的选择标准	掌握加盟商的选择标准并能运用			
	掌握如何管理好加盟商的方法	掌握如何管理加盟商的方法并能运用			

3. 学习感悟

收获：

不足：

改进：

项目五

团队建设

阿里巴巴集团合伙人、阿里巴巴公益基金会理事长孙利军表示，农村电商真正的核心是人才建设，农村电商需要专业化运营团队。改变今天农村的人才结构，是决定未来农村电商发展的关键因素之一。农村的产品需要人才通过好的包装、好的营销让更多消费者知道，这是核心。只有农村的人才结构发生变化了，未来农村电商才真正有机会突破瓶颈。然而有了人才以后如何让人才扎根，让更多人看到希望，这是需要专业的管理技术来支撑的。

农村电商职业经理人

任务一　电商团队架构设计

学习目标

1. 能对农村电商团队人才进行分工。
2. 能够满足农村电商运营的需要搭建组织架构。

情境引入

富农电商公司的小王想带领团队通过农村电商创业，带动农产品销售实现致富奔小康。小王想组建一个团队把山区的农特产品带出大山，推广出去。没有管理经验的小王犯难了：一个农村电商团队都需要什么岗位？岗位职责如何制订呢？

一、农村电商团队分工

电商行业在国内兴起到目前为止一共十几年的时间，依然属于新兴行业，目前国内大多数公司的电商团队都是在不断实践摸索中建立起来的。电商运营是一个团队合作的过程。每一块都分工明确、相互配合才能把店铺做好。一般来说，农村电商团队有以下岗位：运营、店长、推广专员、策划/文案、设计/拍摄、客服（售前＆售后）、发货员。有些公司做自主品牌，还有专门对接电商的研发岗位。岗位分得越细，越能够保证人员的专业性，创新能力和效率也会得到提升。

1. 产品岗

生产型农产品电商团队是自己生产自己经营，因此产品这块更注重的是研发生产，需要销售部门给到用户反馈数据，以及对市场需求进行把握。对于贸易型的农产品电商团队来说，只是自己进货然后网上售卖，现实中很多天猫店是这样的模式。因此，负责产品这块更多的是采购，通过市场需求和用户反馈来采购热卖、受欢迎的产品，便于网上销售。

2. 店长/总监

店长负责一个店铺的宏观整体运营，带领店铺团队开疆扩土。店铺大小不同，店长的职权也不一样。总监存在于开设许多店铺的情况下，带领各店长一起做好店铺运营。如果是一个大店的话，店长的职权和总监是相当的。店长主要负责对店铺的大方向把控，以及店铺内团队管理。因此对店铺内各项运营相关事项都要了如指掌，包括店铺运营规划、产品布局、店铺视觉、流量优化、转化提升、活动推广、文案策划、客户管理、仓储物流、产品采购等。

3．店铺运营

运营是店铺内的核心枢纽，店铺内所有事都需要执行，因此，运营也分为基础运营和高级运营。

（1）基础运营：基础运营主要是新手入门的必经之路，店铺所有的计划最终都要落实到基础运营上，因此基础运营就是店铺内什么事都需要做，所以也能很好地得到锻炼并成长，一般经过3个月的基础运营，就能对电商整个运营思路有基本的了解，可以升级为高级运营。

（2）高级运营：高级运营对店铺内所有的事项都要有一定的把握能力。包括参与店铺规划、数据分析、发现问题、解决问题等。

4．活动运营

活动专员主要出现在一些大店铺、大公司分工更加明确的情况下，主要负责店铺的内外活动、官方活动报名策划，如聚划算、淘抢购、"双11""6·18"等；店铺内活动策划实施跟踪，如周年庆、日常节假日活动、店铺内促销活动等；站外活动策划组织实施，与其他商家网站合作开展活动。

5．推广运营

推广专员主要负责店铺内的流量引入，对流量负责。主要分为新媒体渠道、直通车、钻展、淘宝客等。直通车是店铺内最重要的引流工具，是推广专员必须精通的工具，主要对展现量、点击量、ROI进行优化。

6．文案策划

文案策划负责店铺内的文案策划、编辑，配合运营做一些店铺基础的文案策划，比如店铺内页面装修的文案，产品促销文案；配合活动做一些活动文案，比如"双11"、聚划算等活动需要的文案。

7．美工

美工主要负责店铺内的装修页面、产品主图详情页面、活动页面的视觉优化设计，根据运营提供的优化方案作图。视觉优化是大店铺会有专门的视觉营销，做好店铺内的页面布局，优化视觉；日常图片制作是配合运营的活动方案、装修页面方案来作图，图片点击率是其重要考核点。

8．CRM管理

CRM管理又称为客户关系管理（Customer Relationship Management，CRM），主要是新老客户的关怀，是现在非常重要的一个岗位，因为这是精细化运营不可缺少的一部分。包括和新老客户的互动、关怀，店铺内会员关系的建立和管理，微信群、微信公众号的维护,以及内容软文的维护互动,提高客户黏性。

9. 客服

客服为店铺内的销售团队成员,主要通过微信、旺旺、电话和用户进行沟通销售。客服是直接面对消费者的,因此客服知道消费者最想要的是什么,明白消费者的痛点和最关心的利益点。客服又分为售前和售后。售前客服更多的是销售,接待客户旺旺咨询并引导其购买询单产品,要掌握一定的销售技巧;售后客服更多的是售后服务,处理店铺内所有的客户所产生的售后问题以及投诉、回评解释等。

10. 其他辅助岗位

其他岗位不在此赘述,如采购、库管、会计、出纳、运营助理、行政、人事等。根据团队所处的阶段、业务规模来决定是否需要安排全职人员担任。

二、农村团队组织架构搭建

上文中提到的各个岗位并不是每一个团队都需要配备的,根据公司电商业务发展所处的不同阶段、不同规模,电商团队的配置会有非常大的灵活性,可以是由1～2个人组成的简单结构,也可以是多个事业部几百名甚至几千名员工组成的复杂架构。目前比较常见的架构为以下5种(图5-1),电商创业公司和企业成立电商部门可以根据自身情况做参考。

1. 简单结构

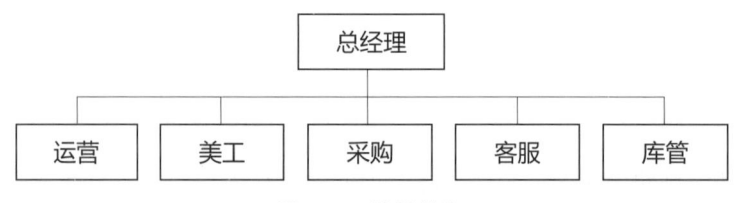

图5-1 简单结构

很多公司起步时都是简单型结构,一个岗位往往只有一名员工,甚至一名员工需要承担多个岗位的工作内容。这里比较极端的例子就是很多创业型网店刚起步时可能只有一个人,从采购到售后整个环节所有工作都是1～2个人在做。

(1) 优势主要有以下几点:

①低成本。

②低风险。

(2) 劣势为一人分饰多种角色导致效率低。

2. 职能型结构

对于有一定积累或者企业本身有实力投入,从零开始组建专业团队的,很多是组建职能型组织,这种组织可以更好、更迅速地将电商项目运作起来,同时也更能吸引专业型的电商人员,职能型结构如图5-2所示。

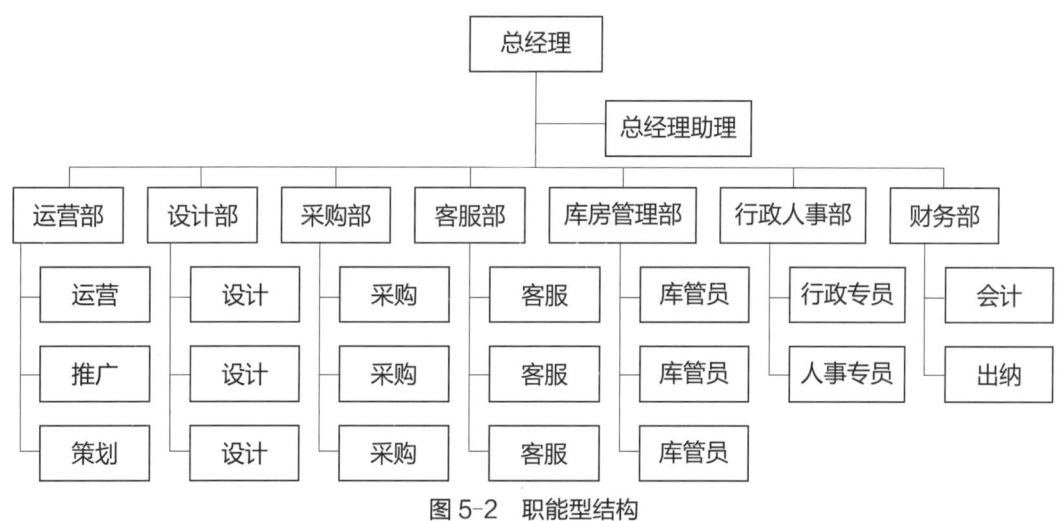

图 5-2 职能型结构

（1）优势主要有以下几点：

①各岗位人员专业性强，可以充分发挥个人能动性和专长。

②工作专门化促使整体效率较高，也比较能保证工作质量。

③降低用人成本。

（2）劣势主要有以下几点：

①追求个人绩效可能影响组织整体最优目标。

②工作细分导致员工对其他领域一无所知，阻碍工作创新。

③工作责任边界明显，工作流程僵硬。

3．项目型结构

公司是多项目多店铺运作，而且对各职能岗位工作人员需求都较多的时候，往往会开始实行项目型结构（图 5-3）。各项目组之间相互独立，每个项目组领导直接管理所属员工并对项目整体运营结果负责。

（1）优势主要为。各项目组聚焦最终结果，项目经理对其负责的项目产出全权负责。

（2）劣势主要有以下几点：

①活动和资源的重复配置增加了成本，也降低了效率。

②人员很难做到均衡分配，资源利用率降低。

③平行岗位员工之间交流学习的机会较少，无法横向比较，不利于员工个人能力提升。

4．矩阵型结构

矩阵型结构（图 5-4）主要见于多项目、多店铺，规模较大的企业，在运营服务商的组织结构中也比较常见，不同职能分别组成职能团队，同时这些职能团队的人员又分属于不同的项目组，团队成员需要同时向职能领导和项目领导汇报，决策一般也由两位负责人商议决定。比如，很多代运营公司的架构中会有项目经理和运营经理，两个岗位同时进行团队管理和项目管理，但在职能上是有所区别的（图 5-5）。

图 5-3　项目型结构

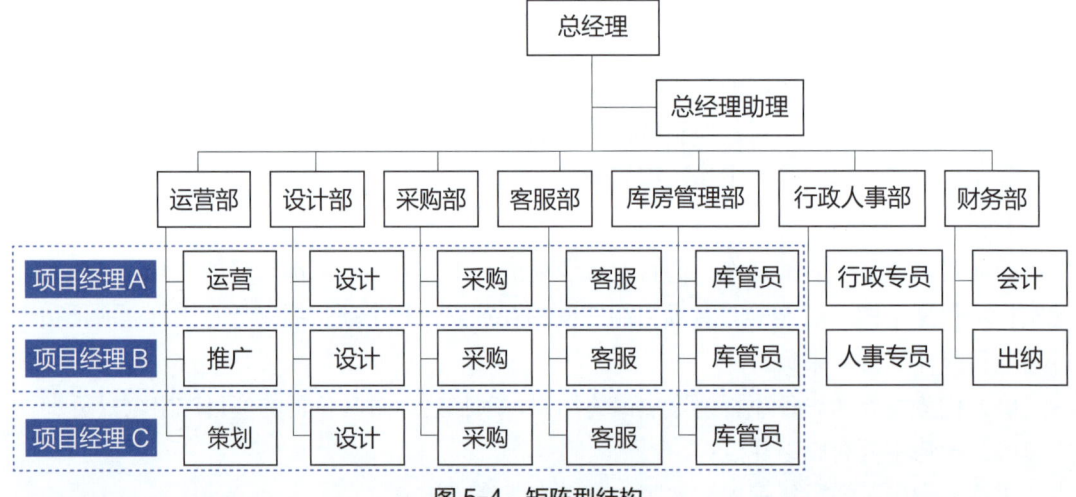

图 5-4　矩阵型结构

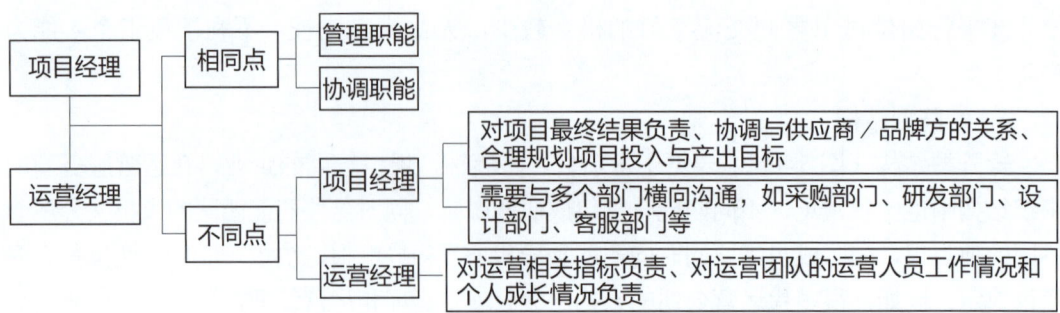

图 5-5　项目经理与运营经理职责异同

5. 网络型结构 / 职能外包

有些传统农业企业并不直接设立自己的电商部门，而是将不同的工作分别外包给对应的服务公司去做，比如，视觉外包、运营外包、推广外包、客服外包、仓储外包等。可能很多人认为只有一些没有能力自己做运营的企业才会选择外包，其实现在恰恰相反，选择外包的多数是很有实力的企业，目前天猫旗舰店销售表现较好的品牌部分是外包公司在负责运营，对于有一定规模的品牌来讲，将部分业务外包更有利于项目的迅速运作和启动，不仅比自己成立独立部门负责更有效率，在良好的合作氛围下也更有利于品牌在互联网的传播，而且现在运营服务公司岗位细分也越来越专业化，这些都有利于双方的共同发展。有些公司虽然有电商部门，但一般只设立一个岗位，那就是项目主管 / 经理，负责内部研发、营销部门和外部服务公司信息的交流和工作的协调，工作成果直接向总经理汇报。

迁移应用

请根据所学知识，为小王即将搭建的农村电商团队提供建议，他的团队需要设立什么岗位？岗位职责如何制订？填写表 5-1。

表 5-1　富农电商公司岗位

序号	岗位名称	岗位职责
1		
2		
3		
……		

三、团队的招募

如果是一家刚起步的小公司，就不需要把岗位都配备得很齐全。可以先有运营，再有客服，再是发货、美工、品牌推广等，一步一步建立起来。最后才是财务与人事。一开始的时候先按照一级岗位的配比方式进行人员分配，比如店长这个岗位，由一个人担任，且店长同时需要负责推广运营、内容运营、活动运营等工作。

客服这个岗位一开始的时候包揽了售前与售后，等询单量增多之后，再进行分组。

仓储既负责质检，又负责打包和发货，物流跟踪等工作。

图 5-6 是团队的建立顺序。店长 / 运营是第一招募对象。

客服是第二招募对象。仓储是第三招募对象。美工是第四招募对象。最后才是财务与人事。

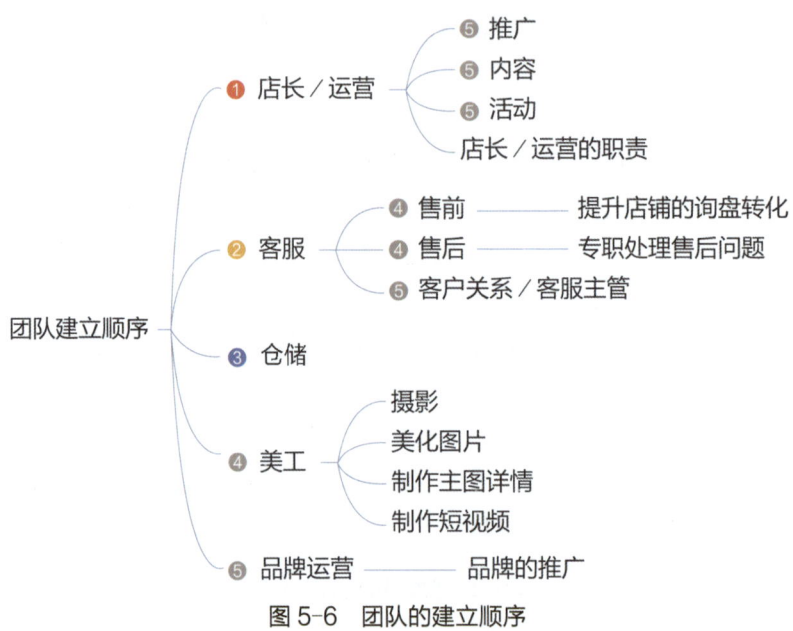

图 5-6　团队的建立顺序

总结与评价

1. 知识导图

任务一知识导图如图 5-7 所示。

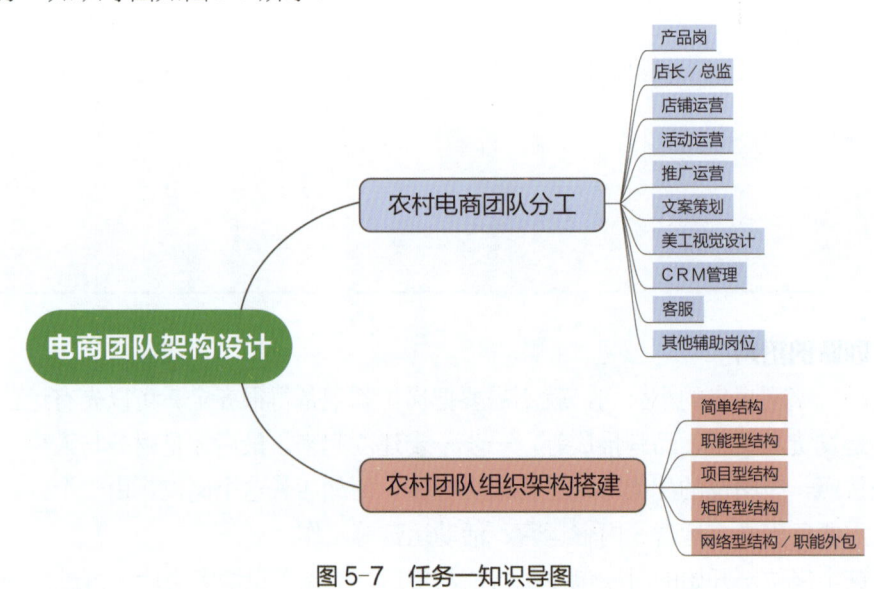

图 5-7　任务一知识导图

2. 学习评价

请完成表 5-2 学习评价。

表 5-2 学习评价

评价项目	评价内容	评价标准	评价方式（百分制）		其他说明
			自评（40%）	师评（60%）	
能对农村电商团队人才进行分工	知道几种分工	完全准确，并能准确描述			
	各岗位的职责	针对公司实际情况进行职责的描述			
	各岗位任职要求	针对公司实际情况进行任职要求的描述			
能够满足农村电商运营的需要搭建组织架构	知道不同的组织结构	能区分不同类型的组织结构			
	合理设计组织架构	能区分不同类型的设计组织结构			

3. 学习感悟

收获：

___

不足：

___

改进：

___

任务二 电商团队绩效考核

学习目标

了解农村电商团队考核体系。

情境引入

富农电商公司的小王通过学习组建了团队,经过一段时间的运营,发现团队运行存在一些困难,如有的团队成员工作很积极、有的团队成员比较懒散,有的团队成员表现很积极,有的团队成员经常犯错。小王通过咨询了解到团队需要建立一套绩效考核体系。

一、农村电商团队绩效考核体系的设计

农村电商团队的管理者该如何做好绩效考核体系的建设呢?可以从以下三个方面入手:

1. 考核目标定位明确朝什么方向发展,达到什么样的高度

目标定位有利于找准发展方向、发展高度。任何企业由于从事的行业不同,规模大小不同,其发展目标也不同。作为电商管理者,首先要结合自身的实际情况,为企业制订明确的目标,包括长期目标和短期目标,并最终形成一套完善的方案,以指导和规范员工的日常工作和行为。

2. 制订完善的考核制度

制订有效的绩效考核制度能规范和约束员工行为,也是有效激励员工努力工作的前提。绩效考核作为一项企业管理活动,必须制度化、规范化。制度化和规范化的前提就是要有完善的制度,因为只有有了完善的制度,员工的行为才能得到约束和限制。

3. 贯彻与执行——具体该怎样去做

在设立了目标,制订了制度后,接下来就是坚定不移地去执行。作为电商管理者,要把执行作为一种企业文化,坚定不移地贯彻下去,充分调动员工的积极性,使每位员工能自觉地去执行。同时也要充分体现员工的意愿和需求,最好是让优秀员工直接参与制度的

制订和考评。

另外，绩效考核还要考核员工的工作表现，包括工作完成情况、和同事配合情况、主观能动性等，制订这些指标主要为增强团队凝聚力、保证团队拥有一定的自我成长、创新能力，短期未必会表现在销售数字上，但长期来看不仅有利于团队稳定，同时也有利于取得工作成果。

二、农村电商团队绩效考核的实施

1. 考核目的及目标

及时、公正地对员工一段时间内的整体工作情况进行评估，肯定成绩，发现问题，本着多劳多得、奖罚有度的原则，达到调动员工工作积极性、主动性、提高工作效率的目的，进而通过员工高效率的积极工作使部门季度推广任务得以顺利完成，从而实现电商团队为公司业绩做出更大贡献与推动的终极目标。

2. 考核原则

以全面、客观、公正、公开、规范为核心考核理念，以团队成员实际工作中的客观事实为基本依据。

3. 适用对象

所有团队成员。

4. 考核种类及时间周期安排

以月度考核为主、年度考核为辅。

5. 考核体制

为了保证公平、公正、客观、全面的原则，考核实行员工自评、同事互评、经理复评（直属），全方位立体式的考评。

6. 考核标准

不同的工作岗位是不能用同样的标准去考核的，根据不同工作岗位的职责性质，制订出能客观反映员工实际工作绩效的考核标准。

公司的考核标准主要体现在经营业绩、工作态度、团队协作等方面，不同工种的员工，其考核标准的权重也不一样，具体权重分配如表5-3至表5-9所示。

7. 考核程序

员工自评→同事互评→经理考评。

表5-3 运营经理绩效标准（对整体销售、利润、团队管理负责）

考核项目	权重	考核方向	具体指标	月目标/上月	本月	计算得分	实际得分	对应薪资/元	标准分	最低值80%	对应薪资/元	最高值300%	对应薪资/元	备注
业绩指标	20%	销售目标完成情况	销售额（实际/目标）×2	80		2.50	2.50	3 750	2	1.6	2 400	3	4 500	依据后台真实数据计算得分
	10%	销售环比增长情况	销售额（本月/上月）	80	100	0.00	0.8	1 200	1	0.8	1 200	1.5	2 250	
	10%	推广效果	UV（本月/上月）	2 000	2 000	1.00	1.00	1 500	1	0.8	1 200	1.5	2 250	
	10%	数据指标（推广质量）	ROI（本月/上月）	10	10	1.00	1.00	1 500	1	0.8	1 200	1.5	2 250	
	10%		推广费用（本月/上月）	1.00%	1.00%	1.00	1.00	1 500	1	0.8	1 200	1.5	2 250	
团队管理	10%	工作计划、总结、执行落地情况	定目标、目标拆解、任务分配、监督	1	1	1.00	1.00	1 500	1	0.8	1 200	1.5	2 250	领导考评
	10%	部门制度、团队运营情况	团队日常管理、流程梳理、人员考评	1	1	1.00	1.00	1 500	1	0.8	1 200	1.5	2 250	领导考评
	10%	团队培养与成长	团队成员的工作能力提升情况、是否有培训、是否有学习督促等	0.8	0.8	1.00	1.00	1 500	1	0.8	1 200	1.5	2 250	团队成员匿名投票
	10%	个人成长	个人专业能力与管理能力是否有提升	1	0.9	0.95	0.95	1 425	1	0.8	1 200	1.5	2 250	领导考评+自评
岗位基础薪资	100%		15 000			9.45	9.45	15 375	10	8	12 000	15	22 500	

表5-4 店长绩效标准（对整体销售、利润、团队指标负责）

考核项目	权重	考核方向	具体指标	月目标/上月	本月	计算得分	实际得分	对应金额	标准分	最低值 80%	对应薪资	最高值 150%	对应薪资	备注
业绩指标	20%	销售目标完成情况	销售额（实际/目标）×2	80	100	2.50	2.50	2 222	2	1.6	1 422	3	2 667	依据后台真实数据计算得分
	10%	销售环比增长情况	销售额（本月/上月）	80	100	0.00	0.8	711	1	0.8	711	1.5	1 333	
	10%	推广效果数据指标（推广质量）	UV（本月/上月）	2 000	2000	1.00	1.00	889	1	0.8	711	1.5	1 333	
	10%		ROI（本月/上月）	10	10	1.00	1.00	889	1	0.8	711	1.5	1 333	
	10%		推广费用（本月/上月）	1.00%	1.00%	1.00	1.00	889	1	0.8	711	1.5	1 333	
团队情况	20%	工作执行落地情况	店铺计划制订与执行情况、团队效率、平行部门工作协调能力	1		1.00	1.6	1 422	1	0.8	711	1.5	1 333	领导考评
	10%	团队培养与成长	是否能够主动引导团队成员工作、对新员工进行积极辅导	0.8		1.00	1.00	889	1	0.8	711	1.5	1 333	团队成员匿名投票
	10%	个人成长	个人专业能力与管理能力是否有提升	1	0.9	0.95	0.95	844	1	0.8	711	1.5	1 333	领导考评+自评
岗位基础薪资	100%		8 000			8.45	7.45	8 756	9	7.2	6 400	13.5	12000	黄色1填充基础薪资，黄色2为最低值，黄色3为最高值。

表5-5 运营助理绩效标准（对转化率、客单价、UV负责）

考核项目	权重	考核方向	具体指标	月目标/上月	本月	计算得分	实际得分	对应金额	标准分	最低值80%	对应薪资	最高值150%	对应薪资	备注
店铺指标	20%	销售目标完成情况	销售额（实际/目标）×2	80		2.50	2.50	1500	2	1.6	960	3	1800	
	10%	销售环比增长情况	销售额（本月/上月）	80	100	0.00	0.8	480	1	0.8	480	1.5	900	依据后台真实数据计算得分
	10%	策划质量（页面质量、顾客黏度是否有提升）	转化率（本月/上月）	2 000	2 000	1.00	1.00	600	1	0.8	480	1.5	900	
	10%		客单价（本月/上月）	10	10	1.00	1.00	600	1	0.8	480	1.5	900	
	10%		UV（本月/上月）	1.00%	1.00%	1.00	1.00	600	1	0.8	480	1.5	900	
工作态度	10%	计划执行程度	月报表	1		1.00	1.00	600	1	0.8	480	1.5	900	运营经理评分
	10%	工作效率	活动策划是否及时	1		1.00	1.00	600	1	0.8	480	1.5	900	对应店铺运营助理评分
	10%	团队配合	团队互评	1		1.00	1.00	600	1	0.8	480	1.5	900	团队成员互相打分，最高1，平均值的1.2倍为最终得分。例如团队成员有2人，一个评分0.1，一个评分1，平均值0.55×1.2=0.66，低于0.8，取0.8这个值
	10%	学习能力	考查自主学习能力	1		1.00	1.00	600	1	0.8	480	1.5	900	
岗位基础薪资	100%					9.5	9.50	6 180	10	8	4 800	15	9 000	
			6 000											

表 5-6 推广专员绩效标准（对推广 UV、ROI、推广费用控制负责）

考核项目	权重	考核方向	具体指标	月目标/上月	本月	计算分	实际得分	对应金额	标准分	最低值 80%	对应薪资	最高值 150%	对应薪资	备注
店铺指标	20%	销售目标完成情况	销售额（实际/目标）×2	80	100	2.50	2.50	1500	2	1.6	960	3	1 800	依据后台真实数据计算得分
	10%	销售环比增长情况	销售额（本月/上月）	80		0.00	0.8	480	1	0.8	480	1.5	900	
	10%	推广效果数据指标（推广质量）	UV（本月/上月）	2 000	2 000	1.00	1.00	600	1	0.8	480	1.5	900	
	10%		ROI（本月/上月）	10	10	1.00	1.00	600	1	0.8	480	1.5	900	
	10%		推广费用（本月/上月）	1.00%	1.00%	1.00	1.00	600	1	0.8	480	1.5	900	
工作态度	10%	计划执行程度	月报表	1		1.00	1.00	600	1	0.8	480	1.5	900	运营经理评分
	10%	工作效率	推广监控	1		1.00	1.00	600	1	0.8	480	1.5	900	对应店铺运营助理评分
	10%	团队配合	团队互评	1		1.00	1.00	600	1	0.8	480	1.5	900	团队成员互相打分，最高为最终得分。例如团队成员 2 个，一个评分 1，平均值 0.55*1.2=0.66，低于 0.8，取 0.8 这个值
	10%	学习能力	考查自主学习能力	1		1.00	1.00	600	1	0.8	480	1.5	900	
岗位基础薪资	100%					9.5	9.50	6 180	10	8	4 800	15	9 000	
6 000														

表 5-7 视觉设计师绩效标准（对店铺页面跳失率、人均浏览量、平均停留时长负责）

考核指标	权重	考核方向	具体指标	月目标/上月	本月	计算分	实际得分	对应金额	标准分	最低值 80%	对应薪资	最高值 150%	对应薪资	备注
业绩指标	20%	销售目标完成情况	销售额（实际/目标）×2	400	420	2.1	2.1	1 050	2.0	1.6	800	3	1 500	依据后台真实数据计算得分
	10%	销售环比增长情况	销售额（本月/上月）	350		1.2	1.2	600	1.0	0.8	400	1.5	750	
	10%	页面数据指标（页面质量、顾客黏度是否有提升）	跳失率（本月/上月）	60.00%	60.00%	1.0	1.0	500	1.0	0.8	400	1.5	750	
	10%		人均浏览量（本月/上月）	1	1	1.0	1.0	500	1.0	0.8	400	1.5	750	
	10%		平均停留时长（本月/上月）	66	67	1.0	1.0	508	1.0	0.8	400	1.5	750	
工作态度	10%	工作完成情况	月报表	1	1	1.0	1.0	500	1.0	0.8	400	1.5	750	
	10%	学习能力	考查自主学习能力	1	1	1.0	1.0	500	1.0	0.8	400	1.5	750	运营经理评分
	10%	工作效率	页面设计及时度	1	1	1.0	1.0	500	1.0	0.8	400	1.5	750	对应店铺运营助理评分
	10%	团队配合	团队互评					500	1.0	0.8	400	1.5	750	团队成员互相打分，最高为最终得分。例如团队成员2个，一个评分0.1，一个评分1，平均值0.55×1.2=0.66，低于0.8，取0.8这个值
岗位基础薪资	100%		5 000			10.3	10.3	5 158	10.0	8	4 000	15	7 500	

表 5-8 电商客服售前岗位绩效标准（对店铺销售额、咨询转化率、平均响应时间、客户满意度负责）

考核指标	权重	考核方向	具体指标	月目标/上月	本月	计算得分	实际得分	对应金额	标准分	最低值80%	对应薪资	最高值150%	对应薪资	备注
业绩指标 60%	20%	销售目标完成情况	销售额（实际/目标）×2	400	420	2.1	2.1	573	2.0	1.6	480	3	900	依据后台真实数据计算得分
	10%	销售环比增长情况	销售额（本月/上月）	350		1.2	1.2	327	1.0	0.8	240	1.5	450	
	10%	各位数据指标（服务质量）	客单价（本月/上月）	50	50	1.0	1.0	273	1.0	0.8	240	1.5	450	
	10%		咨询转化率（本月/上月）	5%	5%	1.0	1.0	273	1.0	0.8	240	1.5	450	
	5%		平均响应时间（本月/上月）	25	23	1.1	1.1	296	1.0	0.8	240	1.5	450	
	5%		客户满意度（本月/上月）	98%	99%	1.0	1.0	276	1.0	0.8	240	1.5	450	
工作态度 40%	10%	工作完成情况	月报表.xls	1		1.0	1.0	273	1.0	0.8	240	1.5	450	运营经理评分
	10%	学习能力	考查自主学习能力	1		1.0	1.0	273	1.0	0.8	240	1.5	450	
	10%	工作效率	页面设计及时度	1		1.0	1.0	273	1.0	0.8	240	1.5	450	对应店铺运营助理评分
	10%	团队配合	团队互评	1		1.0	1.0	273	1.0	0.8	240	1.5	450	团队成员互相打分，最高为最终得分。例如团队成员2个，一个评分1，一个评分0.1，平均值0.55*1.2=0.66，低于0.8，取0.8这个值
岗位基础薪资	100%		3 000			11.4	11.4	3 108	11.0	8.8	2 640	16.5	4 950	

表5-9 电商客服销售后岗位绩效标准（对店铺销售额、退换货率、咨询平均响应时间、客户满意度负责）

考核指标	权重	考核方向	具体指标	月目标/上月	本月	计算分	实际得分	对应金额	标准分	最低值 80%	对应薪资	最高值 150%	对应薪资	备注
业绩指标	15%	销售目标完成情况	销售额（实际/目标）×2	400	420	2.1	2.1	573	2.0	1.6	480	3	900	依据后台真实数据计算得分
	10%	销售环比增长情况	销售额（本月/上月）	350		1.2	1.2	327	1.0	0.8	240	1.5	450	
	15%	各位数据指标（服务质量）	退换货率（本月/上月）	2%	2%	1.0	1.0	273	1.0	0.8	240	1.5	450	
	5%		咨询转化率（本月/上月）	5%	5%	1.0	1.0	273	1.0	0.8	240	1.5	450	
	5%		平均响应时间（本月/上月）	25	23	1.1	1.1	296	1.0	0.8	240	1.5	450	
	10%		客户满意度（本月/上月）	98%	99%	1.0	1.0	276	1.0	0.8	240	1.5	450	
工作态度	10%	工作完成情况	月报表.xls	1		1.0	1.0	273	1.0	0.8	240	1.5	450	运营经理评分
	10%	学习能力	考查自主学习能力	1		1.0	1.0	273	1.0	0.8	240	1.5	450	
	10%	工作效率	页面设计及时度	1		1.0	1.0	273	1.0	0.8	240	1.5	450	对应店铺运营助理评分
	10%	团队配合	团队互评	1		1.0	1.0	273	1.0	0.8	240	1.5	450	团队成员互相打分，最高1倍为最终得分。例如团队成员2个，一个评分0.1，一个评分1，平均值的1.2倍为最终得分。0.55×1.2=0.66，低于0.8，取0.8这个值
岗位基础薪资	100%					11.4	11.4	3 108	11.0	8.8	2 640	16.5	4 950	
			3 000											

迁移应用

以小组为单位,小组成员扮演不同岗位角色,设定一定的数据前提,试着为各个岗位的成员进行打分考核。相关表格参考表 5-3 至表 5-9。

总结与评价

1. 知识导图

任务二知识导图如图 5-8 所示。

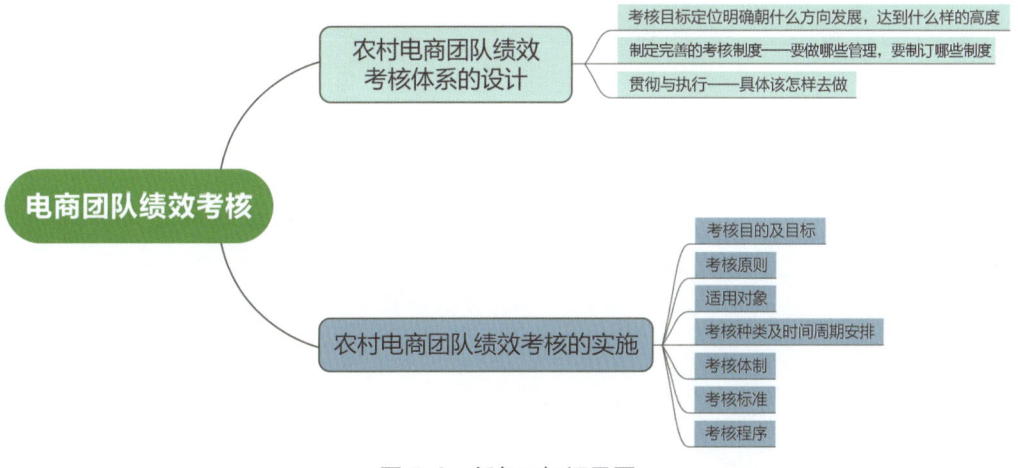

图 5-8 任务二知识导图

2. 学习评价

请完成表 5-10 学习评价。

表 5-10 学习评价

评价项目	评价内容	评价标准	评价方式(百分制)		其他说明
			自评(40%)	师评(60%)	
农村电商团队绩效考核体系的设计	制订完善的考核制度	知道设计考核制度,并进行管理			
	贯彻与执行	知道如何去实施考核			
农村电商团队绩效考核的实施	考核的流程	农村电商团队绩效考核的实施流程			
	考核指标的设计	根据不同岗位,设定不同的考核指标及权重			

3．学习感悟

收获：

___

不足：

___

改进：

___

项目六
财务管理

财务管理是组织企业财务活动，处理财务关系的一项经济管理工作。财务管理是现代企业管理的中心，是通过对资金运动的价值管理，为企业创造财富。作为农村电商职业经理人，立足非专业财务人员的角度，理解并学会运用财务认知、财务决策、成本管理、财务分析等基本原理和基础能力解决相关问题。

农村电商职业经理人

学习目标

1. 能结合企业经营范围厘清财务活动和财务关系。
2. 根据财务管理目标优缺点科学选择符合企业实际的财务管理目标。
3. 结合财务管理环境影响因素进行科学理财决策。
4. 根据资金时间价值和风险价值观念,作出科学的财务管理决策。

情境引入

广东富农电子商务有限公司(简称富农电商公司),2015年成立,注册资金300万元,是一家农村电商服务企业,公司的经营范围限于与农业生产经营相关的项目,包括农、林、牧、渔业和农、林、牧、渔服务业,可以兼营与农业产业化相关的农产品加工、销售,农机具销售和维修、农业技术开发和技术转让、广告经营等业务,也可以因地制宜地从事农业观光旅游、果蔬采摘等适宜发展当地农村经济的其他经营活动。目前公司的主要服务项目包括网上农贸市场、数字农家乐、特色旅游、特色经济和招商引资等。公司经过五年的发展,进入规范发展期,董事会要求公司总经理重视并加强公司的财务管理工作:

1. 依据公司战略总目标(经营目标),选择符合公司实际的财务管理目标。
2. 结合当前理财环境的影响因素,作出科学、有效的财务管理决策。
3. 根据资金时间价值和风险价值观念,更好服务于公司的财务管理决策。

一、财务管理的内容

财务,简单地讲就是理财的事务。财务管理,本质上就是资金管理,一般包括财务预测、财务决策、财务预算、财务控制和财务分析等环节。从企业管理角度看,财务管理是指企业组织财务活动,处理财务关系的一项经济管理工作。因此,要了解什么是财务管理,必须先分析企业的财务活动和财务关系。

（一）企业的财务活动

企业财务活动是指资金的筹集、投放、使用、回收及分配等一系列行为。从整体上讲，企业财务活动包括四个方面，即企业筹资管理、企业投资管理、运营资金管理、利润及其分配管理，企业财务活动的四个方面，不是相互割裂、互不相关的，而是相互联系、相互依存的。如图6-1所示。

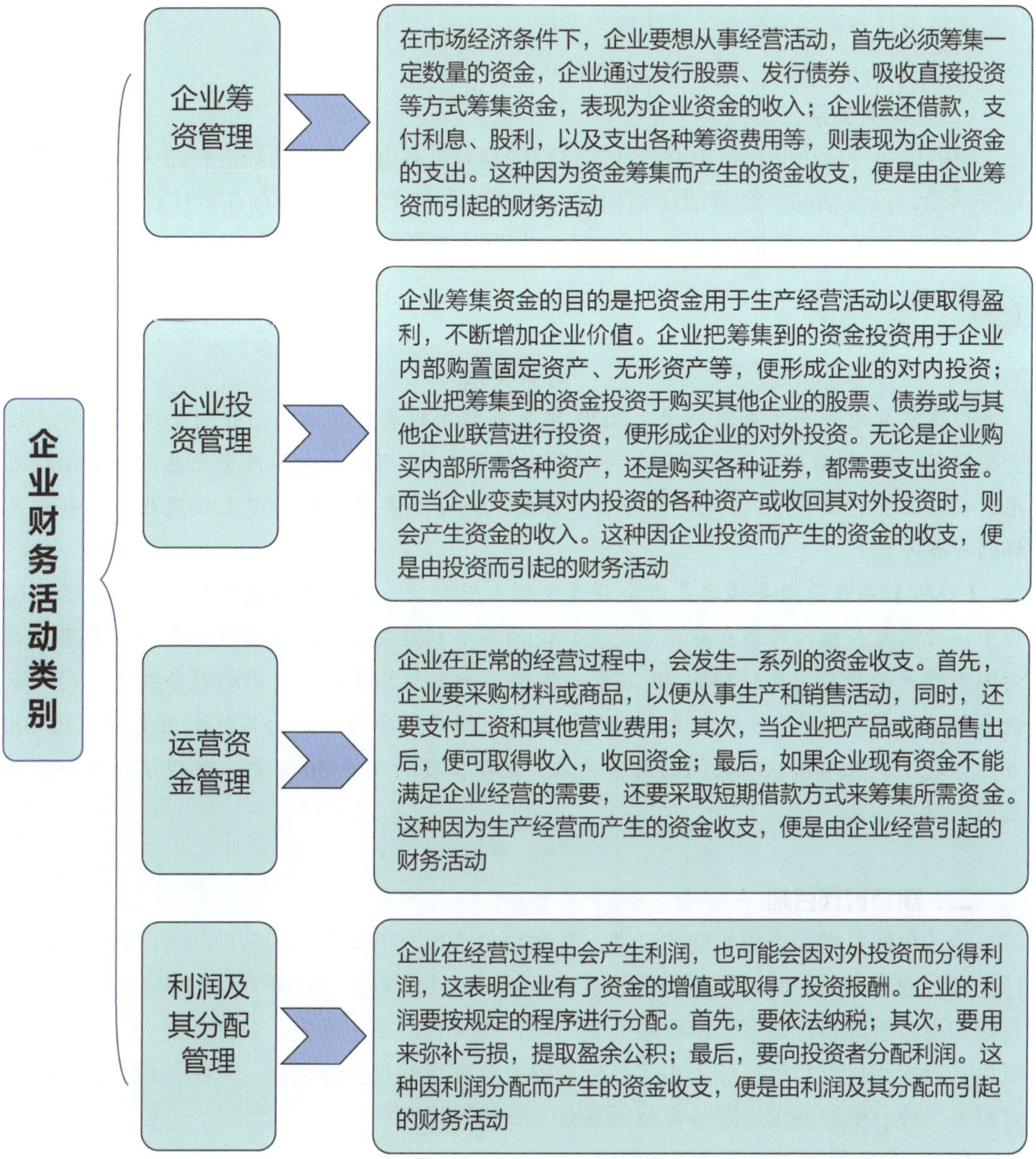

```
企业财务活动类别
├─ 企业筹资管理 → 在市场经济条件下，企业要想从事经营活动，首先必须筹集一定数量的资金，企业通过发行股票、发行债券、吸收直接投资等方式筹集资金，表现为企业资金的收入；企业偿还借款，支付利息、股利，以及支出各种筹资费用等，则表现为企业资金的支出。这种因为资金筹集而产生的资金收支，便是由企业筹资而引起的财务活动

├─ 企业投资管理 → 企业筹集资金的目的是把资金用于生产经营活动以便取得盈利，不断增加企业价值。企业把筹集到的资金投资用于企业内部购置固定资产、无形资产等，便形成企业的对内投资；企业把筹集到的资金投资于购买其他企业的股票、债券或与其他企业联营进行投资，便形成企业的对外投资。无论是企业购买内部所需各种资产，还是购买各种证券，都需要支出资金。而当企业变卖其对内投资的各种资产或收回其对外投资时，则会产生资金的收入。这种因企业投资而产生的资金的收支，便是由投资而引起的财务活动

├─ 运营资金管理 → 企业在正常的经营过程中，会发生一系列的资金收支。首先，企业要采购材料或商品，以便从事生产和销售活动，同时，还要支付工资和其他营业费用；其次，当企业把产品或商品售出后，便可取得收入，收回资金；最后，如果企业现有资金不能满足企业经营的需要，还要采取短期借款方式来筹集所需资金。这种因为生产经营而产生的资金收支，便是由企业经营引起的财务活动

└─ 利润及其分配管理 → 企业在经营过程中会产生利润，也可能会因对外投资而分得利润，这表明企业有了资金的增值或取得了投资报酬。企业的利润要按规定的程序进行分配。首先，要依法纳税；其次，要用来弥补亏损，提取盈余公积；最后，要向投资者分配利润。这种因利润分配而产生的资金收支，便是由利润及其分配而引起的财务活动
```

图6-1　企业财务活动类别

知识链接

财务与会计的关系

在现实经济生活中,"财务"与"会计"像是一对孪生兄弟,样密不可分,经常成对出现。财务侧重于公司对资金的组织、运用和管理;会计是依据公认的规则,以价值形式,运用一定的方法记录、反映企业经营全过程的活动。财务管理的基础是会计核算,会计核算提供财务管理需要的主要依据和资料。

(二)财务关系

财务关系是指企业在组织财务活动过程中与有关各方所发生的经济利益关系。企业的筹资活动、投资活动、经营活动和利润分配活动,与企业各方面存在着广泛的纵横向联系,这种财务关系可概括为以下七个方面,如图 6-2 所示。

案例分析

财务关系

广东富农电子商务有限公司,2020 年先后发生四笔经济活动,分别是向国有资产投资公司交付利润 20 万元、向国家税务机关缴纳税款 30 万元、向其他企业支付货款 100 万元、向职工支付工资 36 万元,请分析广东富农电子商务有限公司以上四笔业务分别是怎样的财务关系?

【解析】企业的财务活动是以企业为主体来进行的,企业作为法人在组织财务活动过程中,必然与企业内外部有关各方发生广泛的经济利益关系。广东富农电子商务有限公司向国有资产投资公司交付利润 20 万元,体现了企业与其投资者之间的财务关系;向国家税务机关缴纳税款 30 万元体现了企业与政府之间的财务关系;向其他企业支付货款 100 万元体现了企业与债权人之间的财务关系;向职工支付工资 36 万元,体现了企业与职工之间的财务关系。

二、财务管理目标

企业目标是指引企业航向的灯塔,是激励企业员工不断前行的精神动力。财务管理目标是指企业进行财务活动所要达到的根本目的,它决定着企业财务管理的基本方向。企业目标与财务管理目标两者紧密联系而又不同,财务管理目标是企业目标在财务上的集中和概括。企业目标是总体目标、主体目标,财务管理目标是具体目标、从属目标。企业目标对财务管理有哪些要求?财务管理通常有哪些具体目标?

(一)企业目标对财务管理的要求

企业是以盈利为目的的经济组织,其出发点和归宿是盈利。企业只有生存下去,才能获利;只有不断发展,才能求得生存;只有能获利,才有生存的价值。因此,企业目标可以具体细分为生存、发展和获利。

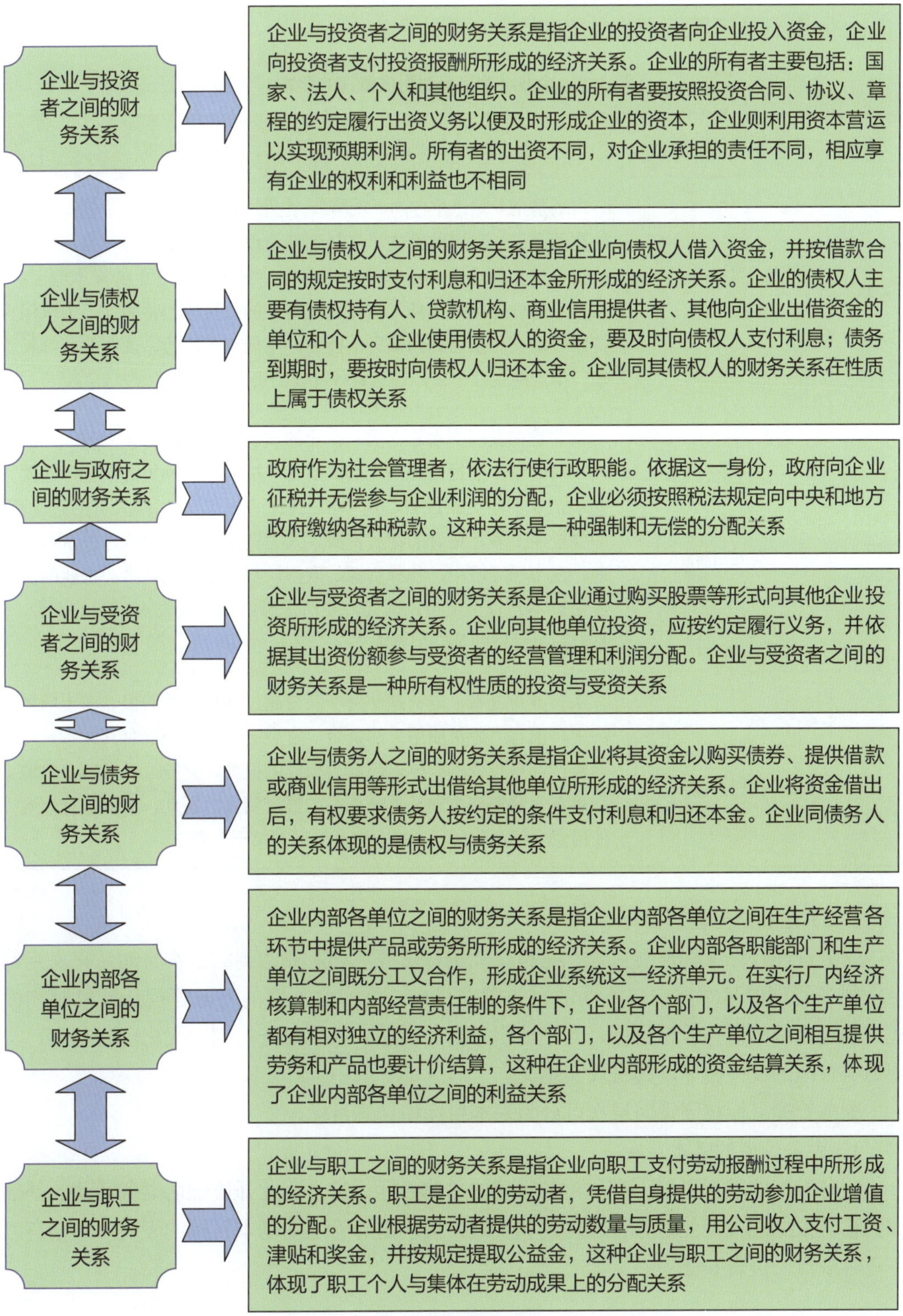

项目六　财务管理

企业与投资者之间的财务关系	企业与投资者之间的财务关系是指企业的投资者向企业投入资金，企业向投资者支付投资报酬所形成的经济关系。企业的所有者主要包括：国家、法人、个人和其他组织。企业的所有者要按照投资合同、协议、章程的约定履行出资义务以便及时形成企业的资本，企业则利用资本营运以实现预期利润。所有者的出资不同，对企业承担的责任不同，相应享有企业的权利和利益也不相同
企业与债权人之间的财务关系	企业与债权人之间的财务关系是指企业向债权人借入资金，并按借款合同的规定按时支付利息和归还本金所形成的经济关系。企业的债权人主要有债权持有人、贷款机构、商业信用提供者、其他向企业出借资金的单位和个人。企业使用债权人的资金，要及时向债权人支付利息；债务到期时，要按时向债权人归还本金。企业同其债权人的财务关系在性质上属于债权关系
企业与政府之间的财务关系	政府作为社会管理者，依法行使行政职能。依据这一身份，政府向企业征税并无偿参与企业利润的分配，企业必须按照税法规定向中央和地方政府缴纳各种税款。这种关系是一种强制和无偿的分配关系
企业与受资者之间的财务关系	企业与受资者之间的财务关系是企业通过购买股票等形式向其他企业投资所形成的经济关系。企业向其他单位投资，应按约定履行义务，并依据其出资份额参与受资者的经营管理和利润分配。企业与受资者之间的财务关系是一种所有权性质的投资与受资关系
企业与债务人之间的财务关系	企业与债务人之间的财务关系是指企业将其资金以购买债券、提供借款或商业信用等形式出借给其他单位所形成的经济关系。企业将资金借出后，有权要求债务人按约定的条件支付利息和归还本金。企业同债务人的关系体现的是债权与债务关系
企业内部各单位之间的财务关系	企业内部各单位之间的财务关系是指企业内部各单位之间在生产经营各环节中提供产品或劳务所形成的经济关系。企业内部各职能部门和生产单位之间既分工又合作，形成企业系统这一经济单元。在实行厂内经济核算制和内部经营责任制的条件下，企业各个部门，以及各个生产单位都有相对独立的经济利益，各个部门，以及各个生产单位之间相互提供劳务和产品也要计价结算，这种在企业内部形成的资金结算关系，体现了企业内部各单位之间的利益关系
企业与职工之间的财务关系	企业与职工之间的财务关系是指企业向职工支付劳动报酬过程中所形成的经济关系。职工是企业的劳动者，凭借自身提供的劳动参加企业增值的分配。企业根据劳动者提供的劳动数量与质量，用公司收入支付工资、津贴和奖金，并按规定提取公益金，这种企业与职工之间的财务关系，体现了职工个人与集体在劳动成果上的分配关系

图 6-2　财务关系

企业经营目标对财务管理的要求如表 6-1 所示。

表 6-1 企业经营目标对财务管理的要求

序号	企业经营目标	企业经营目标对财务管理的要求
1	第一目标——生存目标	市场是企业赖以生存的"土壤"。企业在市场中生存下去的基本条件有两个：一是以收抵支，二是到期偿债。相应地，企业生存的威胁主要来自两个方面：一是长期亏损，它是企业终止的根本原因；二是不能偿还到期债务，它是企业终止的直接原因。为此，力求保持以收抵支和偿还到期债务的能力，降低破产风险，使企业能够长期、稳定地生存下去，是对财务管理的第一个要求
2	第二目标——发展目标	企业是在发展中求生存的，企业的发展集中表现为扩大收入。扩大收入的根本途径是提高产品的质量，扩大产品销售的数量，这就要求企业不断更新设备、技术和工艺，努力提高工作人员的素质。即要投入更多、更好的物质资源、人力资源，并努力改进技术和管理。在市场经济中，各种资源的取得，都需要投入资金；企业的发展更离不开资金支持。因此，及时足额筹集企业发展所需的资金，是对财务管理的第二个要求
3	第三目标——获利目标	从财务角度看，盈利是使资产获得超过其投资的回报。在市场经济中，没有"免费使用"的资金，资金的每项来源都有其成本。每项资产都是投资的载体，应获得相应的报酬。财务人员必须有效地利用正常营销资金和从外部获得的投资资金。因此，合理、有效地使用资金使企业获利，是对财务管理的第三个要求

（二）企业财务管理目标

财务管理目标又称理财目标，是指企业进行财务活动所要达到的根本目的，它决定着企业财务管理的基本方向。不同的财务管理目标，会产生不同的财务管理运行机制和模式，确定合理的财务管理目标，对企业引导财务活动、强化财务控制、优化理财行为、实现财务管理的良性循环，具有现实意义。

财务管理目标按照管理层次可分为基本目标和具体目标。

1. 财务管理的基本目标

财务管理的基本目标，亦称财务管理的总体目标，它是企业开展一切财务活动的基础和归宿。根据现代企业财务管理理论和实践，关于财务管理的基本目标的表述，主要有以下三种观点，见表 6-2。

表 6-2 财务管理基本目标

序号	财务管理基本目标	财务管理基本目标的含义	财务管理基本目标的观点
1	利润最大化	利润是企业在一定期间内全部收入和全部成本费用的差额，它反映了企业当期经营活动中投入与产出对比的结果，在一定程度上体现了企业经济效益的高低	利润代表了企业新创造的财富，利润越高则企业的财富增加得就越多。但这种观点存在一些问题，如没有考虑货币时间价值；没有考虑所获利润与投入资本之间的关系，不利于不同资本规模的企业或同一企业不同期间之间的比较；没有考虑风险因素，高额利润往往要承担过大的风险；片面追求利润最大化，可能导致企业的短期行为
2	每股盈余最大化	每股盈余或称每股利润是企业在一定时期税后利润与普通股股数的对比数。每股盈余最大化亦称资本利润率最大化。资本利润率是企业在一定时期的税后净利润与资本额的比率	把企业的利润与股东投入的资本额联系起来考察，用每股盈余来概括企业的财务目标，可以避免"利润最大化"的缺点。但这种观点仍然存在问题，即同利润最大化目标一样，每股盈余最大化也没有考虑货币时间价值和风险因素
3	股东财富最大化	股东财富最大化，也就是企业价值最大化或是所有者权益最大化。它是指股份公司通过合理经营，采用最优的财务政策，在考虑货币时间价值和风险因素的情况下，不断增加股东财富，使股东财富达到最大化	以股东财富最大化作为财务管理的基本目标有以下优点：考虑了取得报酬的时间因素，并运用了货币时间价值原理进行科学的计量；考虑了风险与报酬之间的关系，克服了不顾风险片面追求利润的短期行为；各企业都把追求股东财富最大化作为自己的目标，从而使整个社会财富最大化。因此，人们在财务管理实践中深切地体会到以股东财富最大化作为财务管理的基本目标更为必要、更为合理

2. 财务管理的具体目标

按照管理环节划分，财务管理的具体目标可分为筹资管理的目标、投资管理的目标、营运资金管理的目标、收益分配管理的目标盈利能力的目标、支付能力的目标、经营能力的目标详见图 6-3。

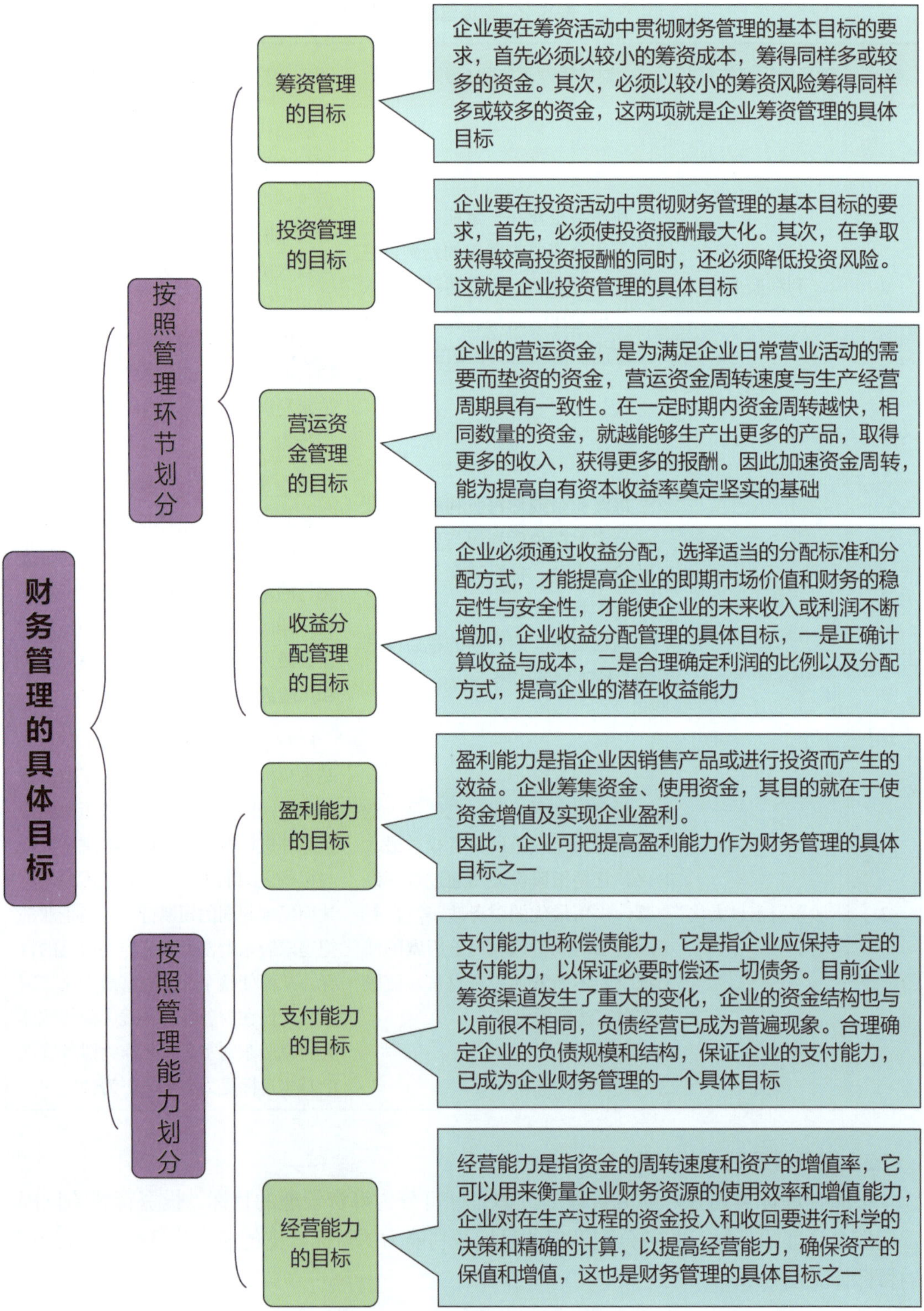

财务管理的具体目标

按照管理环节划分：

- **筹资管理的目标**：企业要在筹资活动中贯彻财务管理的基本目标的要求，首先必须以较小的筹资成本，筹得同样或较多的资金。其次，必须以较小的筹资风险筹得同样多或较多的资金，这两项就是企业筹资管理的具体目标

- **投资管理的目标**：企业要在投资活动中贯彻财务管理的基本目标的要求，首先，必须使投资报酬最大化。其次，在争取获得较高投资报酬的同时，还必须降低投资风险。这就是企业投资管理的具体目标

- **营运资金管理的目标**：企业的营运资金，是为满足企业日常营业活动的需要而垫资的资金，营运资金周转速度与生产经营周期具有一致性。在一定时期内资金周转越快，相同数量的资金，就越能够生产出更多的产品，取得更多的收入，获得更多的报酬。因此加速资金周转，能为提高自有资本收益率奠定坚实的基础

- **收益分配管理的目标**：企业必须通过收益分配，选择适当的分配标准和分配方式，才能提高企业的即期市场价值和财务的稳定性与安全性，才能使企业的未来收入或利润不断增加。企业收益分配管理的具体目标，一是正确计算收益与成本，二是合理确定利润的比例以及分配方式，提高企业的潜在收益能力

按照管理能力划分：

- **盈利能力的目标**：盈利能力是指企业因销售产品或进行投资而产生的效益。企业筹集资金、使用资金，其目的就在于使资金增值及实现企业盈利。因此，企业可把提高盈利能力作为财务管理的具体目标之一

- **支付能力的目标**：支付能力也称偿债能力，它是指企业应保持一定的支付能力，以保证必要时偿还一切债务。目前企业筹资渠道发生了重大的变化，企业的资金结构也与以前很不相同，负债经营已成为普遍现象。合理确定企业的负债规模和结构，保证企业的支付能力，已成为企业财务管理的一个具体目标

- **经营能力的目标**：经营能力是指资金的周转速度和资产的增值率，它可以用来衡量企业财务资源的使用效率和增值能力。企业对在生产过程的资金投入和收回要进行科学的决策和精确的计算，以提高经营能力，确保资产的保值和增值，这也是财务管理的具体目标之一

图 6-3　财务管理的具体目标

财务管理目标

广东富农电子商务有限公司（简称富农电商公司），2015年成立，注册资金300万元，由三位志同道合的朋友各出资100万元共同创立。企业发展初期，创始股东都以企业的长远发展为目标，关注企业的持续增长能力，所以，他们注重加大投入，使企业实现了营业收入的高速增长。在开始的几年间，经营业绩以每年60%的递增速度提升。然而，随着利润的快速增长，三位创始股东开始在收益分配上产生了分歧。股东张三、李四倾向于分红，而股东王五则认为应将企业取得的利益用于扩大再生产，以提高企业的持续发展能力，实现长远利益的最大化。由此产生的矛盾不断升级，最终导致坚持企业长期发展的王五被迫出让持有的1/3股份而离开企业。但是，此结果引起了与企业有密切联系的广大供应商和分销商的不满，因为他们许多人的业务发展壮大都与富农电商公司密切相关，他们深信富农电商公司的持续增长将为他们带来更多的机会。于是，他们威胁如果王五离开企业，他们将断绝与企业的业务往来。面对这一情况，其他两位股东提出他们可以离开，条件是王五必须收购他们的股份。但是王五的长期发展战略需要较大投资，这样做将导致企业陷入没有资金维持生产的境地。这时，众多供应商和分销商伸出了援助之手，他们或者主动延长应收账款的期限，或者预付货款，最终王五又重新回到了企业，成为公司的掌门人。经历了股权变更的风波后，富农电商公司在王五的领导下，不断加大投入，实现了企业规模化发展，在同行业中处于领先地位，企业的竞争力和价值不断提升。请问：(1) 王五坚持企业长远发展，而其他股东要求更多的分红，你认为王五的目标是否与股东财富最大化的目标相矛盾？(2) 拥有控制权的大股东与供应商和客户等利益相关者之间的利益是否矛盾，如何协调？(3) 像富农电商公司这样的公司，其所有权与经营权是合二为一的，这对企业的发展有什么利弊？(4) 重要利益相关者能否对企业的控制权产生影响？

【解析】(1) 王五坚持企业长远发展目标，恰是股东财富最大化目标的具体体现；(2) 拥有控制权的股东张三、李四与供应商和分销商等利益相关者之间的利益取向不同，可以通过股权转让或协商的方式解决；(3) 所有权与经营权合二为一，虽然在一定程度上可以避免股东与管理层之间的委托代理冲突，但从企业的长远发展来看，不利于公司治理结构的完善，制约公司规模的扩大；(4) 重要的利益相关者可能会对企业的控制权产生一定影响，只有当企业以股东财富最大化为目标，增加企业的整体财富，利益相关者的利益才会得到有效满足。反之，利益相关者则会为维护自身利益而对控股股东施加影响，从而可能导致企业的控制权发生变更。

三、财务管理环境

财务管理环境是指对企业财务活动和财务管理产生影响作用的企业内外部的各种条件。通过环境分析，提高企业财务行为对环境的适应能力、应变能力和利用能力，以便更好地实现企业财务管理目标。

财务管理环境分类按不同的分类标准就有不同的分类内容,我国财务管理环境主要有两种分类,见表6-3。

表6-3 财务管理环境分类

序号	分类标准	分类内容	说明
1	按财务管理环境的内外部因素分类	财务管理的外部环境	财务管理的外部环境主要包括经济环境(经济周期、经济体制、经济政策)、金融环境(金融机构、金融市场和利息率)和法律环境(企业组织法规、税务法规等)
		财务管理的内部环境	财务管理的内部环境主要包括企业管理体制和经营方式、企业资本实力、生产技术条件、经营管理水平和决策者的素质等
2	按财务管理环境包括的范围分类	宏观财务管理环境	宏观财务管理环境是指在宏观范围内普遍作用于各个部门、地区的各类企业的财务管理的各种条件,通常存在于企业的外部。财务管理的宏观环境十分广阔,包括经济、政治、社会、自然条件等各种因素。从经济角度来看,主要包括国家经济发展水平、产业政策、金融市场状况等
		微观财务管理环境	微观财务管理环境是指在某一特定范围内的对某种财务活动产生重要影响的各种条件。这种微观环境通常与某些企业的内部条件直接或间接有关,主要包括企业组织形式、生产状况、企业产品销售市场状况、企业资源供应情况等

由于内部财务环境存在于企业内部,企业可以从总体上采取一定的措施施加控制和改变。而外部财务环境,由于存在于企业外部,企业都难以控制和改变,更多的是适应和因势利导。影响企业外部财务环境有各种因素,其中主要的有经济环境、法律环境和金融市场环境等。

财务管理的法律环境

财务管理环境,又称理财环境,是指对企业财务活动和财务管理产生影响作用的企业内外各种条件的统称。企业财务活动是在一定的环境下进行的,必然受到环境的影响。企业资金的取得、运用和收益的分配会受到环境的影响,资金的配置和利用效率会受到环境的影响,企业成本的高低、利润的多少、资本需求量的大小也会受到环境的影响,企业的兼并、破产与重整和环境的变化仍然有着千丝万缕的联系。请谈谈法律环境对富农电商公司在筹资、投资、利润分配等环节有何影响和制约。

【解析】财务管理的法律环境主要包括企业组织法规、税务法规、证券法规和财务法规。从整体上说,法律环境对富农电商公司财务管理的影响和制约主要表现在三方面:在筹资活动中，国家通过法律规定了筹资的最低规模和结构，如《中华人民共和国公司法》规定股份有限公司的注册资本的最低限额为人民币1 000万元，规定了筹资的前提条件和基本程序，如《中华人民共和国公司法》就对公司发行债券和股票的条件做出了严格的规定；在投资活动中，国家通过法律规定了投资的方式和条件，如《中华人民共和国公司法》规定股份公司的发起人可以用货币资金出资，也可以用实物、工业产权、非专利技术、土地使用权作价出资，规定了投资的基本程序、投资方向和投资者的出资期限及违约责任，如企业进行证券投资必须按照《中华人民共和国证券法》所规定的程序来进行，企业投资必须符合国家的产业政策，符合公平竞争的原则；分配活动中，国家通过法律如《中华人民共和国税法》《中华人民共和国公司法》《企业财务通则》及《企业财务制度》规定了企业成本开支的范围和标准，企业应缴纳的税种及计算方法，利润分配的前提条件、利润分配的去向、一般程序及重大比例。在生产经营活动中，国家规定的各项法律也会引起财务安排的变动或者说在财务活动中必须予以考虑。

四、资金时间价值

资金的时间价值揭示了不同时点上资金之间的换算关系，资金时间价值观念被广泛应用于财务管理活动。

（一）资金时间价值的概述

1. 资金时间价值的概念

资金的时间价值是指一定量的资金在不同时点上价值量的差额，是资金在使用过程中随时间的推移而发生的增值。众所周知，在市场经济条件下，即使不存在通货膨胀，等量货币资金在不同时点上的价值也不相等，今天的1元比将来的1元价值大。这是因为将今天的1元存入银行，若银行存款年利率为10%，一年以后可得到1.10元，这1元经过1年时间的投资增加了0.10元，随着时间的推移，货币就发生了增值，这就是资金的时间价值。

2. 资金时间价值产生的条件

资金时间价值产生的前提条件是由于商品经济的高度发展和借贷关系的普遍存在，出现了资金使用权与所有权的分离，资金的所有者把资金使用权转让给使用者，使用者必须把资金增值的一部分支付给资金的所有者作为报酬，资金占用的金额越大，使用的时间越长，所有者所要求的报酬就越高。而资金在周转过程中的增值是资金时间价值产生的根本。

3. 资金时间价值的表示

资金的时间价值可用绝对数（利息）和相对数（利息率）两种形式表示，通常用相对数表示。资金时间价值的实际内容是没有风险和没有通货膨胀情况下的社会平均资金利润率，是企业资金利润率的最低限度，也是使用资金的最低成本率。

由于资金在不同时点上具有不同的价值，不同时点上的资金就不能直接比较，必须换算到相同的时点上才能比较。因此掌握资金时间价值的计算就很重要。资金时间价值的计算包括一次性收付款项和非一次性收付款项（年金）的终值、现值。

影响资金时间价值的因素

影响资金时间价值的因素很多，其中主要包括以下四个方面：

（1）资金的使用时间。在单位时间内资金增值率一定的条件下，资金使用时间越长，则资金的时间价值就越大；资金使用时间越短，资金的时间价值就越小。

（2）资金数量的大小。在其他条件不变的情况下，资金数量越大，资金的时间价值就越大；反之，资金的时间价值越小。

（3）资金投入和回收的特点。在总投资一定的情况下，前期投入的资金越多，资金的负效益越大；后期投入的资金越多，资金的负效益越小。而在资金回收额一定的情况下，离现在越近的时间回收的资金越多，资金的时间价值就越大；离现在越远的时间回收的资金越多，资金的时间价值就越小。

（4）资金周转的速度。资金周转越快，在一定的时间内等量资金的时间价值越大；反之，资金的时间价值越小。

总之，资金的时间价值是客观存在的，投资经营的一项基本原则就是充分利用资金的时间价值并最大限度地获得其时间价值，这就要加速资金周转，早期回收资金，并不断进行高利润的投资活动；积压资金或闲置资金，就是白白地损失资金的时间价值。

（二）一次性收付款项终值和现值的计算

终值又称将来值，是现在一定量现金在未来某一时点上的价值，俗称本利和。现值又称本金，是指未来某一时点上的一定量现金折合为现在的价值。例如，现存入银行一笔现金100元，年利率为复利10%，经过3年后一次性取出本利和133.10元，这3年后的本利和133.10元即为终值；3年后得的133.10元折合为现在的价值是100元，这100元即为现值。

终值和现值的计算涉及利息的计算方式的选择，目前有两种利息计算方式，即单利和复利。

1. 单利的终值和现值

单利是一种不论时间长短，仅按本金计算利息，其所生利息不加入本金重复计算利息的方法。为计算方便，先设定以下符号标识：I 为利息，P 为现值，F 为终值，i 为每一利息的利率（折现率），n 为计算利息的期数。

单利利息的计算公式为：

$$I = P \cdot i \cdot n$$

除非特别指明，在计算利息时，给出的利率均为年利率，对于不足一年的利息，以一年等于 360 天来折算。

（1）单利终值的计算。单利终值就是按单利计算的本利和。其计算公式为：
$$F = P + I = P + P \cdot i \cdot n = P \cdot (1 + i \cdot n)$$

单利终值的计算

张三有一张带息票据，面额为 2 000 元，票面利率为 5%，出票日期为 8 月 12 日，到期日为 11 月 10 日（90 天）。计算张三到期可得利息是多少？

【解析】根据单利终值的计算公式，张三到期可得利息为：
$$I = 2\,000 \times 5\% \times (90\,/\,360) = 25(元)$$

（2）单利现值的计算。单利现值就是以后年份收到或付出资金按单利计算相当于现在的价值。现值的计算与终值的计算是互逆的，由终值求现值称为折现。单利现值的计算公式为：
$$P = F\,/\,(1 + i \cdot n)$$

单利现值的计算

李四希望在第 5 年末取得本利和 1 000 元，用以支付一笔款项，则在利率为 5%，单利方式计算条件下，李四现在需要在银行存入多少资金？

【解析】根据单利现值的计算公式，李四现在需要存入银行的资金为：
$$P = 1\,000 \div (1 + 5 \times 5\%) = 800(元)$$

2. 复利终值和现值的计算

货币时间价值通常是按复利计算的。复利是指在一定时间内（如一年）按一定利率将本金所生利息加入本金再计算利息，也就是通常所说的"利滚利"。

（1）复利终值的计算（已知现值 P，求终值 F）。复利终值是指一定量的本金按复利计算若干期后的本利和。例如，公司将一笔资金 P 存入银行，年利率为 I，如果每年计息一次，则 n 年后的本利和就是复利终值，如图 6-4 所示。

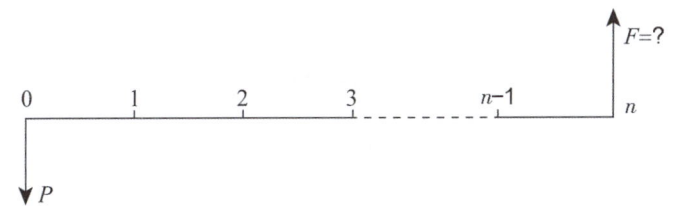

图 6-4　复利终值示意

一年后的终值为：
$$F_1 = P + P \cdot i = p \cdot (1+i)$$
两年后的终值为：
$$F_2 = P \cdot (1+i) \cdot (1+i) = P \cdot (1+i)^2$$
三年后的终值为：
$$F_3 = P \cdot (1+i)^2 \cdot (1+i) = P \cdot (1+i)^3$$
依次类推，第 n 年的本利和为：
$$F_n = P \cdot (1+i)^n$$
上式中 $(1+i)^n$ 通常称作"复利终值系数"或 1 元的复利终值，用符号 $(F/P, i, n)$ 表示。上式可写作：
$$F_n = P \cdot (F/P, i, n)$$

在实务工作中，复利终值系数可以查阅"1 元复利终值系数表"（见附表1）。"1 元复利终值表"的第一行是利率 i，第一列是计息期数 n，相应的 $(1+i)^n$ 在其纵横相交处。该表的作用不仅在于已知 i 和 n 时查找 1 元的复利终值，而且可在已知 1 元复利终值和 n 时查找 i，或已知 1 元复利终值和 i 时查找 n。

复利终值的计算

王五将 20 000 元存入银行，年存款利率为 6%，则 5 年后的本利和为多少？

【解析】根据复利终值的计算公式，王五 5 年后得到本利和为：
$$F = 20\,000 \times (1+6\%)^5$$
通过查"1 元复利终值表"可知，其复利终值系数为 1.338 2，所以：
$$F = 20\,000 \times 1.338\,2 = 26\,764 （元）$$

（2）复利现值的计算（已知终值 F，求现值 P）。复利现值是复利终值的对称概念，指以后年份收到或付出的资金按复利计算的现在价值；或者说是为了将来取得一定本利和现在所需要的资金，如图 6-5 所示。

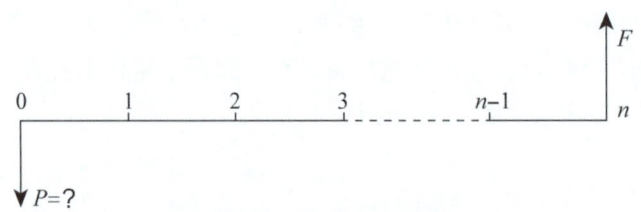

图 6-5 复利现值示意

复利现值的计算公式为：
$$P = F \cdot (1+i)^{-n}$$

上式中$(1+i)^{-n}$通常称作"复利现值系数"或1元的复利现值，用符号$(P/F, i, n)$表示。上式也可写作：

$$P = F \cdot (P/F, i, n)$$

计算现值使用的利率i，称为折现率，它是财务管理中的一个极为重要的概念。在实务工作中，复利现值系数可以查阅"1元复利现值表"（见附表2）。该表的使用方法与"1元复利终值表"相同。

复利现值的计算

某投资项目预计6年后可获得收益800万元，按年利率（折现率）12%计算，则这笔收益的现值为多少？

【解析】根据复利现值的计算公式，则这笔收益的现值为：

$$P = F \cdot (1+i)^{-n} = F \cdot (P/F, i, n)$$
$$= 800 \times (1 + 12\%)^{-6}$$
$$= 800 \times (P/F, 12\%, 6)$$
$$= 800 \times 0.5066$$
$$= 405.28（万元）$$

（三）年金终值与现值的计算

年金（Annuity）是指一定期间内每期相等金额的收付款项。在企业的收付款项中，如折旧、租金、利息、保险金、养老金等通常都采取年金的形式。年金按收付发生的时点和延续的时间长短不同分为四类，如图6-6所示。

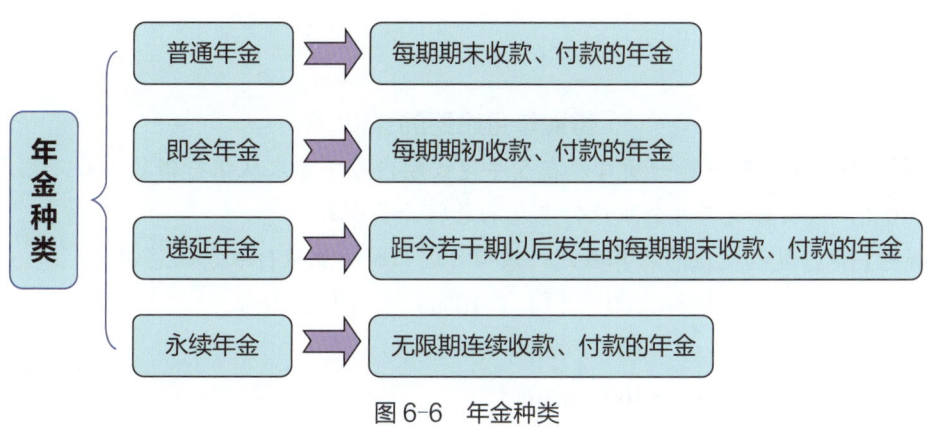

图6-6 年金种类

1. 普通年金终值与现值的计算

（1）普通年金终值的计算（已知年金A，求年金终值F）。普通年金终值是指其最后一次支付时的本利和,它是每次支付的复利终值之和,如图 6-7 所示。

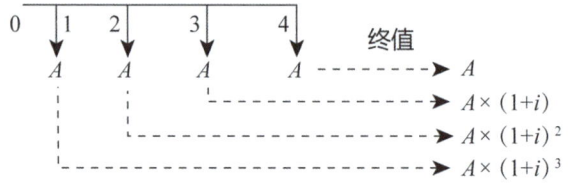

图 6-7 普通年金终值示意

如果年金相当于零存整取储蓄存款的零存数,那么年金终值就是零存整取中的整取数。年金终值的计算公式为:

$$F = A + A \cdot (1+i) + A \cdot (1+i)^2 + \cdots + A \cdot (1+i)^{(n-1)} \quad (1)$$

等式两边同乘 $(1+i)$,则有:

$$F \cdot (1+i) = A \cdot (1+i) + A \cdot (1+i)^2 + A \cdot (1+i)^3 + \cdots + A \cdot (1+i)^n \quad (2)$$

公式(2) − 公式(1):

$$F \cdot (1+i) - F = A \cdot (1+i)^n - A$$

$$F \cdot i = A \cdot [(1+i)^n - 1]$$

$$F = A \cdot \frac{(1-i)^n - 1}{i}$$

上式中的 $\frac{(1-i)^n - 1}{i}$ 是普通年金为 1 元,利率为 i,经过 n 期的年金终值,或称为"年金终值系数",用符号 $(F/A, i, n)$ 表示,在实务工作中,可查阅"1 元年金终值系数表"(见附表 3)。上式也可写作:

$$F = A \cdot (F/A, i, n)$$

普通年金终值的计算

富农电商公司计划投资一项目,在 5 年建设期内每年年末从银行借款 100 万元,借款年利为 10%,该项目竣工时企业应付本息的总额为多少?

【解析】根据复利现值的计算公式,该项目竣工时企业应付本息的总额为:

$$F = 100 \times [(1 + 10\%)^5 - 1] \div 10\%$$
$$= 100 \times (F/A, 10\%, 5)$$
$$= 100 \times 6.1051$$
$$= 610.51(万元)$$

(2)年偿债基金的计算(已知年金终值 F,求年金 A)。偿债基金是指为了在约定的未来某一时点偿还一笔债务或积聚一定数额的资金而必须分次等额形成的存款准备金。由于每次形成的等额准备金类似年金存款，因而同样可以获得按复利计算的利息，所以债务实际上等于年金终值 F，每年提取的偿债基金等于年金 A，如图 6-8 所示。

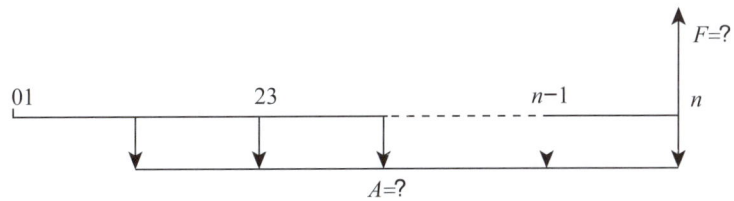

图 6-8 偿债基金示意

即偿债基金的计算实际上是年金终值的逆运算。其计算公式为：

$$A = F \cdot \frac{i}{(1+i)^n - 1}$$

上式中的 $\frac{i}{(1+i)^n - 1}$ 是偿债基金系数，也是年金终值系数的倒数，用符号（A/F, i, n）表示。它可把年金终值折算为每年需要支付的金额。偿债基金系数可通过年金终值系数的倒数推算。

 案例分析

偿债基金的计算

富农电商公司拟在 5 年后偿还一笔 600 000 元的债务，故建立偿债基金。银行存款利率为 10%，则企业从第一年起，每年年末应存入银行的金额为多少？

【解析】根据偿债基金的计算公式，企业每年年末应存入银行的金额为：

$$A = 600\,000 \times \frac{i}{(1+i)^n - 1} = 600\,000 \times 0.163\,8$$

$$= 98\,280（元）$$

（3）普通年金现值的计算（已知年金 A，求年金现值 P）。年金现值是指一定时期内每期期末等额收付款项的复利现值之和，如图 6-9 所示。

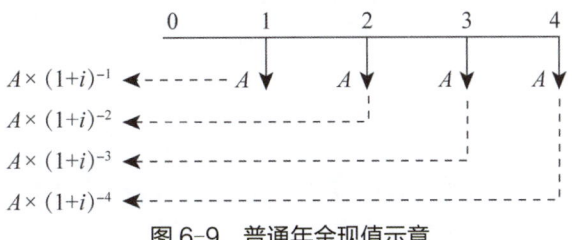

图 6-9 普通年金现值示意

年金现值的计算公式为：

$$P = A \cdot (1+i)^{-1} + A \cdot (1+i)^{-2} + \cdots + A \cdot (1+i)^{-(n-1)} + A \cdot (1+i)^{-n}$$

整理上式，可得到：

$$P = A \cdot \frac{1-(1+i)^{-n}}{i}$$

式中 $\frac{1-(1+i)^{-n}}{i}$ 是普通年金为1元，利率为 i，经过 n 期的普通年金现值或称为"年金现值系数"，用符号（P/A，i，n）表示。在实务工作中，普通年金现值系数可以查阅"1元年金现值系数表"（见附表4）。上式也可以写作：

$$P = A \cdot (P/A, i, n)$$

普通年金现值的计算

富农电商公司租入一大型设备，每年年末需要支付租金120万元，年利率为10%，则企业5年内应支付的该设备租金总额的现值为多少？

【解析】根据普通年金现值的计算公式，企业5年内应支付的该设备租金总额的现值为：

$P = 120 \times [1-(1+10\%)^{-5}]/10\%$

$= 120 \times (P/A, 10\%, 5)$

$= 1\,204 \times 3.790\,8$

$= 4\,564.123\,2$（万元）

（4）年资本回收额的计算（已知年金现值 P，求年金 A）。资本回收是指在给定的年限内等额回收初始投入资本或清偿所欠债务的价值指标。年资本回收额的计算是年金现值的逆运算，如图6-10所示。

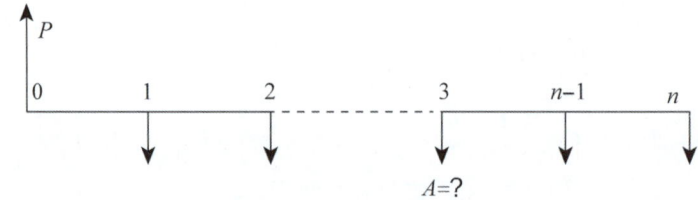

图6-10 资本回收示意

其计算公式为：

$$A = P \cdot \frac{i}{1-(1+i)^{-n}}$$

式中 $\frac{i}{1-(1+i)^{-n}}$ 称为"资本回收系数"，用符号表示为（A/P，i，n），可利用年金现值系数的倒数求得。上式可写为：

$$A = P \cdot (A/P, i, n), \text{或} A = P \cdot [1/(P/A, i, n)]$$

年资本回收额的计算

富农电商公司现在借得 1 000 万元的贷款,在 10 年内以年利率 12% 等额偿还,则企业每年应付的金额为多少?

【解析】根据资本回收的计算公式,企业每年应付的金额为:

$$A = 1\,000 \times [1/(P/A,12\%,10)]$$
$$= 1\,000 \times (1/5.650\,2)$$
$$= 177(万元)$$

2. 预付年金终值与现值的计算

(1) 预付年金终值的计算。预付年金终值是其最后一期期末时的本利和,是各期收付款项的复利终值之和,如图 6-11 所示。

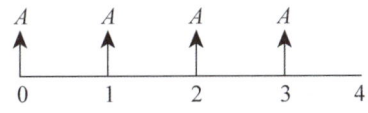

图 6-11 预付年金的终值示意

n 期预付年金与 n 期普通年金的付款次数相同,但由于其付款期数相差 1 年,因此 n 期预付年金终值比 n 期普通年金的终值多计算一期利息。即在 n 期普通年金终值的基础上乘上 $(1+i)$ 就是 n 期预付年金的终值。其计算公式为:

预付年金终值 = 年金 × 普通年金终值系数 × $(1+i)$

$$F = A \cdot \frac{(1+i)^n - 1}{i} \cdot (1+i)$$
$$= A \cdot \frac{(1+i)^{(n-1)} - (1+i)}{i}$$
$$= A \cdot \left[\frac{(1+i)^{(n-1)} - 1}{i} - 1 \right]$$

上式中括号内的内容称作"预付年金终值系数",它是普通年金终值系数的基础上,期数加 1,系数减 1 所得的结果,通常记为 $[(F/A,i,n+1)-1]$。这样,通过查阅"一元年金终值系数表"得到 $n+1$ 期的值,然后减 1 便可得出对应的预付年金终值系数的数值。这时可用如下公式计算预付年金终值:

$$F = A \cdot [(F/A, i, n+1) - 1]$$

案例分析

预付年金终值的计算

富农电商公司决定连续 5 年每年年初存入 100 万元作为住房基金,银行存款率为 10%,则该公司在第 5 年末能一次取出来本利和为多少?

【解析】根据预付年金终值的计算公式,该公司每年应付的金额为:

$$F = A \cdot [(F/A, i, n+1) - 1]$$
$$= 100 \times [(F/A, 10\%, 6) - 1]$$
$$= 100 \times (7.7156 - 1)$$
$$= 671.56(万元)$$

(2)预付年金现值的计算。如前所述,n 期预付年金现值与 n 期普通年金现值相比付款期数相同,但前者是在期初付款,而后者在期末付款,即 n 期预付年金现值比 n 期普通年金现值少折现一期。因此,在 n 期普通年金现值的基础上乘上 $(1+i)$,便可以算出 n 期预付年金的现值。其计算公式为:

$$P = A \cdot \frac{1-(1+i)^{-n}}{i} \cdot (1+i)$$
$$= A \cdot \frac{(1+i)-(1+i)^{-(n-1)}}{i}$$
$$= A \cdot \left[\frac{1-(1+i)^{-(n-1)}}{i} + 1\right]$$

式中括号内的内容称作"预付年金现值系数",它是在普通年金现值系数的基础上,期数减 1,系数加 1 所得的结果,通常记为 $[(P/A, i, n-1)+1]$。这样,通过查阅"一元年金现值系数表"得 $n-1$ 的值,然后加 1,便可得到对应的预付年金现值系数的值。这时可用如下公式计算预付年金的现值:

$$P = A \cdot [(P/A, i, n-1) + 1]$$

案例分析

预付年金现值的计算

张三分期付款购买住宅,每年年初支付 6 000 元,20 年还款期,假设银行借款利率为 5%,如果该分期付款现在一次性支付,张三需支付的款项为多少?

【解析】根据预付年金现值的计算公式,张三需支付的款项为:

$$P = A \cdot [(P/A, i, n-1) + 1]$$
$$= 6\,000 \times [(P/A, 5\%, 19) + 1]$$
$$= 6\,000 \times 13.0853$$
$$= 78\,511.8(元)$$

3．递延年金终值与现值的计算

（1）递延年金终值的计算。递延年金终值是指间隔一定时期后每期期末或期初收入或付出的系列等额款项，按照复利计息方式计算的在最后一期末所得的本利和，即间隔一定时期后每期末或期初等额收付资金的复利终值之和，如图6-12所示。

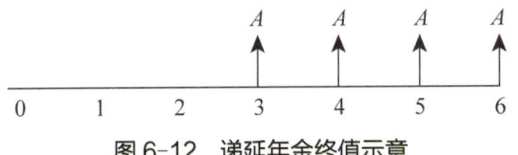

图6-12　递延年金终值示意

递延年金的终值计算与普通年金的终值计算一样，只是要注意期数。

$$F = A(F/A, i, n)$$

式中，n 表示的是 A 的个数，与递延期无关。

递延年金终值的计算

富农电商公司与其他企业共同开发一个旅游项目，预计该项目从第三年开始进入盈利期，该企业每年末可收回资金15万元，合作期10年，设银行存款利率为10%，试测算至合作期满富农电商公司可从新项目获取资金的本利和是多少？

【解析】根据递延年金终值的计算公式，至合作期满富农电商公司可从新项目获取资金的本利和为：

$$F = A \times \frac{(1+i)^n - 1}{i} \times (F/A, 10\%, 8)$$

$$F = 150\,000 \times 11.435$$

$$= 1\,715\,250（元）$$

（2）递延年金现值的计算。递延年金现值：设共 $m+n$ 期，前 m 期没有支付。

方法一：把递延年金视为 n 期普通年金，求出递延期的现值，然后再将此现值调整到第一期初，公式为：

$$P = A \cdot (P/A, i, n) \cdot (P/F, i, m)$$
$$= A \times \frac{1-(1+i)^{-n}}{i} \times (1+i)^{-m}$$

方法二：假设递延期中也进行支付，先求出 $m+n$ 期的年金现值，然后，扣除实际并未支付的递延期 m 的年金现值，即可得出最终结果，公式为：

$$P = A \cdot \{[P/A, i, (m+n)] - (P/A, i, m)\}$$

$$= A \times \left[\frac{1-(1+i)^{-(m+n)}}{i} - \frac{1-(1+i)^{-m}}{i} \right]$$

递延年金现值的计算

李四年初存入银行一笔现金，从第三年年末起，每年取出 1 000 元，至第 6 年年末全部取完，银行存款利率为 10%。要求：试计算李四最初时一次存入银行的款项是多少？

【解析】根据递延年金现值的计算公式，计算如下：

方法一：$P = A \cdot \{[P/A, i, (m+n)] - (P/A, i, m)\}$

$\qquad\qquad = 1\,000 \cdot \{[P/A, 10\%, (2+4)] - (P/A, i, 2)\}$

$\qquad\qquad = 1\,000 \times (4.355 - 1.736) = 2\,619.61$

方法二：$P = A \cdot (P/A, i, n) \cdot (P/A, i, m)\}$

$$= A \times \frac{1-(1+i)^{-n}}{i} \times (1+i)^{-m} = 1\,000 \times \frac{1-(1+10\%)^{-4}}{10\%} \times (1+10\%)^{-2}$$

$= 1\,000 \times 3.169\,9 \times 0.826\,4 = 2\,619.61$

4. 永续年金终值和现值的计算

永续年金是指无限期的等额定期收付的年金，也可视为普通年金的特殊形式，即期限趋于无穷大的普通年金。

在实际工作中，如优先股股利、奖学金等均可看作永续年金。由于永续年金的期限 n 趋于无穷大，因此，它只能计算现值，不能计算终值。另外，期限长、利率高的年金现值，也可按永续年金现值公式，计算其现值的近似值。

（1）永续年金终值的计算。永续年金是普通年金的特殊形式，可视为期限趋于无穷大的普通年金，没有终止时间，因此永续年金的终值无法计算。

（2）永续年金现值的计算。永续年金现值的计算可以根据普通年金现值求极限的方法求得。

根据公式：$P = A \times \frac{1-(1+i)^{-n}}{i}$，当期数 $n \to \infty$ 时，$(1+i)^{-n}$ 极限为零，故上式可简化为 $P = A/i$。

项目六 财务管理

永续年金现值的计算

归国华侨吴先生想支持家乡建设,特地在祖籍所在县设立奖学金。奖学金每年发放一次,奖励每年高考的文理科状元各 10 000 元。奖学金的基金保存在中国银行该县支行。银行一年的定期存款利率为 2%。问吴先生要投资多少钱作为奖励基金?

【解析】由于每年都要拿出 20 000 元,因此奖学金的性质是一项永续年金。根据永续年金现值的计算公式,吴先生要投资的奖励基金为:

$$P = A/i = 20\ 000/2\% = 1\ 000\ 000(元)$$

货币时间价值系数间的关系见表 6-4。

表 6-4 货币时间价值系数间的关系

名称	系数之间的关系
单利终值系数与单利现值系数	互为倒数
复利终值系数与复利现值系数	互为倒数
普通年金终值系数与偿债基金系数	互为倒数
普通年金现值系数与资本回收系数	互为倒数
预付年金终值系数与普通年金终值系数	预付年金终值系数 = 普通年金终值系数 × (1 + i)
预付年金现值系数与普通年金现值系数	预付年金现值系数 = 普通年金现值系数 × (1 + i)
复利终值系数与普通年金终值系数	普通年金终值系数 = (复利终值系数 − 1)/i
复利现值系数与普通年金现值系数	普通年金现值系数 = (1 − 复利现值系数)/i

五、风险衡量与控制

风险是客观存在的,任何一项决策都隐含着或大或小的风险。即使是把款项存入银行,收取微薄的利息,同样可能存在银行破产的风险,以及通货膨胀导致货币贬值的风险。财务决策必须承认风险的存在性,加以计量,并设法控制风险,以实现企业价值最大化。

(一)风险的类别

风险广泛地存在于企业的财务活动中,并影响着企业的财务目标。从个别理财主体的角度来看,风险分为系统性风险和非系统性风险;从公司自身来看,按风险形成的原因可将非系统性风险分为经营风险(商业风险)和财务风险(筹资风险),如图 6-13 所示。

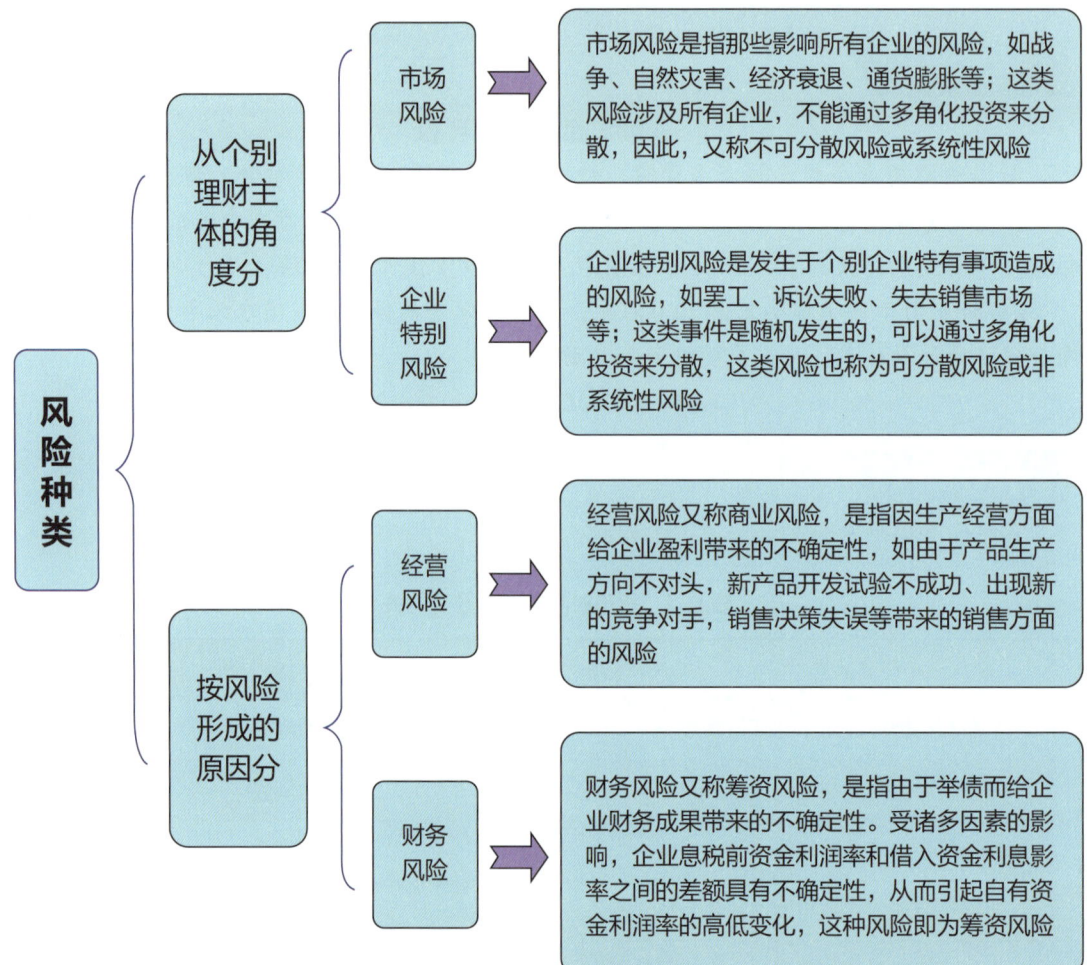

图6-13 风险种类示意

（二）风险衡量

风险客观存在，广泛影响着企业的财务和经营活动，因此，正视风险并将风险程度予以量化，是企业财务管理中的一项重要工作。衡量风险大小需要使用概率和统计方法。

1. 概率

概率是用来表示随机事件发生可能性大小的数据。在现实生活中，某一事件在完全相同的条件下可能发生也可能不发生，既可能出现这种结果也可能出现那种结果，我们称这类事件为随机事件。概率就是用百分数或小数来表示随机事件发生可能性及出现某种结果可能性大小的数值，用 X 表示随机事件，X_i 表示随机事件的第 i 种结果，P_i 为出现该种结果的相应概率。若 X_i 出现，则 $P_i=1$；若 X_i 不出现，则 $P_i=0$，同时，所有可能结果出现的概率之和必定为1。因此，概率必须符合下列两个要求：

（1）$0 \leqslant P_i \leqslant 1$。

（2）$\sum_{i=1}^{n} P_i = 1$。

将随机事件各种可能性按一定的规则进行排列,同时列出各结果出现的相应概率,称为概率分布。

概率分布有两种类型,一种是离散型分布,其特点是概率分布在各个特定的点(指 X 值)上。另一种是连续型分布,其特点是概率分布在连续图像的两点之间的区间上。两者的区别在于,离散型分布中的概率是可数的,而连续型分布中的概率是不可数的。

2. 期望值

期望值是一个概率分布中的所有可能结果,以各自相应的概率为权数计算的加权平均值,是加权平均的中心值,通常用符号 E 表示,其计算公式如下:

$$\overline{E} = \sum_{i=1}^{n} X_i P_i$$

期望收益反映预计收益的平均化,在各种不确定性因素(假定只有市场情况因素影响产品收益)影响下,它代表着投资者的合理预期。

期望值分析

富农电商公司有 A、B 两个投资项目,两个投资项目的收益率及其概率分布情况见表 6-5,试计算两个项目的期望收益率。

表 6-5 两个项目的收益率及其概率分布情况

项目实施情况	出现概率		投资收益率	
	项目 A	项目 B	项目 A	项目 B
好	0.20	0.30	15%	20%
一般	0.60	0.40	10%	15%
差	0.20	0.30	0	−10%

【解析】根据公式计算项目 A 和项目 B 的期望投资收益率分别为:

A 项目的期望投资收益率 = 0.20×15% + 0.60×10% + 0.20×0 = 9%

B 项目的期望投资收益率 = 0.30×20% + 0.40×15% + 0.30×(−10%) = 9%

从计算结果可以看出,两个项目的期望投资收益率都是 9%。但是否可以就此认为两个项目是等同的呢?我们还需要了解概率分布的离散情况,即计算标准离差和标准离差率。

3. 离散程度

离散程度是用以衡量风险大小的统计指标。一般来说,离散程度越大,风险越大;离散程度越小,风险越小。反映随机变量离散程度的指标包括方差、标准离差、标准离差率和全距等。接下来主要介绍方差、标准离差和标准离差率三项指标。

（1）方差。方差是用来表示随机变量与期望值之间的离散程度的一个数值。其计算公式为：

$$\sigma^2 = \sum_{i=1}^{n}(X_i - \overline{E})^2 \cdot p_i$$

（2）标准离差。标准离差也叫均方差，是方差的平方根。σ 表示标准离差，其计算公式为：

$$\sigma = \sqrt{\sum_{i=1}^{n}(X_i - \overline{E})^2 \cdot P_i}$$

标准离差以绝对数衡量决策方案的风险，在期望值相同的情况下，标准离差越大，风险越大；反之，标准离差越小，风险越小。

案例分析

离散程度——方差和标准离差分析

以表 6-4 中的数据为例，分别计算 A、B 两个项目投资收益率的方差和标准离差。

项目 A 的方差：

$$\sigma^2 = \sum_{i=1}^{n}(X_i - \overline{E})^2 \cdot p_i = 0.2 \times (0.15 - 0.09)^2 + 0.6 \times (0.10 - 0.09)^2 + 0.2 \times (0 - 0.09)^2$$
$$= 0.002\,4$$

项目 A 的标准离差：

$$\sigma = \sqrt{\sum_{i=1}^{n}(X_i - \overline{E})^2 \cdot P_i}$$
$$= \sqrt{0.002\,4}$$
$$= 0.049$$

项目 B 的方差：

$$\sigma^2 = \sum_{i=1}^{n}(X_i - \overline{E})^2 \cdot p_i$$
$$= 0.3 \times (0.20 - 0.09)^2 + 0.4 \times (0.15 - 0.09)^2 + 0.3 \times (0 - 0.09)^2$$
$$= 0.015\,9$$

项目 B 的标准离差：

$$\sigma = \sqrt{\sum_{i=1}^{n}(X_i - \overline{E})^2 \cdot P_i}$$
$$= \sqrt{0.0159}$$
$$= 0.126$$

以上计算结果表明项目 B 的风险要高于项目 A 的风险。

(3) 标准离差率。标准离差率是标准离差同期望值之比,通常用符号 V 表示,其计算公式为:

$$V = \frac{\sigma}{E} \times 100\%$$

标准离差率是一个相对指标,它以相对数反映决策方案的风险程度。方差和标准离差作为绝对数,只适用于期望值相同的决策方案风险程度的比较。对于期望值不同的决策方案,评价和比较其各自的风险程度只能借助于标准离差率这一相对数值。在期望值不同的情况下,标准离差率越大,风险越大;反之,标准离差率越小,风险越小。

离散程度——标准离差率分析

现仍以上述案例中的数据为依据,分别计算项目 A 和项目 B 的标准离差率。

项目 A 的标准离差率:

$$V_A = \frac{0.049}{0.09} \times 100\% = 54.44\%$$

项目 B 的标准离差率:

$$V_B = \frac{0.126}{0.09} \times 100\% = 140\%$$

当然,在此例中项目 A 和项目 B 的期望投资收益率是相等的,可以直接根据标准离差来比较两个项目的风险水平。但如比较项目的期望收益率不同,则一定要计算标准离差率才能进行比较。

通过上述方法将决策方案的风险加以量化后,决策者便可据此做出决策。对于单个方案,决策者可根据其标准离差(率)的大小,将其同设定的可接受的此项指标最高限值对比,看前者是否低于后者,然后做出取舍。对于多方案择优,决策者的行动准则应是选择低风险高收益的方案,即选择标准离差最低、期望收益最高的方案。然而高收益往往伴有高风险,低收益方案其风险程度也往往较低,究竟选择何种方案,就要权衡期望收益与风险,而且要视决策者对风险的态度而定。对风险比较反感的人可能会选择期望收益较低同时风险也较低的方案,喜欢冒风险的人则可能选择风险虽高但同时收益也高的方案。

（三）风险报酬

1. 风险报酬的概念

风险报酬是指投资者由于冒风险进行投资而获得的超过资金时间价值的额外收益，又称投资风险收益或投资风险价值。

风险报酬有两种表示方法，即风险报酬额和风险报酬率。为方便比较和分析，财务管理中一般用风险报酬率表示风险报酬。

风险与报酬的关系是，风险越大要求的报酬率越高。风险与报酬的关系如图6-14所示。

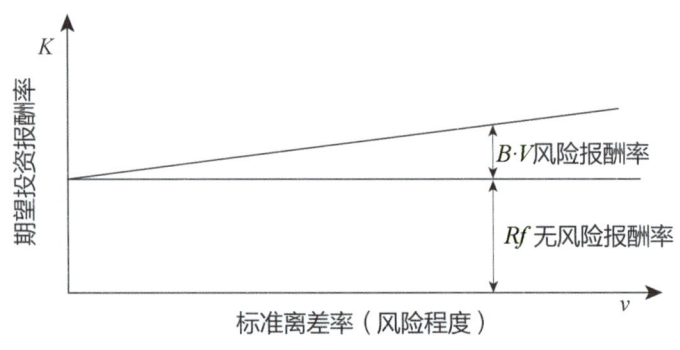

图6-14　风险与报酬的关系

2. 风险报酬的计算

标准离差率虽然能正确评价投资风险程度的大小，但还无法将风险与收益结合起来进行分析。假设我们面临的决策不是评价与比较两个投资项目的风险水平，而是要决定是否对某一投资项目进行投资，此时我们就需要计算出该项目的风险收益率。因此，我们还需要一个指标将对风险的评价转化为收益率指标，这便是风险价值系数。风险收益率、风险价值系数和标准离差率之间的关系可用如下公式表示：

$$RR = b \cdot V$$

式中：RR 为风险收益率；b 为风险价值系数；V 为标准离差率。

在不考虑通货膨胀因素的情况下，投资的总收益率（R）为：

$$R = Rf + RR = Rf + b \cdot V$$

式中：R 为投资收益率；Rf 为无风险收益率。其中无风险收益率 Rf 可用加上通货膨胀溢价的时间价值来确定，在财务管理实务中一般把短期政府债券（如短期国债）的收益率作为无风险收益率；风险价值系数（b）的数学意义是指该项目投资的风险收益率占该项投资的标准离差率的比率。

风险报酬的计算

以上述案例的数据为依据，并假设无风险收益率为10%，风险价值系数为10%，请计算两个项目的风险收益率和投资收益率。

项目 A 的风险收益率 =10%×54.44%=5.44%

项目 A 的投资收益率 =10% + 10%×54.44%=15.44%

项目 B 的风险收益率 =10%×140%=14%

项目 B 的投资收益率 =10% + 10%×140%=24%

从计算结果可以看出，项目 B 的投资收益率（24%）要高于项目 A 的投资收益率（15.44%），似乎项目 B 是一个更好的选择。而从我们前面的分析来看，两个项目的期望收益率是相等的，但项目 B 的风险要高于项目 A，故项目 A 是应选择的项目。

（四）风险控制

风险是事件本身的不确定性，具有客观性，如何防范和化解风险，以达到风险与报酬的优化配置是非常重要的。

1. 风险控制程序

风险管理程序分确定风险、设立目标、制订策略、实施评价四步，如图 6-15 所示。

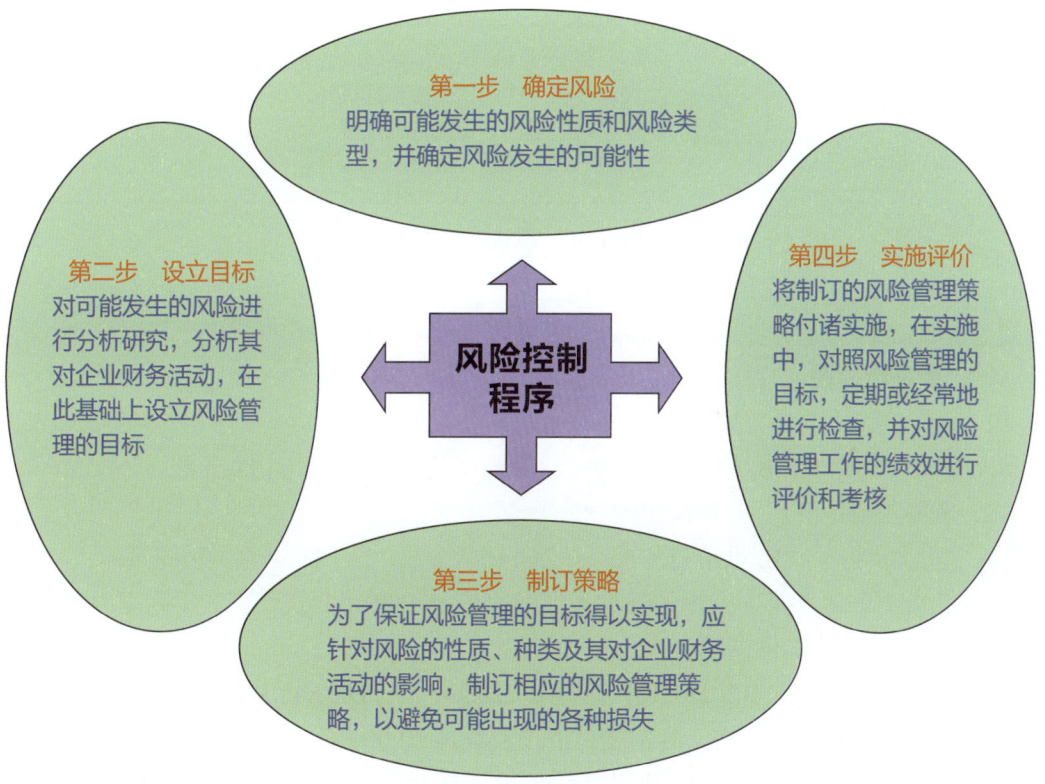

图 6-15　风险管理程序

2. 风险控制对策

财务管理活动中，风险控制采取的对策有四种，即规避风险、减少风险、转移风险、接受风险。如图 6-16 所示。

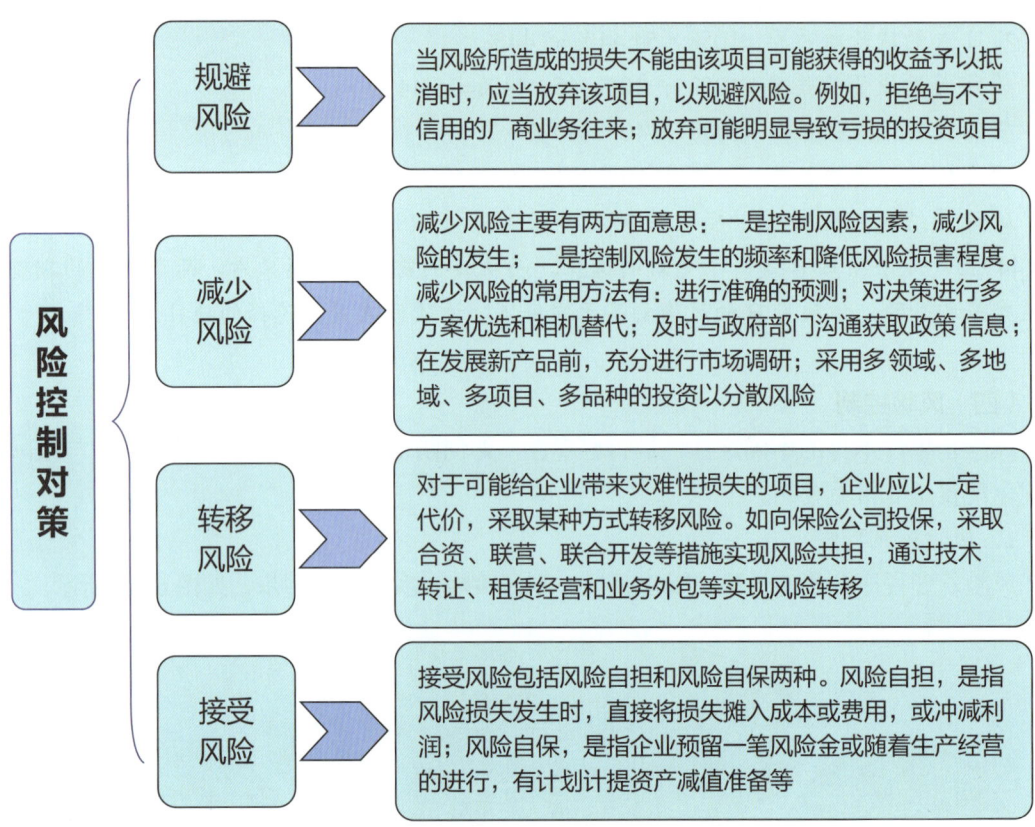

图6-16 风险控制对策

迁移应用

一、单项选择题

1. 企业向工人支付工资属于（　　）活动。

   A. 筹资　　　　　B. 投资　　　　　C. 资金营运　　　　　D. 分配

2. 利率主要是由（　　）决定的。

   A. 经济周期　　　B. 供给与需求　　C. 通货膨胀　　　　　D. 国家货币政策

3. 企业有一笔5年后到期的贷款，到期值是15 000元，假设贷款年利率为3%，则企业为偿还借款建立的偿债基金为（　　）元。

   A. 2 825.34　　　B. 3 275.32　　　C. 3 225.23　　　　　D. 2 845.34

4. 某企业进行一项投资，目前支付的投资额是10 000元，预计在未来6年内收回投资，在年利率是6%的情况下，为了使该项投资是合算的，那么企业每年至少应当收回（　　）元。

   A. 1 433.63　　　B. 1 443.63　　　C. 2 023.64　　　　　D. 2 033.64

5. 下列各项中（　　）会引起企业财务风险。

   A. 举债经营　　　B. 生产组织不合理　　C. 销售决策失误　　　D. 新材料出现

6. 甲项目收益率的期望值为 10%，标准差为 10%，乙项目收益率的期望值为 15%，标准差为 10%，则可以判断（　　）。

A. 由于甲、乙项目的标准差相等，所以两个项目的风险相等

B. 由于甲、乙项目的期望值不等，所以无法判断二者的风险大小

C. 由于甲项目期望值小于乙项目，所以甲项目的风险小于乙项目

D. 由于甲项目的标准离差率大于乙项目，所以甲项目风险大于乙项目

7. 企业财务关系中最为重要的关系是（　　）。

A. 股东与经营者之间的关系

B. 股东与债权人之间的关系

C. 股东、经营者、债权人之间的关系

D. 企业与作为社会管理者的政府有关部门、社会公众之间的关系

二、多项选择题

1. 企业价值最大化目标的优点包括（　　）。

A. 考虑了投资的风险价值　　　　　B. 反映了资本保值增值的要求

C. 有利于克服管理上的片面性　　　D. 有利于社会资源的合理配置

2. 下列各项中，属于企业筹资引起的财务活动有（　　）。

A. 偿还借款　　　B. 购买国库券　　　C. 支付股票股利　　　D. 利用商业信用

3. 在下列各种情况下，会给企业带来经营风险的有（　　）。

A. 企业举债过度　　　　　　　　　B. 原材料价格发生变动

C. 企业产品更新换代周期过长　　　D. 企业产品的生产质量不稳定

三、判断题

1. 从资金的借贷关系来看，利率是一定时期运用资金资源的交易价格。（　　）

2. 资金时间价值相当于没有风险情况下的社会平均资金利润率。（　　）

3. 采用多领域、多地域、多项目、多品种的投资以分散风险属于转移风险的措施。（　　）

四、情景分析题

1. 某公司拟租赁一间厂房，期限是 10 年，假设年利率是 10%，出租方提出以下几种付款方案：

（1）立即付全部款项共计 20 万元；

（2）从第 4 年开始每年年初付款 4 万元，至第 10 年年初结束；

（3）第 1 到第 8 年每年年末支付 3 万元，第 9 年末支付 4 万元，第 10 年末支付 5 万元。

要求：通过计算回答该公司应选择哪一种付款方案比较合算？

2. 某公司拟用 180 万元投资一生产项目，根据市场预测，预计可获得的年收益及其概率的资料如表 6-6 所示。

表 6-6 预计年收益及概率

市场情况	预计年收益（E_i）	概率（P_i）
好	40 万	0.3
中	20 万	0.5
差	10 万	0.2

如果该项目的风险价值系数确定为 8%，要求计算风险价值率，并评价该投资项目的可行性。（设计划年度无风险利率为 7%）

总结与评价

1. 知识导图

任务一知识导图如图 6-17 所示。

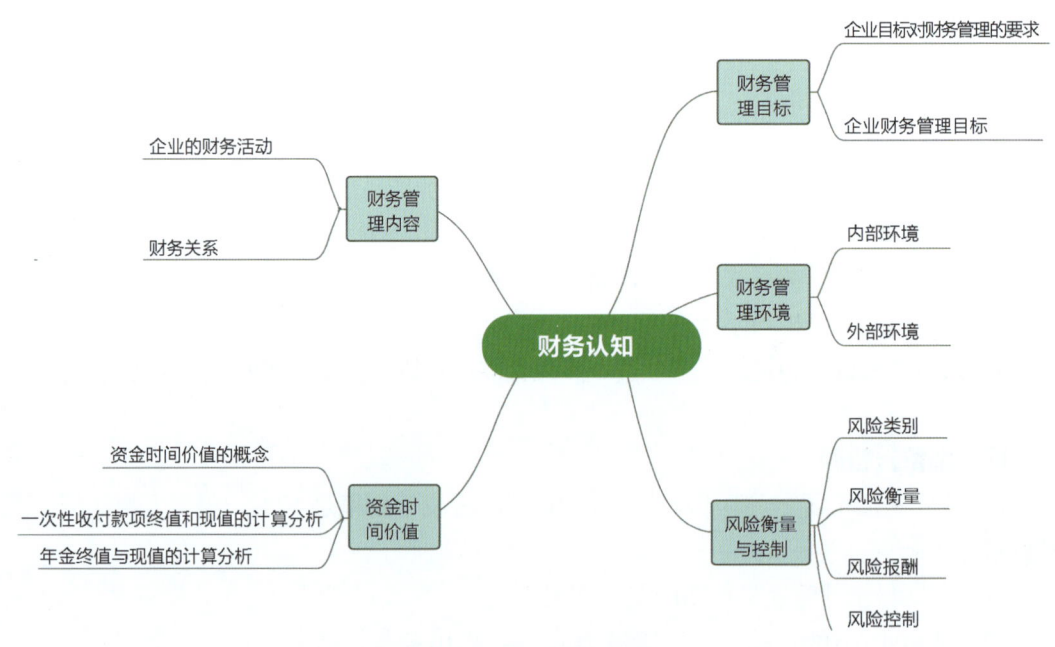

图 6-17　任务一知识导图

2. 学习评价

请完成表 6-7 学习评价。

表 6-7　学习评价

评价项目	评价内容	评价标准	评价方式（百分制）		其他说明
			自评（40%）	师评（60%）	
财务管理内容	组织财务活动和处理财务关系	结合企业实际能理清财务管理中的四类财务活动和七种财务关系			学习评价建议理论测试和实际案例分析相结合
财务管理目标	企业经营目标和财务管理目标	能描述财务管理目标优缺点并有效协调利益冲突			
财务管理环境	财务管理内、外部环境	能正确分析财务管理目标实现的影响因素			
		能结合财务管理环境知识分析实务案例并提出建议方案			
资金时间价值	一次性收付款和年金业务的终值和现值计算	能正确计算一次性款项收付和年金等业务终值和现值			
		根据资金时间价值计算结果进行投资方案的正确分析与选择			
		养成运用资金时间价值观念分析和解决问题的能力			
风险衡量与控制	风险识别、衡量和控制	能正确界定经营风险（商业风险）和财务风险（筹资风险）的类别			
		能依据风险衡量指标（概率、期望值、方差、标准离差、标准离差率）正确进行投资方案决策			
		根据企业经营实际和风险控制对策原理，有效防范、化解和控制风险			

3．相关学习资料

（1）中华会计网校。

（2）公众号：小爱财务。

（3）公众号：财政部。

（4）推荐教材：金波，2020．农村电商模式与案例精解 [M]．北京：化学工业出版社．财政部会计资格评价中心，2020．财务管理 [M]．北京：经济科学出版社．

4．学习感悟

收获：

_____

不足：

_____

改进：

_____

农村电商职业经理人

任务二 筹资投资决策

学习目标

1. 能根据实际情况选择筹资渠道和筹资方式。
2. 能对固定资产投资进行管理分析。

在京东、阿里、苏宁等巨头布局农村电商市场之后,七公里、订货网、花木兰等新锐的农村电商平台也频频获得投资者青睐,在当下竞争火热的电商市场,投资者是画大圈还是画小圈?近年来,很大部分创业者觉得农村电商发展前景广阔,但是筹资难,仅依靠电商企业自身运作会面临着很多难题,政府和金融机构也纷纷表示要为农村电商打造一条电商扶贫的绿色生态链。接下来对项目筹资和投资展开讲述分析,筹资投资属于企业的财务管理工作,特别是筹资决策,起着连接金融市场和实业投资市场的桥梁作用。

情境引入

河源市2019年市级电商发展专项资金拟扶持计划已经出炉,共有14家企业平台获得本次专项资金支持,总金额近百万元。

据悉,本次资金支持计划分为扶持平台型电商企业、扶持规上、限上企业发展电商、扶持小微电商企业等9个类别。其中,属于电商产业园和孵化基地扶持的和平县电商公共服务中心获得11.4万元扶持资金,该中心是电商进农村综合示范县重点项目,园内设施完善,仓储、冻库、农产品检测室、展示厅、物流配送等配置齐全,将打造成为农村电商服务平台,解决农村"最后一公里"及农产品销售难问题。此外,还得到了一些企业的支持。

据市商务局相关负责人介绍,根据政策,在扶持小微电商企业上,年度网上销售额在100万元以上,但未达到限上或规上标准的企业,给予一次性2万元的奖励。在扶持跨境电商企业上,对在我市设立跨境电商平台、并与相关监督部门业务平台对接(海关部门)的企业,2015—2017年,顺利开通平台的给予一次性

10万元补助；年度网上销售额达到1 000万元以上、3 000万元以下的，再给予一次性20万元的补助；超过3 000万元的，给予一次性30万元补助。

文章来源：河源日报 2019年11月1日

富农电商有限公司成立之初，资金筹集是企业起步的关键，张三明、李四海、王五路各出资100万元，需再筹资200万元。公司已筹建了采购部、生产部、销售部、经理办公室等职能部门和具体工作岗位。

根据企业的发展战略，未来的五年目标是规模翻倍，但资金缺口将达1 000万，现在企业面临的资金压力较大，五大问题摆在财务人面前：一是企业不同发展阶段需要多少资金；二是资金从哪里来；三是如何筹集低成本的资金；四是自有资金和负债资金各占多大比例；五是负债资金给企业带来哪些影响。

一、筹资管理基础概述

筹资是指企业作为筹集资金的主体，根据其自身的生产经营状况、对外投资和调整资本结构等活动的需要，通过筹资渠道，运用筹资方式，经济有效地筹措和集中资本的活动。

筹资管理是在明确筹资需求的情况下通过对资本成本和筹资风险的权衡，选择有利于实现企业价值最大化目标的筹资渠道和筹资方式。

（一）筹资渠道

筹资渠道是指企业筹集资本的方向与通道，体现着资本的源泉。目前，农村电商企业的筹资渠道主要有以下几种：

（1）政府资金支持。政府鼓励各地优先采取以奖代补、贷款贴息，结合先建后补、购买服务、直接补助等支持方式，合理加快资金进度，提高资金使用效益，通过中央财政资金引导带动社会资本，共同参与农村电商工作。

（2）银行信贷资金。它是我国企业的主要资金来源之一，特别是对于具备良好信誉但又缺乏资金的企业。一般来说，相对政策性银行（为特定企业提供政策性贷款），商业性银行对农村电商企业的信贷资金较大，从银行的角度来看，农村电商是一个潜在的蓝海市场，在实际运作中，银行在参与和支持农村电商发展中也做出了一些尝试。如向农民办理网上银行、掌上银行业务，农行、邮储还在空白乡镇设立离行式银行，与供销社合作建立三农综合服务站，在95%以上的行政村布放支付通机具实施"惠农通工程"，农行近年来还上线了"E农管家"电商平台，这些举措既为农村电商发展提供了较好的金融基础设施服务，同时也在一定程度上直接参与了农村电商的发展。

此外，非银行金融机构资本、其他法人单位资金、民间自然人资金、企业自留资本和国外及我国港澳台资本也构成了农村电商的筹资渠道。非银行金融机构包括保险公司、信托投资公司、证券公司、租赁公司、企业集团的财务公司等，它们所提供的各种金融服务既包括信贷资金投放，也包括物资的融通，还包括为企业承销证券等金融服务。各种筹资渠道特点不同，能够提供的资金数量、筹资的便利程度，以及所筹资金的权属性质不尽相同。

（二）筹资方式

筹资渠道说明了企业资金的来源渠道，筹资方式是指企业筹集资金所采取的具体形式和利用的具体工具。农村电商企业筹资方式主要有以下几种：

（1）吸收直接投资。吸收直接投资是指筹资方与投资方通过协商签订协议，筹资方直接筹集到股权资本，投资方享有企业一定的所有权，并享有相应收益，承担相应风险。

（2）发行普通股。发行普通股是股份制公司筹集股权资本的基本方式。公司上市后可通过配股和增发的方式进行股权再融资。

①优点：筹措的资金可永久使用，没有固定的股利负担，筹资风险小。

②缺点：资本成本高，发行费用高，没有抵税作用，容易分散公司控制权，稀释每股收益。

（3）发行债券。发行债券是指企业依照债券发行协议通过发售债券直接筹资，形成企业债务资本的筹资方式。

①优点：资本成本低，有抵税作用，筹资对象广泛，市场规模大。

②缺点：资本成本硬约束，筹资风险大，限制条件多。

（4）银行借款。银行借款是企业按照借款合同从银行等金融机构筹集短期或长期的债权资本的筹资方式。

①优点：筹资速度快，成本低，方式灵活等。

②缺点：风险高，限制条件多，筹资数额有限。

（5）商业信用。商业信用是指企业通过赊购或预收货款等商品交易行为获得短期债务资本的筹资方式。这种方式适合各类企业，它形成于商品交易过程中，是企业的自然性融资。

（6）租赁筹资。租赁筹资是企业按照租赁合同租入资产的特殊筹资方式。其直接涉及的是物而不是资金。租赁筹资的限制较少，各类企业都可以通过租赁方式获得资本。租赁融资方式快捷灵活，到期还本负担轻（到期不用归还大量本金），具有抵税作用，但资本成本高于银行借款方式。

（7）利用留存收益。利用留存收益是企业取得自有资金的重要方式。

（8）发行短期融资券。短期融资券是由大型工商企业或金融企业发行的短期无担保的商业本票，是企业获得短期债权资本的筹资方式。这种筹资方式成本低，数量大，但有较严格的限制。

（9）其他金融工具。随着我国资本市场的发展，金融工具不断创新，也为企业筹资提供了多种方式。

新的筹资方式：

（1）可转换债券。可转换债券简称可转债，是指在一定期限内可以按照约定条件将其转换成发行公司的普通股股票的债券。

可转债持有人可以选择持有债券到期，公司还本付息，也可以在约定的时间内选择按约定股价转换成发行公司的普通股股票，享受股利分配或资本增值，因此可转债兼具股性和债性，也具有期权的特性。

可转债的利率一般较普通债券利率低，与增发方式相比，发行可转债可以缓冲每股收益摊薄压力。

可转债赎回和回售条款的设计，给筹资者和投资者较大选择空间，适宜在公司经营暂时困难或股市低迷时发行。

（2）认股权证。认股权证是发行人发行的，约定持有人在规定期间内或特定到期日，有权按约定价格向发行人购买标的证券的有价证券。

认股权证具有期权特性，持有人有权利而无义务，即持有人可以自行选择是否执行认购权。倘若持有人执行了认股权证，发行公司有义务发行股票给认股权证持有人，发行公司可以获得权益资本，降低负债比率。

（3）分离交易可转债。分离交易可转债是附有认股权证并与认股权证分离交易的公司债券。如果认股权证持有人行权认购发行公司的普通股，则发行者在发行债券筹资的基础上，又实现了普通股筹资。

企业还可以采用发行优先股的方式筹资。

二、企业筹资的预测因素

（一）筹资风险的预测

筹资风险指的是由于资金供求市场、宏观经济环境的变化，企业筹资给财务成果带来的不确定性。这种不确定性包括两层含义：一是导致企业所有者收益下降的风险；二是可能导致企业财务困难甚至破产的风险。企业对筹资风险要有充分的认识，并应采取科学合理的防范措施。

（二）资金成本的预测

资金成本是企业为了筹集和使用各种资金所付出的代价，包括资金筹集费和资金占用费两部分。企业经营所需的资金，无论从何种渠道取得，都存在着一定的资金成本。筹资决策的目标不仅要求筹集到足够数额的资金，而且要使资金成本最低，企业筹资必须达到综合资金成本最小。同时将财务风险保持在适当的范围内，使企业价值最大化，这就是最佳资本结构。

借款成本的计算

富农电商公司除了计划申请广东省电商发展专项资金外，欲从银行取得一笔长期借款1 000万元，手续费0.1%，年利率5%，期限3年，每年结息一次，到期一次还本。公司所得税率25%。计算该笔借款的资金成本是多少？

长期借款资金成本计算公式为：

$$K=\frac{I(1-T)}{P(1-f)}\times100\%=\frac{i(1-T)}{1-f}\times100\%$$

式中：I 表示借款年利息；i 表示利率；T 表示所得税率。

一般借款筹资费率很低，f 可以忽略不计，

$$K=i(1-T)\times100\%$$

根据计算公式计算如下：

$$K=\frac{1\,000\times5\%\times(1-25\%)}{1\,000\times(1-0.1)\%}=3.75\%$$

知识链接

最优资本结构判断标准

◆有利于最大限度地增加股东财富，使公司价值最大化。

◆使公司加权平均资本成本达到最低。

◆保持资本的流动性，使公司的资本结构具有一定的弹性。

需要指出的是，人们可以在理论上推导出最优资本结构。但在现实生活中，最优往往是一种理想状态，可以接近它，但难以实现。因而，我们说最优资本结构，就是通过公司理财，努力接近的一个目标。

确定最佳资本结构的方法有比较加权平均资本成本法、每股收益无差别点法、比较资金成本法和公司价值分析法。

迁移应用

巧借工具，您也能做好筹资决策

2021 年，富农电商公司拥有资金 2 000 万元，其中，长期借款 800 万元，年利率 6%；普通股 1 200 万元，每股面值 1 元，发行价格 20 元，目前价格也为 20 元，上年每股股利 2 元，预计股利增长率 5%，所得税率 25%。富农电商公司计划在 2022 年筹集资金 100 万元，有两种筹资方案：(1) 增加长期借款 100 万元，借款利率上升到 8%；(2) 增发普通股 40 000 股，普通股市价增加到每股 25 元。

请您查阅相关资料，按以下提示思路，做筹资决策小方案：

(1) 目前资金结构？

(2) 2021 年借款成本、普通股成本？

(3) 2022 年将增加多少借款筹资方案的加权平均成本？

三、投资管理基础概述

投资是指企业投入一定的财力，以期望在未来获取收益的一种行为。投资是企业活动中很重要的活动，筹资的目的是投资，而分配活动是对投资活动的结果进行分配，在财务

决策中投资决策处于核心地位。结合农村电商企业的特殊性,本章节主要讲述固定资产投资管理。

固定资产是指同时具有下列特征的有形资产:

①生产商品、提供劳务、出租或经营而持有的。

②使用寿命超过一年。

固定资产是企业从事生产经营活动必要的物质基础,且其价值大,使用时间长。

固定资产投资主要包括厂房的新建、扩建、改建,机器设备的构建及更新。

1. 固定资产投资的特点

(1) 投资数额大,发生次数少。

(2) 回收时间长。

(3) 变现能力差。

2. 固定资产投资决策程序

固定资产投资决策程序有以下几个步骤:

(1) 确定投资决策目标:整个决策工作的出发点和归宿。

(2) 投资项目评价:可对投资项目可行性进行评价的指标包括投资回收期、投资收益率、净现值、内涵报酬率等。

(3) 投资项目决策。

(4) 投资项目实施与控制。

固定资产投资管理

富农电商公司拟新建一条生产线,需要在建设起点一次投入固定资产投资100万元,无形资产投资10万元。建设期为1年,建设期资本化利息为6万元,全部计入固定资产原值。投产第一年预计流动资产需用额为30万元,流动负债需用额为15万元;投产第二年预计流动资产需用额为40万元,流动负债需用额为20万元。

富农电商公司另一个完整工业投资项目投产第一年预计流动资产需要30万元,流动负债可用额15万元,假定该项目投资发生在建设期末;投产第二年预计流动资产需要额是40万元,流动负债是20万元,假定该项目投资发生投产后第一年末。

首先,考虑投资的2大指标:①每次发生的流动资金投资额;②终结点回收的流动资金。

按一次投入方式,计算该项目有关指标如下:

①固定资产原值=100+6=106(万元)

②投产第一年的流动资金需用额=30-15=15(万元)

首次流动资金投资额=15+0=15(万元)

投产第二年的流动资金需用额=40-20=20(万元)

投产第二年的流动资金投资额 =20-15=5（万元）

流动资金投资合计 = 15 ＋ 5 = 20（万元）

③建设投资额 = 100 ＋ 10 = 110（万元）

④原始总投资额 = 110 ＋ 20 = 130（万元）

⑤投资总额 = 130 ＋ 6 = 136（万元）

其次，为简化计算，我国有关建设项目评估制度假定流动资金投资可从投产第一年开始安排。因此，投产第一年所需的流动资金应在项目投产前安排。

① 投资第一年流动资金需用额 = 30 － 15 = 15（万元）

第一次流动资金投资额 = 15 － 0 = 15（万元）

投资第二年流动资金需用额 = 40 － 20 = 20（万元）

第一次流动资金投资额 = 20 － 15 = 5（万元）

② 终结点回收的流动资金＝流动资金投资合计 = 15 ＋ 5 = 20（万元）

知识链接

建设期的确认

建设期是指项目资金正式投入开始到项目建成投产为止所需要的时间，建设期的第一年初称为建设起点（记作第 0 年），建设期的最后一年末称为投产日（记作第 s 年）。在实践中，通常应参照项目建设的合理工期或项目的建设进度计划合理确定建设期。项目计算期的最后一年年末称为终结点（记作第 n 年），假定项目最终报废或清理均发生在终结点（但更新改造除外）从投产日到终结点之间的时间间隔称为运营期，又包括试产期和达产期（完全达到设计生产能力）两个阶段。试产期是指项目投入生产，但生产能力尚未完全达到设计能力时的过渡阶段。达产期是指生产运营达到设计预期水平后的时间。运营期一般应根据项目主要设备的经济使用寿命期确定。

总结与评价

1. 知识导图

任务二知识导图如图 6-18 所示。

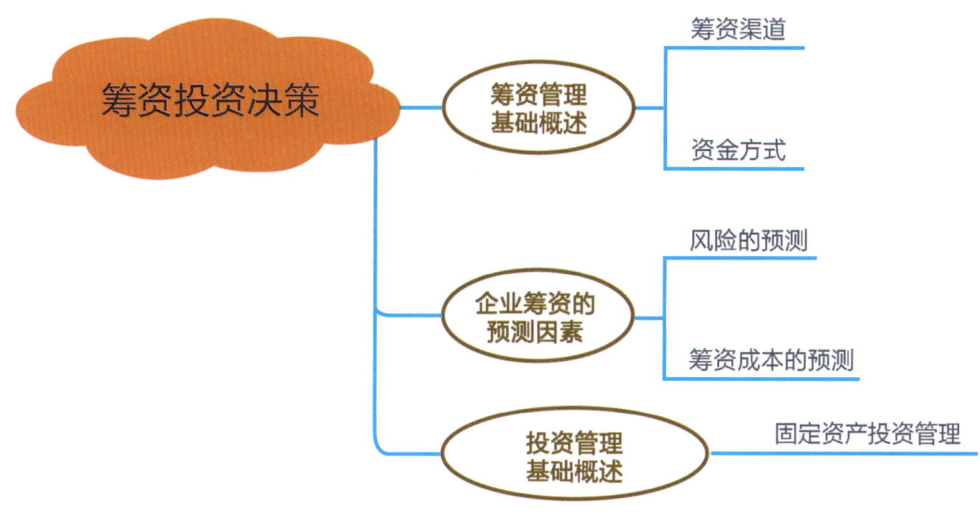

图 6-18 任务二知识导图

2. 课外拓展

当企业通过一定的方法确定自己的较优资本结构或最优资本结构之后，就需要对现有的资本结构进行调整，使企业的资本结构理想的目标。企业调整资本结构的方法有：

（1）存量调整。存量调整是在不改变现有资产规模的基础上，根据目标资本结构要求，对现有资本结构进行必要的调整。

存量调整的方法有：

①债转股或股转债；

②增发新股偿还债务；

③调整现有负债结构；

④调整权益结构，如优先股转为普通股。

（2）增量调整。增量调整是通过追加筹资量的方式来调整资本结构。其主要途径是从外部取得增量资本，如发行新债、举借新贷款、进行租赁筹资、发行新股票等。

（3）减量调整。减量调整是通过减少资产总额的方式来调整资本结构。如提前归还借款，收回可提前收回的债券，回购股票减少股本等。

3. 学习感悟

收获：

_____

不足：

_____

改进：

_____

任务三 营运资金决策

学习目标

1. 结合现金成本分析方法确定现金最佳持有量。
2. 根据成本与收益比较的原则制订企业信用及收账政策。

农村电商企业具有便捷、无时空限制等特征，运营资金的管理显得尤其重要，良好的资金流是一个系统工程，从业务开始到结束的每一个环节都应把改善资金流纳入管理的目标当中。本章节结合农村电商交易模式和营运资金管理理论，从营运资金管理最主要的三项内容（现金管理、应收账款管理、存货管理）出发，以期提高公司营运资金使用效率，减少营运资金占用量，增加盈利，调整和完善公司的资本结构，为公司生产运营筹措合理的营运资金提供有效建议。

情境引入

富农电商公司有几种现金持有方案，现金持有量从 10 000 元到 50 000 元，等额分为五个档次，现金的管理成本与现金持有量增减无关，均为 3 000 元，现金持有量为 10 000 元时，短缺成本为 9 000 元，现金持有量每增加 10 000 元，短缺成本降低 2 000 元，假定资金成本率为 10%。

富农电商公司旗下有一家大型物流公司，在全国有 100 家分公司，其业务遍布全国各地，同时，还拥有一家生产制造型公司，由于最近业务资金周转出现了问题，不能及时归回购买材料款，存货占用资金量较大。

运营资本是企业为了维持正常的经营活动所需要的资金，即企业在经营活动中可用的流动资产净额。财务管理的日常活动是对营运资本的管理，包括对流动资产的管理和对负债的管理。

一、现金管理

广义现金是指在生产经营过程中以货币形式存在的资金，包括库存现金、银行存款和其他货币资金。狭义现金仅指库存现金。国家对现金管理有明确规定，包括：

（1）现金的使用范围。这里的现金是狭义概念上的现金，即指企业的现钞交易，只能在一定的范围内使用，如支付工资、津贴，支付个人的报酬、劳保费用等规定的其他对个人的支出，差旅费，中国人民银行规定的其他支出。

（2）库存的现金一般以3～5天的零星开支为限。

（3）不得坐支现金，即企业不能用其收到的现金直接支付现金开支。

（4）不得出租、出借银行账户。

（5）不能套用银行信用。

（6）不得保存账外公款，不能把公款以个人的名义存入银行。

现金是流动性最好的资产，但过量持有现金会发生机会成本，增加管理成本，降低整体资产的收益率水平。为此，企业可根据自身的具体情况，选择存货、因素分析、随机等模式确定最佳资金持有量。

二、应收账款管理

1. 应收账款

应收账款是指企业由于对外销售其产品、材料、提供劳务等，应该向购货单位或接受劳务的单位收取的款项。

2. 应收账款的产生

应收账款在赊销或推迟劳务收款中产生，赊销或推迟劳务收款能够增加销售或营业量，减少产品库存和资金占用。

3. 应收账款管理的重点

应收账款管理的重点是制订适宜的应收账款政策。应收账款政策是指企业在赊销时，为对应收账款进行规划和控制所制订的基本原则和规范，主要包括信用标准、信用条件和收账政策三个方面。

（1）信用标准。它是客户获得企业商业信用所应具备的最低条件。企业在制订或选择信用标准时，应考虑三个基本因素：

①同行业竞争对手的情况。

②企业承担违约风险的能力。

③客户的资信程度。客户资信程度的高低通常决定于五个方面，即客户的信用品质（Character）、偿付能力（Capacity）、资本（Capital）、抵押品（Collateral）、经济状况（Conditions），简称"5C"系统。

（2）信用条件。所谓信用条件就是指企业接受客户信用订单时所提出的付款要求，主要包括信用期限、折扣期限及现金折扣率等。

（3）收账政策。收账政策亦称收账方针，是指当客户违反信用条件，拖欠甚至拒付账款时企业所采取的收账策略与措施。款项收回的可能性随拖欠时间的延长而变小，企业应该实行严格的监督，随时掌握收回情况。

三、存货管理

详见本书"项目三供应链管理任务三库存控制与管理"。

现金持有量的计算

富农电商公司根据实际的资金情况，计划有A、B、C、D四种现金持有方案，有关成本资料如下表6-8所示：

表6-8 现金持有量备选方案　　　　　　　　　　　　　　　　　　单位/元

项目	A	B	C	D
平均现金持有量	10 000	200 000	300 000	400 000
机会成本率	10%	10%	10%	10%
短缺成本	48 000	25 000	1 000	8 000

如何进行现金持有量的决策？

首先，理清决策的"看—找—算—测"思路：

第一步看成本：机会成本、短缺成本。

第二步找相关：相关成本短缺成本已知。

第三步算成本：计算机会成本。

第四步测现金：见表6-9。

表6-9 最佳现金持有量测算　　　　　　　　　　　　　　　　　　单位/元

方案及平均现金持有量	机会成本	短缺成本	相关总成本
A（100 000）	10 000	48 000	58 000
B（200 000）	20 000	25 000	45 000
C（300 000）	30 000	10 000	40 000
D（400 000）	40 000	5 000	45 000

注：机会成本＝平均现金持有量×机会成本率

第五步找最佳：根据最佳现金持有量测算表可以看出C方案相关总成本最低，因此，企业平均现金持有为300 000元时，各方面的总代价最低，600 000元为现金最佳持有量。

应收账款形成的原因

◆在市场日益激烈的情况下,企业为了扩大销售,提高市场占有份额,采取现金折扣、赊销的方式进行销售,这是形成应收账款的主要原因。

◆减少库存商品,节约库存商品的管理费用。企业库存商品较多时,一般采用较为优惠的信用条件进行赊销,把库存商品转化为应收账款,节约各项支出。

◆销售和收款的时间差距。商品成交的时间和收到货款的时间经常不一致,导致了应收账款的发生。

应收账款的决策管理

富农电商公司预测的 2019 年赊销额为 3 600 万元,其信用条件时:$n/30$,变动成本率为 60%,资金成本率(或有价证券利息率)为 10%。假设企业收账政策不变,固定成本总额不变。该企业准备了三个信用条件的备选方案:

A:维持 $n/30$ 的信用条件

B:将信用条件放宽到 $n/60$

C:将信用条件放宽到 $n/90$

怎样得出最优方案?

解析:

收集各种备选方案估计的赊销水平、坏账百分比和收账费用等有关数据如表 6-10 所示。

表 6-10 各种备选方案估计的赊销水平、坏账百分比和收账费用

项目	A 方案	B 方案	C 方案
	信用条件 $n/30$	信用条件 $n/60$	信用条件 $n/90$
年赊销额 / 万元	3 600	3 960	4 200
应收账款平均收账天数 / 天	30	60	90
应收账款平均余额 / 万元	300	660	1 050
维车赊销业务所需资金 / 万元	180	396	630
坏账损失 / 年赊销额	2%	3%	3%
坏账损失 / 万元	72	118.8	252
收账费用 / 万元	36	60	144

根据以上资料，可计算出相应的指标。

根据表 6-11 中的数据可知，在三种方案中，B 方案的获利最大，因此，在其他条件不变的情况下，应选择 B 方案。

表 6-11　备选方案评估指标　　　　　　　　　　　　　　　　单位 / 元

项目	A 方案	B 方案	C 方案
	信用条件 $n/30$	信用条件 $n/60$	信用条件 $n/90$
年赊销额	3 600	3 960	4 200
变动成本	2 160	2 376	2 520
信用成本前收益	1 440	1 584	1 680
应收账款机会成本	18	39.6	63
坏账损失	72	118.8	252
收账费用	36	60	144
信用成本后收益	1 314	1 365.6	1 221

在富农电商公司企业财务活动中，业务部王经理填写了几份付款申请书，一是借现金支付劳保费；二是借现金支付工资；三是库存 3~5 天零星开支需要的现金；四是有保存账外公款。其中，违反国家对现金管理规定的是哪项操作？

假设富农电商公司给客户开出的信用条件是 "5/10，$n/30$"，说明客户若享受 5% 的折扣，则必须在几天内付款？

应收账款的机会成本计算

1. 计算原理

机会成本，即因资金投放在应收账款上而丧失的其他收入。这一成本的大小通常与企业维持赊销业务所需要的资金数量（即应收账款投资额）、资金成本率有关。

2. 计算公式

　　　　　应收账款机会成本 = 赊销业务所需资金 × 资金成本率

　　　　　赊销业务所需资金 = 应收账款平均余额 × 变动成本率

　　　　　应收账款平均余额 = 平均每日赊销额 × 平均收账天数

式中：平均收账天数一般按客户各自赊销额占总赊销额比重为权数的所有客户收账天

数的加权平均数计算；资金成本率一般可按有价证券利息率计算。

现金折扣

现金折扣，又称销售折扣，是企业为了鼓励购买方在信用期内早日付款而给予一定的折扣，它是一种催账手段。现金折扣的条件通常写成："现金折扣/折扣期限，n/偿付期限"，如"3/10，2/20，n/30"，3/10含义是指在10天内付款，可享受3%的折扣；2/20是指11天以上20天以内付款，可享受2%的折扣；n/30是指允许赊账的最长时间为30天，且20天以上到30天以内付款，则不享受现金折扣优惠，按原价付款。现金折扣一般为发票金额的1%~5%。

现金折扣条件涉及折扣率、折扣期限、偿付期。其中偿付期限是指销售方允许购买方拖欠货款的最长时间，也称为信用期，一般的偿付期为30天，超过这一期限，被视为拖欠；折扣率是销售方提供的由购买方在折扣期限内付款所享受的折扣百分比；折扣期限是指销售方给予购买方享受现金折扣的付款时间；一般情况下折扣期限越短，折扣率越大，反之则越小。

农村电商职业经理人

任务四 利润分配决策

学习目标

1. 能正确分析收益分配原则与影响因素。
2. 能根据收益分配程序与方案进行收益分配决策。

近年来，越来越多的农产品搭载着农村电商的平台走遍全国各地，农村电商也在这利好的环境中发展壮大，农村电商企业通过经营活动赚取收益，并将其在相关各方之间进行分配。企业的收益分配有广义的收益分配和狭义的收益分配两种。广义的收益分配是指对企业的收入和收益总额进行分配的过程；狭义的收益分配则是指对企业净收益的分配。本章所指的收益分配是指企业净收益的分配。

情境引入

富农电商公司 2019 年税后净利润为 2 000 万元，2020 年的投资计划需要资金 2 200 万元，公司的目标资本结构为权益资本占 60%，债务资本占 40%。

该公司长期以来采用固定股利支付政策进行股利分配，确定的股利支付率为 40%。2020 年税后利润为 1 000 万元。

该公司于 2020 年宣布发放 30% 的股票股利，现有股东每持有 10 股，即可获得赠送的 3 股普通股。

一、利润分配管理概述

（一）利润分配的顺序

1. 利润分配

利润分配是将企业实现的净利润，按照国家财务制度规定的分配形式和分配顺序，在国家、企业和投资者之间进行的分配。

2. 企业所得税

公司取得利润后首先应按规定上交企业所得税，余下为税后利润。税后利润分配的顺序应执行《中华人民共和国公司法》的规定。公司分配当年税后利润时，应当按当年税后利润（假设年初不存在累计亏损）的 10% 提取法定公积金；公司法定公积金累计额为公司注册资本的 50% 以上的，可以不再提取。

公司从税后利润中提取法定公积金后，经股东会或者股东大会决议，还可以从税后利润中提取任意公积金；公司弥补亏损和提取公积金后所余税后利润，有限责任公司依照《中华人民共和国公司法》第 34 条的规定分配，股份有限公司按照股东持有的股份比例分配，但股份有限公司章程规定不按持股比例分配的除外。

（二）利润分配的方式

在我国，公司利润分配的基本方式有现金股利和股票股利。

1. 现金股利

现金股利是以现金的形式发放的股利，即派现。其优点是现金较多时，有利于改善长短期资金结构，利于股东取得现金收入和增强投资能力。缺点是现金短缺时，会增加企业的财务压力，从而导致偿债能力下降。

2. 股票股利

股票股利是指企业以股票形式发放的股利，即送股。其优点为：①可以避免支付现金，当企业现金紧缺时，发放股票股利可起到稳定股利和维护市场形象的作用；②可以避免发放现金股利后再筹集资本所发生的筹资费用；③股票股利可增加企业股票的发行量和流动性，从而提高企业的知名度。

企业分红时经常将两种方式结合起来。

二、利润分配决策分析

确定利润分配方案需要考虑以下几个方面的内容：

（一）选择分配政策

利润分配政策是企业就利润分配所采取的策略和方针，如设计多大的利润支付率、以何种形式支付利润、何时支付利润等问题。支付给投资者的盈余与留在企业的保留盈余存在此消彼长的关系。所以，利润分配既决定给投资者分配多少红利，也决定有多少净利留在企业，减少股利分配，会增加留存收益，减少外部筹资需求，所以说利润决策也是企业内部筹资决策，企业在不同成长时期所采用的利润分配政策如表 6-12 所示。

表 6-12　企业在不同成长时期所采用的利润分配政策描述

企业发展阶段	特点	适用的利润分配政策
企业初创阶段	企业经营风险高，有投资需求且融资能力差	不分利润或少分利润政策
企业快速发展阶段	企业快速发展，投资需求大	不分利润政策
企业稳定增长阶段	企业业务稳定增长，投资需求少，净现金流入量增加	固定利润或稳定增长利润政策

（续表）

企业发展阶段	特点	适用的利润分配政策
企业成熟阶段	企业盈利水平稳定，企业通常已积累了一定的留存收益和资金	固定支付率利润政策
企业衰退阶段	企业业务锐减，获利能力和现金获得能力下降	不分利润或少分利润政策

（二）确定利润支付水平

利润支付水平通常用利润支付率来衡量。利润支付率是当年发放利润与当年净利润之比。是否对投资及利润支付率高低的确定，取决于下列因素：企业所处的成长周期；企业的投资机会；企业的筹资能力及筹资成本；企业的资本结构；利润的信号传递功能；借款协议及法律限制；投资者偏好；通货膨胀等。

（三）确定利润支付形式

按照非股份制企业对其投资者支付利润的不同方式，利润分配可以分为不同的种类。其中，常见的有以下三类（图6-19）：

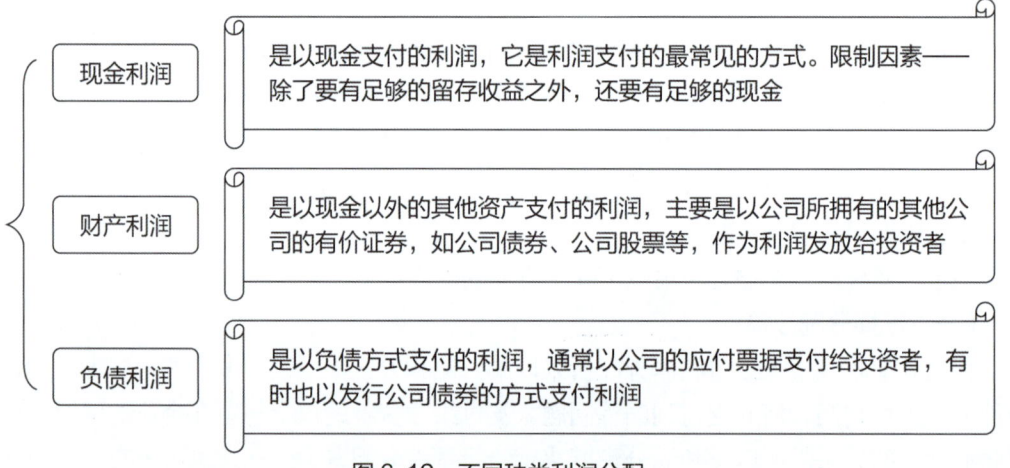

图6-19　不同种类利润分配

财产利润和负债利润实际上都是现金利润的替代方式，但目前这两种利润支付方式在我国企业实务中极少使用。

利润分配的计算

富农电商公司2018年税后净利润为2 000万元，2019年的投资计划需要资金2 200万元，公司的目标资本结构为权益资本占60%，债务资本占40%。

该公司长期以来采用固定股利支付政策进行股利分配，确定的股利支付率为40%。2019年税后利润为1 000万元，该公司在2018年发放股票股利前，其资产负债表上的股

东权益账户情况如表 6-13 所示:

表 6-13　股东权益账户情况（1） 单位/元

股东权益	金额
普通股（面值 1 元，流通在外 2 000 万股）	2 000
资本公积	4 000
盈余公积	2 000
未分配利润	3 000
股东权益合计	11 000

假设该公司宣布发放 30% 的股票股利，现有股东每持有 10 股，即可获得赠送的 3 股普通股。该公司发放的股票股利为 600 万股，随着股票股利的发放，未分配利润中有 600 万元的资本金要转移到普通股的股本账户上去，因而普通股本由原来的 2 000 万元增加到 2 600 万元，而未分配利润的余额由 3 000 万元减少至 2 400 万元，但该公司的股东权益总额并未发生改变，仍是 11 000 万元，股票股利发放之后的资产负债表上的股东权益账户情况如表 6-14 所示:

表 6-14　股东权益账户情况（2） 单位/元

股东权益	金额
普通股（面值 1 元，流通在外 2 000 万股）	2 600
资本公积	4 000
盈余公积	2 000
未分配利润	2 400
股东权益合计	11 000

那么按照目标资本结构的要求，计算公司 2018 年可以发放的股利；如果仍然继续执行固定股利支付率政策，计算本年度可以发放的股利；假设一位股东派发股票股利之前持有公司的普通股 3 000 股，计算股票股利发放前后他拥有的股权比例。

首先，公司投资方案所需的权益资本额为：2 200×60%=1 320（万元）。

公司当年全部可用于分配的盈利为 2 000 万元，除了可以满足上述投资方案所需的权益性资本额外，还有剩余可以用于分派股利。

2018 年可以发放的股利额为：2 200 － 1 320=880（万元）。

假设该公司当年流通在外的普通股为1 000万股，那么，每股股利为：680÷1 000=0.68（元/股）。

其次，根据所给资料，2019年可以发放的股利额解析如下：

本年度将要支付的股利为：1 000×40%＝400（万元）。

但公司下年度有较大的投资需求，因此，准备在本年度采用剩余股利政策。如果公司下一年度的投资预算为1 200万元，目标资本结构为权益资本占60%，债务资本占40%。按照目标资本结构的要求，公司投资方案所需的权益性资本额为：

1 200×60%=720（万元）。

2019年可以发放的股利额为：1 000－720＝280（万元）。

最后，根据所给资料，派发股票股利前后持有的股权比例解析如下：

派发股票股利之前持有的股权比例：3 000股÷2 000万股＝0.015%。

派发股票股利之后持有的股权比例：3 000股＋900股＝3 900股。

3 900股÷2 600万股＝0.015%

通过上例可以说明，由于公司的净资产不变，而股票股利派发前后每一位股东的持股比例也不发生变化，那么他们各自持股所代表的净资产也不会改变。

迁移应用

富农电商公司长期以来采用固定股利支付政策进行股利分配，确定的股利支付率为40%。2019年税后利润为1 000万元，如果仍然继续执行固定股利支付率政策，计算本年度可以发放的股利。

但公司下一年度有较大的投资需求，因此，准备在本年度采用剩余股利政策。如果公司下一年度的投资预算为1 200万元，目标资本结构为权益资本占60%，债务资本占40%。按照目标资本结构的要求，公司投资方案所需的权益性资本额是多少？2019年可以发放的股利额是多少？

总结与评价

1. 知识导图

任务四知识导图如图6-20所示。

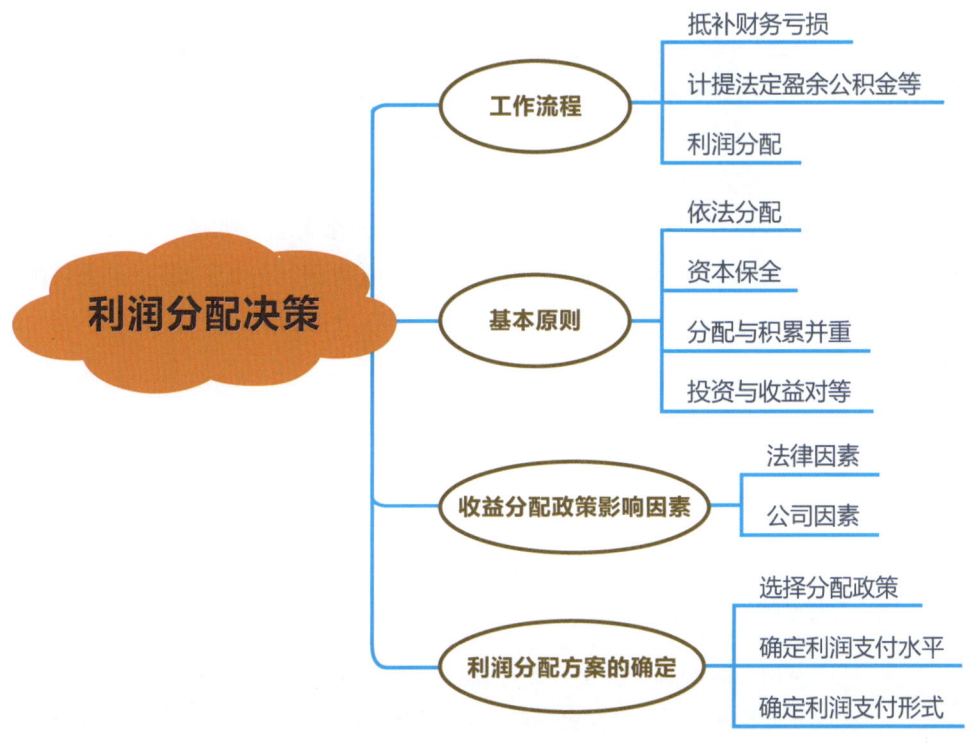

图 6-20　任务四知识导图

2. 拓展知识

◆股利分配程序

根据《中华人民共和国公司法》的规定，公司税后利润分配的顺序是：

（1）弥补企业以前年度亏损。公司的法定公积金不足以弥补以前年度亏损的，在提取法定公积金之前，应当先用当年利润弥补亏损。

（2）提取法定盈余公积金。根据公司法的规定，法定盈余公积金的提取比例为当年税后利润（弥补亏损后）的 10%。法定盈余公积金已达到注册资本的 50% 时可不再提取。法定盈余公积金可用于弥补亏损、扩大公司生产经营或转增资本，但企业用盈余公积金转增资本后，法定盈余公积金的余额不得低于转增前公司注册资本的 25%。

（3）提取任意盈余公积金。根据《中华人民共和国公司法》的规定，公司从税后利润中提取法定公积金后，经股东会或者股东大会决议，还可以从税后利润中提取任意公积金。

（4）向股东（投资者）分配股利（利润）。根据《中华人民共和国公司法》的规定，公司弥补亏损和提取公积金后所余税后利润，可以向股东（投资者）分配股利（利润），其中有限责任公司股东按照实缴的出资比例分取红利，全体股东约定不按照出资比例分取红利的除外；股份有限公司按照股东持有的股份比例分配，但股份有限公司章程规定不按持股比例分配的除外。

根据《中华人民共和国公司法》的规定，股东会、股东大会或者董事会违反相关规定，在公司弥补亏损和提取法定公积金之前向股东分配利润的，股东必须将违反规定分配的利润退还公司。另外，公司持有的本公司股份不得分配利润。

◆上市公司股利分配的原则

公司税后盈利在弥补亏损和提取法定公积金、法定公益金后，如果有剩余，就可在股东间进行分配。股利分配应按同股同利、股东平等的原则进行分配，即公司在分配股利时，必须平等地对待各股东，在分配日期、分配比率和分配方式上，各股东不得有差异（表6-15）。

表6-15 上市公司股利分配原则

纳税优先的原则	公司必须在依法缴纳各种税收以后，才能向股东分配股利
弥补亏损的原则	公司每年的经营业绩不尽相同。如果往年出现亏损，则企业必须在弥补了以前年度亏损以后才能分配股利
提取法定公积金原则	公司当年税后盈利在弥补以前年度亏损后，如有剩余，应从中提取一定比例作为法定公积金。《中华人民共和国公司法》规定，法定公积金的提取比例为当年税后利润的10%，法定公积金累计额达到注册资本的50%以上时，可以不再提取
同股同利、股东平等原则	公司税后盈利在弥补亏损和提取法定公积金、法定公益金后，如果有剩余，就可在股东间进行分配。股利分配应按同股同利、股东平等的原则进行分配，即公司在分配股利时，必须平等地对待各股东，在分配日期、分配比率和分配方式上，各股东不得有差异

3. 学习感悟

收获：

不足：

改进：

任务五 成本要素分析

学习目标

1. 能结合农村电商公司的背景分析成本要素的特点。
2. 能根据农村电商公司的实际情况分析成本要素的关系。

"快捷、方便、价廉"是农村电商的巨大魅力。随着世界经济一体化的发展，企业面对的竞争情况发生了很大变化，企业成本作为一项与企业生产效益直接相关的综合因素，是对外竞争的直接体现，显得尤其特殊与重要。大多数电商企业盈利下降，其重要因素是企业运营成本的上涨，农村电商企业该如何对成本进行分析，找到正确的成本要素间的内在联，从而更好地"降本增效"呢？接下来就以富农电商企业为例，让读者理解农村电商的成本构成，分析成本要素间的关系。

情境引入

富农电商公司运营中心位于广州市天河工业园区，专业团队近50人。公司旗下的村村通数码家电专营店是家电数码行业中较具规模的一家网店，网店经营的商品种类包括家用电器、数码产品等，在电商领域得到了各县区客户的一致认可，在同行业中较为领先。该专营店近几年发展迅猛，2018年底公司员工增加到30人，店铺日点击量5万人/次，日订单数超200笔。

一、狭义的农村电商成本

从狭义的角度来看，农村电商公司的成本主要分成以下四个方面：平台固定成本、运营成本、货品成本和人员成本。

1. 平台固定成本

平台固定成本属于电商运营的基建成本，对于类似天猫等运营商来讲，是指保证金、技术服务年费、实时划扣技术服务费。

2. 运营成本

运营成本属于电商运营的扩展建设成本，富农电商公司把它划分为硬运营成本和软运营成本。

（1）硬运营成本：电商运营中所需要的一次性或稳定固定额度的硬件或后端软件的成本。如 CRM 系统、ERP 系统等软件或打印机、扫码枪等硬件购置成本。

（2）软运营成本：电商运营所需要做的推广投入。现今主流的推广模式有以下四种：CPC（按点击效果付费）、CPM（按展现付费）、CPT（按单位时长付费）、CPS（按效果付费）。

线下的软、硬运营成本

◆硬性成本是指固定支出成本，包括店面租金、装修、设备进购等。

◆软性成本包括每月水电费、每日原材料损耗、员工福利、活动补贴、备品易耗等。硬性成本是固定支出，而软性成本可调控。

3．货品成本

货品成本属于电商运营的核心元素成本，主要包含货品净成本、库存积压成本、仓库管理成本、货品残损成本等。

4．人员成本

人员成本属于电商运营的支撑元素成本，主要包含员工成本、场地成本、管理成本、办公设备成本等。

二、广义的农村电商成本

从广义的角度来看，农村电商的成本应该是商家和客户所有应用于其中的软硬件配置、学习和使用、信息获得、网上支付、信息安全、物流配送、售后服务，以及商品在生产和流通过程中所需的费用总和。

1．技术成本

电商是各种技术结合的产物，要使其正常有序地运行，必须建设由性能优越的硬件设施和先进的软件系统组成的操作平台，并对系统进行有效的维护。

2．营销成本

在自己的网站和其他网站上做广告所需的费用，以及为了使消费者能更容易地找到自己的网站，而在一些门户网站上插入链接和其他各种媒介推广所需的费用构成了厂商在电商交易前的营销成本。

3．安全成本

在网上保证交易的公正性和安全性、保证交易方身份的真实性、保证传递信息的完整性，以及交易的不可抵赖性，是推广电商的关键。而这些用于交易安全的协议、规章、软件、硬件、技术的使用及其学习和操作所需的费用构成了农村电商运营的安全成本。

4．配送成本

物流配送是农村电商最后一个重要环节，是电商的目标和核心，也是衡量电商成功与否的一个重要标识。在电商中最难解决的问题就是物流配送。物流配送需要有商品的存放网点，需要增加运输、配送人员的开支，由此而引起的费用开支即为电商的配送成本。

5. 法律成本

毋庸置疑，农村电商的发展面临着大量的法律问题，诸如网上交易纠纷的司法裁定、司法权限；安全与保密、数字签名、授权认证中心（CA）管理；网络犯罪的法律适用性；进出口及关税管理；各种税制；知识产权保护，包括出版、软件、信息等；隐私权，网上商务有关的标准统一及转换等。

6. 风险成本

风险成本是一种隐形成本，成本是由不好确定、不易把握的因素构成的，如网站人才的流失、病毒、黑客的袭击，新技术的迅速发展所导致的软、硬件的更新换代等。

一般企业的生产组织方式

一般企业的生产组织方式，可以分为大量生产、成批生产和单件生产三种类型。

（1）大量生产是指每年连续不断地大量重复生产一种或几种产品，例如，冶金、纺织、水泥、化肥、面粉、食糖等工业生产。

（2）成批生产是指按照预定的产品批别和数量进行的生产，例如，机械制造、服装等工业生产。成批生产按照产品批量的大小，可分为大批生产或小批生产两种。

①大批生产往往在几个月内连续不断地大批重复生产一种或几种产品，其性质接近于大量生产。

②小批生产则生产产品的批量小，一批产品往往可以同时完工，其性质接近于单件生产。

（3）单件生产是指按照购买单位的要求进行单个的、特殊要求产品的生产，例如，船舶制造或重型设备、专用设备的制造等工业生产。

村村通数码家电专营店成本要素分析

富农电商公司旗下的村村通数码家电专营店2017—2019年成本结构变化如表6-16。根据表6-16中的数据情况，分析村村通数码家电专营店的成本要素及其变化特征。

表6-16　富农电商村村通数码家电专营店2017—2019年成本结构变化表　　单位/元

成本构成	2017年	2018年	2019年
采购成本	1 676 231.54	2 856 231.63	3 937 823.45
配送成本	175 832.42	277 653.73	297 853.44
销售成本	1 675 623.34	1 988 545.43	2 684 542.52
设备配置及维护	185 434.72	196 728.44	198 723.65

解析：

1. 整理成本要素构成比例

从图 6-21 中可以直观看出，采购成本是电商企业成本构成最重要的组成部分。电商企业与传统零售商场的采购及成本核心不同，富农电商公司是与供应商协商达成共识来确定上线日期和签订合同。确定了上线日期，由供应商发物流到达目的地，如果是新型商品，富农电商公司会安排人负责拍摄及其商品描述等上线准备工作，然后将图片和商品资料导入网店中的具体类目，然后上线推广，根据客户订单安排合适的物流发货，其采购成本主要由业务人员的差旅费、商品进价成本、退货和发货成本组成。业务人员的差旅费可以分摊到每一笔订单中，且只在开发新的品牌供应商时产生。其采购成本可以忽略不计，而商品进价是采购成本的核心。

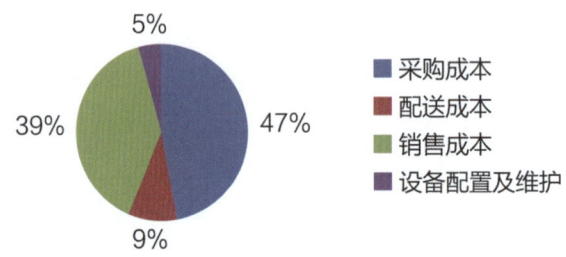

图 6-21　成本要素构成比例

2. 分析成本要素变化趋势

图 6-22 中 2017—2019 年数据显示配送成本较其他几项成本增长速度是最快的，每年以 7.4% 的趋势递增，这说明富农电商公司的配送成本在逐年增加。然而配送成本又是电商企业的成本核心之一，对于电商来说也就是快递费，降低快递成本，对成本控制极其重要。例如，京东商城投资了 20 多亿元打造自己的物流中心体系，可见物流成本对电商企业的重要性。对于村村通数码家电专营店来说，物流成本包含以下两个方面：一是包邮商品的物流成本；二是退换货商品的运费。而且现在电商规定七天无理由退换货，使退换货成为一种普遍现象，这大幅增加了公司的物流成本。

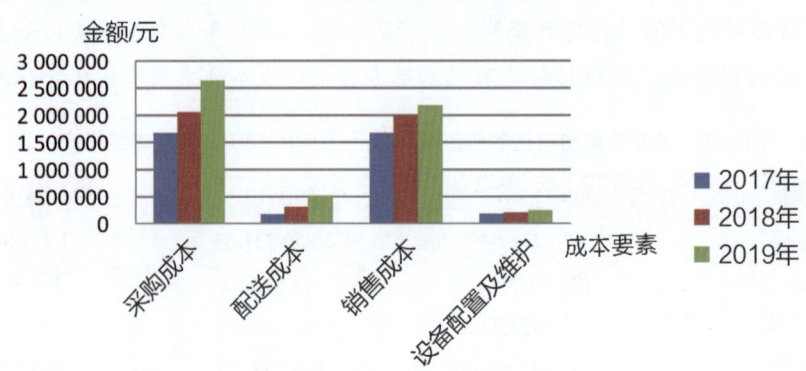

图 6-22　成本要素增长变化图

销售成本主要指人员工资、仓库租金、商品的宣传推广成本等。其中员工工资支出是营销成本最大的支出，一方面随着物价的上涨，员工基本工资每年都在上调，因此科学用人、合理分工可以有效地减少开支；另一方面商品的宣传推广也就是运营成本，主要是站内推广，即以淘宝直通车为主，直通车是以客户点击量计费的，不同关键词讨价金额也不同，但是通过直通车访问过来的客户成交量却比较低，这样一来耗费实际是较高的。设备配置与维护成本主要指硬件维护、技术人员工资等，其中技术员工工资成本占相当大的比例，该部门多为工程师职称以上的专业技术人员，工资薪金水平较高，从事本公司计算机设备的日常维护和客户购买条码打印设备远程安装调试服务工作。

迁移应用

富农电商公司运营中心在 2018 年 6 月采取网销宝进行推广，网销宝是一款付费的排名工具。通过关键词竞价的方式把产品优先推荐给买家，其作用就是提升排名，让富农电商公司的产品获得更多曝光机会。其特点是免费展示，点击才扣费，成本可控。网销宝的扣费原则如下：

扣费取决于富农电商公司和其他客户的排名、出价和推广质量扣费 = 下一家质量分 × 下一家出价 / 自己的质量分 + 每次点击扣费不会超过富农电商公司为关键词所设定的出价。富农电商公司线上的目标客户主要集中在广东、山东、江苏、浙江、河北、河南以及安徽等地，所以富农电商公司重点推广的客户群体也要设定为这些地区，结合富农电商公司的工作时间设定好在线推广的时间，节省不必要的成本，更精准地发挥网销宝的作用，主要目的是提高店铺的流量，增加曝光率，让更多的潜在客户知道富农电商公司，购买富农电商公司的产品。第一个月的目标是流量突破 100 000 次，点击率超 10 000 次，访客人数多于 1 000 人。

下面是富农电商公司的具体实施步骤（按每月 3 000 元的推广费算）。

步骤一：

（1）设置日消耗上限为 150 元（根据当天的网络活跃度随时调整金额）。

（2）设置投放时间，根据富农电商公司网站访客来访集中的时间段，富农电商公司投放的时间为星期一至星期六，每天的时间段是周一至周六 9：00—12：00，13：30—17：30 两个时间段，投放的地域为广东、浙江、江苏、山东、河北、河南、湖北、安徽、福建等十个区域（按当天数据投放）。

（3）时刻关注网销宝的统计报表，主要分为效果报告、基础报表、地域报表、月度报告，以便随时修改推广计划。

步骤二：设置推广组，将关键词和推广信息进行集合。会将同类产品和意义相近的关键词纳入同一推广组，导入传送带和输送带、片基带。

根据以上活动策划，分析此次网销宝项目成本的构成。

总结与评价

1. 知识导图

任务五知识导图如图 6-23 所示。

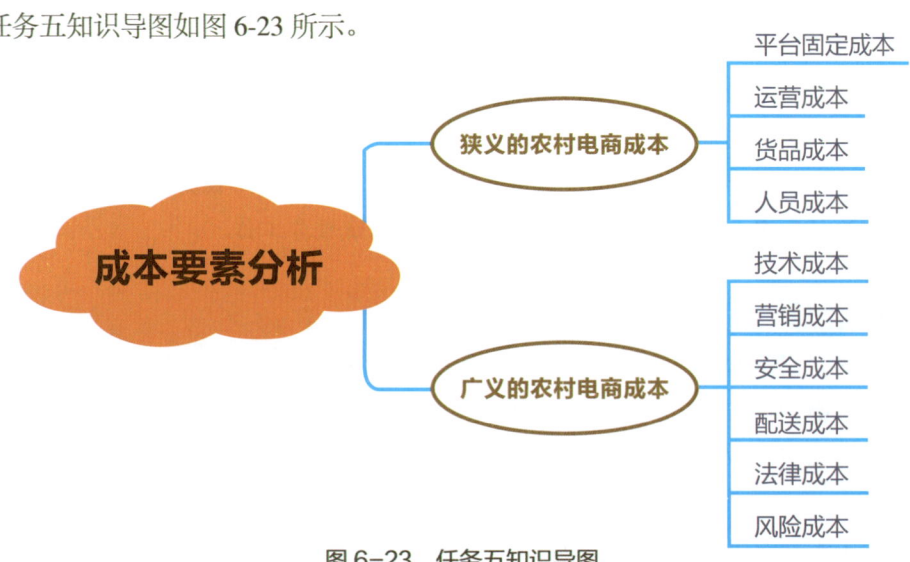

图 6-23　任务五知识导图

2. 拓展知识

产品成本计算的基本方法见表 6-17。

表 6-17　产品成本计算的基本方法

产品成本计算的基本方法	成本计算对象	生产组织方式	生产工艺过程
品种法	产品品种	大量大批生产	单步骤生产，以及管理上不要求分步骤计算产品成本的多步骤生产
分批法	产品批别或件别	小批单件生产	单步骤生产，以及管理上不要求分步骤计算产品成本的多步骤生产
分步法	产品生产步骤	大量大批生产	管理上要求分步骤计算产品成本的多步骤生产

3. 学习感悟

收获：

_____

不足：

_____

改进：

_____

任务六 降本增效管理

学习目标

1. 能对供应链的物流成本进行分析。
2. 能利用"互联网+"对配送成本进行改善分析。

随着人们消费水平的飞速提升和快递业的蓬勃发展,线上流量增速趋缓与经营成本持续提升并存,如何实现降本增效,是每个电商人都十分关注的话题。农村电商成本管理以降低成本为基础、以提升效能为目标、以创新探索为手段,在梳理成本结构的基础上优化电商营销成本,转变经营导向,提升电商运营各环节的效率,优化电商企业运营成本的基本要素与经营模式,进而实现电商企业降本增效的发展目标,最终实现电商企业高效、稳健、可持续发展。

情境引入

富农电商公司逐步发展为我国知名的综合网络零售商,业态涉及在线销售家电、数码通信、家居百货、服装服饰、食品、在线旅游等十多类数百个品牌上千种商品。

富农电商公司的管理模式,主要分为四个层级,依次涉及管理的基础、供应链、关键的业绩指标、品牌。在这四个层级之中,富农电商公司主要将注意力集中在第二、第三个层级上,旨在通过对系统层之中的价值链的有效管理,紧紧抓住价值链效率和成本控制两条曲线,实现成本的降低和效率的提高,最终实现企业的战略目标。近年来,富农电商公司的一系列做法印证了其试图通过协调价值链的各个环节全方位降低成本的经营理念。

全面成本管理是运用成本管理的基本原理与方法体系,依据现代企业成本运动规律,以优化成本投入、改善成本结构、规避成本风险为主要目的,对企业经营管理活动实行全过程、广义性、动态性、多维性成本控制的基本理论、思想体系、管理制度、机制和行为方式。所谓"全面"包括以下三个方面,即全员、全面、全过程，也称全面成本管理的"三全性"。

近年来，富农电商公司的一系列做法印证了农村电商企业通过协调价值链的各个环节全方位降低成本的经营理念是有效的。

一、电商企业的供应链成本

（一）供应链成本定义

农村电商企业供应链可简要定义为由供应商、制造商、仓库、配送中心和渠道商等构成的从原材料供应商到最终顾客的物流、信息流、资金流的网链结构模式。

同样，供应链成本可定义为从原材料供应商到最终顾客的物流、信息流、资金流所发生的各种成本。

（二）供应链成本管理

1. 供应链成本管理的内涵

供应链成本管理主要是指对整个供应链所发生的各种成本进行管理。整个供应链所发生的各种成本主要包括供应链设计和构建成本、运输成本、配送成本、物料成本、库存成本、生产成本、售后服务成本等。供应链成本管理是以为客户创造价值为前提，以供应链成本最小化为目标，从而实现对整个企业供应链成本的管理，其目标是优化、降低整个供应链上的总成本。

项目成本估算是项目成本管理的核心内容，一般编制项目成本估算的三个步骤如下：

（1）识别和分析项目成本的构成要素，即项目成本由哪些资源项目组成。

（2）估算每项项目成本构成要素的单价和数量。

（3）分析成本估算的结果，识别各种可以相互代替的成本，协调各种成本的比例关系。

项目成本控制是按照事先确定的项目成本基准，运用各种方法，对项目实施过程中所耗费资源的使用情况进行管理控制，以确保项目的实际成本限定在成本预算范围内的过程。

项目成本控制的主要目的是对造成实际成本与成本基准计划发生偏差的因素施加影响，保证其向有利的方向发展，同时对与成本基准计划已经发生偏差和正在发生偏差的各项成本进行管理，以保证项目的顺利进行。

项目成本控制的主要内容如下：

（1）检查成本实际执行情况。

（2）发现实际成本与计划成本的偏差。

（3）确保所有正确的、合理的、已核准的变更都包括在项目成本基准计划中，并把变更后的项目成本基准计划通知相关的项目干系人。

（4）分析成本绩效，从而确定需要采取纠正措施的活动，并且决定要采取哪些有效的纠正措施。

2. 供应链成本管控要点

供应链成本管理项目成本控制的组织措施、技术措施、经济措施是融为一体、相互作用的。项目经理是项目成本控制中心，要以投标报价为依据，制订项目成本控制目标，通过各部门和项目组各成员的通力合作，形成以市场投标报价为基础的实施方案经济优化、设备采购经济优化、人员配备经济优化的项目成本控制体系。

固定成本与变动成本的管控

电商企业的成本管控，可以把成本分成固定成本和变动成本两部分。

固定成本，每月都必须支付的，比如人员费用、房租、水电费用、办公设备等。

变动成本，比如差旅费、电话费、招待费、市场开拓费用等。

固定成本是企业成本管控的重点和难点，一旦开始，难以终止。比如租用的办公室、增加员工等。所以在每年、每季度预算会上的重点就是对固定成本的分析。

变动成本细水长流，积少成多。比如对富农这种类型的电商公司来说，每个月多三万元电话费，看起来并不多，但一年就是三十六万元。还有很难管理的打车费、招待费等，这些成本都是成本管控上的调整要点。

这样分类的好处在于，企业必须花的钱相对可控。一旦遇到危机，先停掉所有的变动费用，然后分析固定成本，逐项订计划消减，进而整个成本就一步一步控制下来了。

二、成本管控方法

1. 目标成本法

目标成本法是丰田（TOYOTA）在 20 世纪 60 年代开发出的成本管理方法，这一方法目前已经得到了广泛应用。

2. 作业成本法

作业成本法（Activity-based Costing）以作业为成本核算对象，其目标是将成本动因引起的资源消耗更合理地分配到产品或服务中去。

3. 平衡供应链计分法

在供应链成本控制系统下，企业的管理思想发生了巨大变化，更加强调组织之间的协调、合作和运营的管理。

4. 生命周期成本法

目前，对于生命周期成本法还没有达成统一的理解，大多是依据 Kenneth Blanchard 和 Wolter.J.Fabrycky 的定义，生命周期成本是指在系统的生命周期中与该系统相关的所有成本。

5. 改善成本法

改善成本法（Kaizen Costing）是供应链上各企业在产品生产阶段的最主要成本约束机制。

水果供应链降本分析

随着水果电商的发展，这一细分市场竞争激烈，除了来自传统水果零售的竞争外，电商网站、冷链物流企业也纷纷加入竞争抢夺市场份额。富农电商公司也不例外，利用农业原产地的水果优势，近年来的水果电商也发展红火。

随着消费者对生鲜食品品牌认知度的提升，加之生产源头对生鲜的品质至关重要，生鲜电商也开始了对上游供应商的争夺。

面对竞争，富农电商公司如何结合水果供应链的供应链成本管理理念？如何从产品，渠道，网络，配送等方面着手，帮忙改进水果供应链物流，以提高效率，降低不必要的成本。

解析：

通过对富农电商公司水果供应链的成本管理方法的详细描述，分析原材料、成品产品、库存、分销，以及相关的水果供应链物流管理现状和存在的问题，结合水果行业的做法和特点，利用供应链管理，物流和信息流的管理理论，提出电商水果供应链成本管理。

水果产业十分特殊，它的特殊性在于它产业链很长，结合了第一产业（农业）、第二产业（食品加工业）和第三产业（分销、物流等）。我国水果产业的快速发展，带动了水果种植、果木培育、水果制品、运输业、包装印刷业、零售业等相关产业的发展。特别有助于解决"三农"问题、带动农民致富等问题。但是，由于它较长的供应链，我国水果市场呈现诸多问题，如分销需求预测困难，难以保证精确度；水果供应链分销商管理库存的问题；配送管理的问题；分销物流管理费用高的问题等。所以，水果电商供应链成本管理问题的解决，应该从产品、渠道、网络、配送等方面提高水果供应链物流的效率，减少不必要的开支，使农民利益得到有效保障，更好地促进经济的协调发展。水果流通渠道如图 6-24 所示。

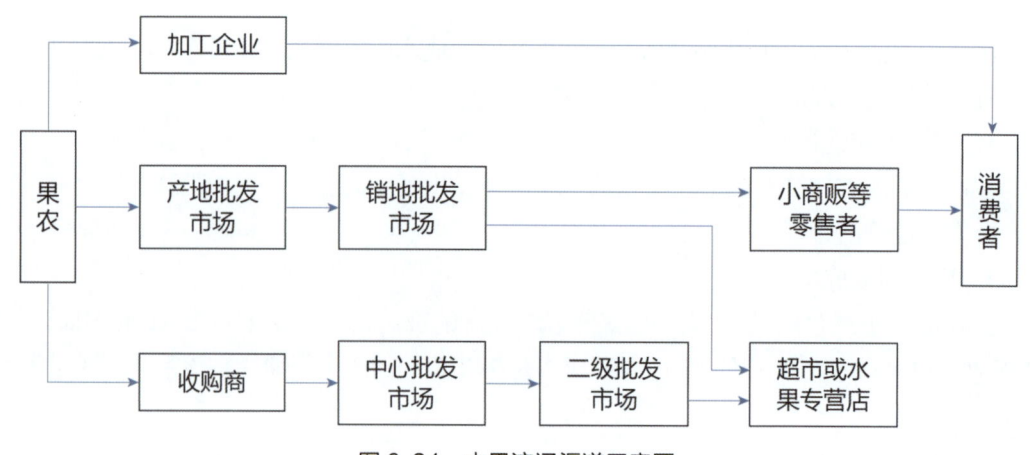

图 6-24　水果流通渠道示意图

通过以下流程，改善富农电商公司的供应链成本管理。

（1）订单处理。借助电商系统进行订单处理，可大幅降低订单成本和订单处理的差错率，缩短订单的循环周期，提高营运效率。

（2）生产组织管理。生产组织通常是供应链中最难管理的一个环节，利用电商系统增进供应商、核心企业和客户之间的沟通，可有效地降低难度。

（3）采购管理。通过互联网给供应商提供有关需求信息与商品退回的情况，同时获得供应商的报价、商品目录和查询回执，从而形成稳定、高效的采购供应体系，再通过网上采购招标的方法，集成采购招标，扩大采购资源选择范围，使采购工作合理化，大幅减少采购人员，有效降低采购成本。

（4）配送与运输管理。运用电商务系统，监视配送中心的交货，对货物运到仓库进行跟踪，同时对配货、补货、拣货和流通加工等作业进行管理，使配送的整个作业过程实现一体化的物流管理。

（5）库存管理。核心企业通过电商系统通知供应商有关订单的交货延迟或库存告急，使库存管理者和供应商追踪现场库存商品的存量情况，获得及时的信息以便更有准备地实现对存储物资的有效管理，及时反映进销存动态，并且实现跨区域、多库区的管理，提高仓储资源的利用率，进而促进库存水平的降低，减少总库存的维持成本。

（6）客户服务。应用电商系统，核心企业的客户通过互联网可以非常方便地联络有关服务问题，而核心企业则通过互联网接受客户投诉，向客户提供技术服务，互发紧急通知等，这样可以大幅缩短对客户服务的响应时间，改善与客户间的双向通信流，在保留已有客户的同时吸引更多的客户加入供应链。

迁移应用

唯品会（全名：唯品会信息科技有限公司）成立于2008年，总部在广州市荔湾科技园区，于2012年3月23日在美国上市，是一家专门做特卖的网站。上市以来，截至2016年底，已连续盈利16个季度。整个公司拥有办公楼4栋，占地9 000多平方米，公司在职员工近5万人，管理高层有500人，拥有五大物流仓储中心。

由纳斯达克官网可以查阅，唯品会近年的仓储物流数据呈现居高不下的状况，2017年的仓储物流成本为7.324亿元，2018年为7.315亿元，费用总额几乎没有变化，仓储物流费用占比已经超过10%；通过唯品会的财务报告可知，2017年唯品会技术内容服务费总额为2.06亿元，2018年的技术内容服务费为2.04亿元，近年来的网络技术和内容服务费占比均超过总成本的30%；从同花顺财经查阅相关数据可以看到，唯品会2016年的营业成本为429.95亿元，2017年的营业成本为566.18亿元，2018年的营业成本为674.55亿元，2017年比2016年增加了136.23亿元，2018年比2017年增加了108.37亿元，营业成本呈现逐年增加的趋势。

请从物流成本、网络运维成本的角度，结合营业成本控制实施效果，分析唯品会全面成本管理存在哪些问题。

项目总结

1. 知识导图

任务六知识导图如图 6-25 所示。

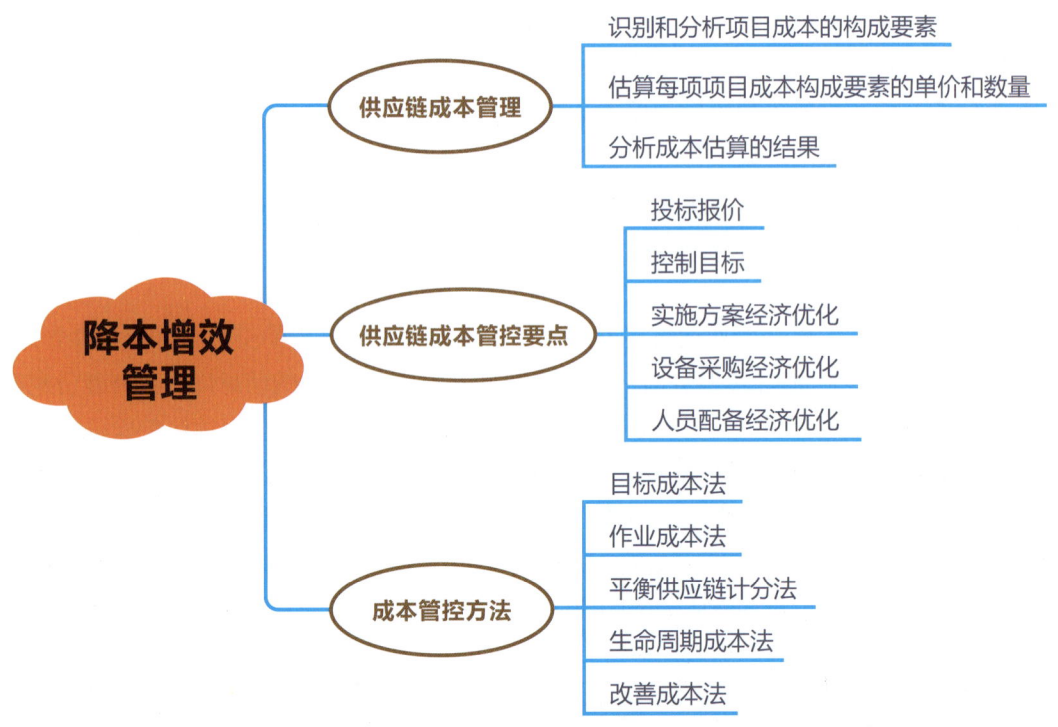

图 6-25　任务六知识导图

2. 拓展知识

财务会计的成本分类。

（1）按照产品生产的因果关系进行分类，主要分为以下几类。

①产品制造成本。产品制造成本是与产品生产存在明显因果关系的生产费用，包括直接材料、直接人工、其他直接和间接制造费用。

②期间成本。期间成本是与产品生产不存在明显因果关系，难以按产品归集的经营管理费用，包括管理费用、财务费用、销售费用等。

（2）按归属成本计算对象的难易程度进行分类，主要分为以下几类。

①直接成本：属于某一特定成本计算对象的可溯成本。

②间接成本：两个或两个以上成本计算对象共同发生的成本。

（3）按成本计算的时间进行分类，主要分为以下几类。

①预算成本：成本计算对象的费用发生之前根据有关资料预先计算的成本。

②实际成本：根据成本计算对象实际发生的费用事后计算的成本。

（4）按产量变动的依存关系分类，主要分为以下几类。

①变动成本：与产量增减而成正比例升降的那部分费用。

②固定成本：当产量在一定幅度内变动时不随之增减而基本不变的那部分费用。

（5）按可控性原则进行分类，主要分为以下几类。

①可控成本：针对特定的责任单位而言的，能够由责任单位预知、计量并控制的成本。

②不可控成本：不能够由责任单位预知、计量并控制的成本。

3．学习感悟

收获：

_____

不足：

_____

改进：

_____

农村电商职业经理人

学习目标

1. 结合三大报表的解读与分析，了解财务报表的关联关系。
2. 根据各财务指标分析，了解企业的经营状态和关键风险。

作为农村电商职业经理人，在日常经营过程中要做好计划、组织、控制、协调，同时为企业提供经营管理服务并承担企业资产保值增值责任，所以需要对企业的财务状况做全面的了解和分析，才能有效地做好经营决策，接下来就财务报表的解读和分析、关键财务指标的计算与风险管控等做全面的介绍。

情境引入

富农电商公司总经理收到财务汇报反馈流动资金紧张，本月无法正常发放员工工资，采购货款未能按期支付，将会产生违约金，此时总经理一头雾水，问其原因并仔细了解财务报表，发现问题来源于平时没有关注经营报表数据，同时对重点指标存在的问题没有及时应对和解决，这时才意识到读懂财务报表的重要性。下面重点介绍财务报表的结构关系和解读方法。

一、财务报表的构成

在任何企业会计期间开始时，企业的资产、负债与所有者权益之间都存在以下数量关系：

反映资产状况：资产负债表、现金流量表。
反映损益状况：损益表。

$$资产 = 负债 + 所有者权限$$

$$流动资产 + 长期资产 = 流动负债 + 长期负债 + 资本 + 保留盈余 + 当年利润$$

现金流量表反映一定会计期间现金及现金等价物的流入和流出（图6-26）。按照收付实现制原则,将权责发生制下的盈利信息调整为收付实现制下现金流量信息,便于信息使用者了解企业净利润的质量。现金流量包括以下几个方面:经营活动产生的现金流量,投资活动产生的现金流量,筹资活动产生的现金流量。

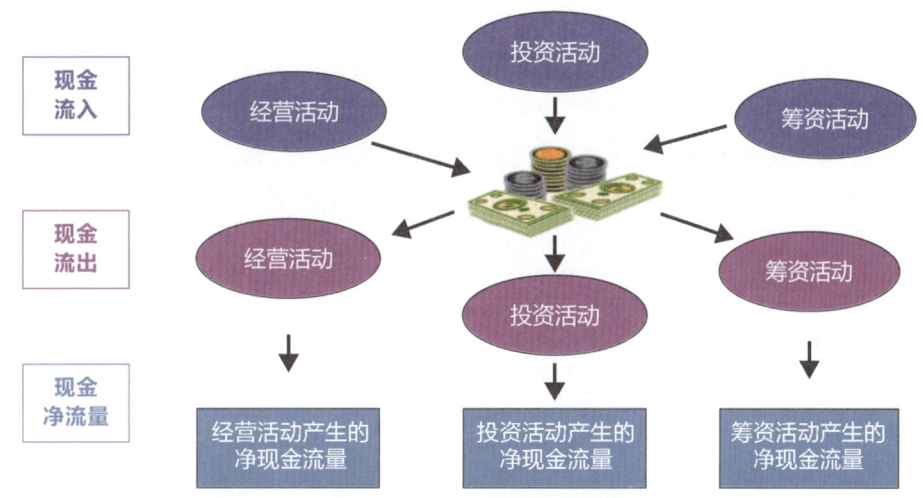

图 6-26　现金流量表示意图

二、财务报表阅读方法

不同对象看财务报表时关心的问题不同,阅读的重点也不同,作为职业经理人,需要重点关注以下主要经济信息:企业的财务成果及其盈利能力怎样,企业的财务状况及偿债能力如何,企业的经营状况是否正常、经营能力是强还是弱。

(一)资产负债表阅读

资产负债表反映了某一时期企业报告日的财务状况,是一种静态的、反映企业在一定日期(即某一时点上)的财务状况的财务报表;对资产负债表的一些重要项目,尤其是对期初与期末数据变化很大,或出现大额红字的项目进行进一步分析。企业总资产在一定程度上反映了企业的经营规模,而它的增减变化与企业负债与股东权益的变化有极大的关系。

企业股东权益的增长大于资产总额的增长时,说明企业的资金实力有了相对的提高。

企业股东权益的增长小于资产总额的增长时,说明企业规模扩大的主要原因是负债的大规模上升,进而说明企业的资金实力在相对下降、偿还债务的安全性也在降低。

企业应收账款过多占总资产的比重过高,说明该企业资金被占用的情况较为严重,而其增长速度过快,说明该企业可能因产品的市场竞争能力较弱或受经济环境的影响,企业结算工作的质量有所降低。

企业年初及年末的负债较多,说明企业负担较重,但如果企业在这种情况下仍然有较好的盈利水平,说明企业产品的获利能力较佳、经营能力较强,管理者经营的风险意识较强、魄力较大。

在企业股东权益中,如法定的资本公积金大幅超过企业的股本总额,这预示着企业将有良好的股利分配政策。但与此同时,如果企业没有充足的货币资金做保证,预计该企业将会选择送配股增资的分配方案而非采用发放现金股利的分配方案。

(二)损益表的阅读

通过将企业的全年利润与以前利润比较,能够评价企业利润变动情况的好坏。

通过计算利润总额中各组成部分的比重,能够说明企业利润是否正常合理。

通过对企业毛利率的计算,能够从一个方面说明企业主营业务的盈利能力大小。

企业的主营业务利润应是其利润总额最主要的组成部分,其比重应是最高的。

其他业务利润、投资收益和营业外收支相对来讲比重较低。其他业务利润比重超过主营业务利润比重,是否表明企业目前的主营业务有被其他业务替代的可能,而企业的其他业务是否有其发展前景。

当企业的投资收益比重很高时,就需要了解企业的投资结构,各种投资项目的风险程度,是否存在某些看似投资效益良好但冒有较大风险,从而可能危及企业长远利益的项目。

(三)现金流量表的阅读

企业现金净流入的情况:正数表示企业现金增加,负数表示现金减少。

关注经营活动、投资活动、筹资活动三项活动的各自现金流量的净额情况。

企业现金净流入的正、负要与三项活动相结合。

(1)营运资金增加了,如增加原因主要是利润增加,说明企业财务状况较好;

(2)营运资金减少了,而反映出的原因主要是公司购置固定资产、进行长期投资,而非亏损,则尽管营运资金在减少,也不能说明该公司的财务状况在变化。

(3)应从财务状况变动表的运营资金增减变化结果原因,去分析该公司的财务状况优劣。

三、财务报表分析

1. 资产负债率

$$资产负债率=(负债总额÷资产总额)\times100\%$$

分析:分析角度不同,对资产负债率的高低看法也不相同。

债权人认为资产负债率越低越好,该比率越低,债权人越有保障,贷款风险越小;从股东的角度看,如果全部资本利润率大于借债利率,则希望该指标越大越好,否则反之;从经营者角度看,负债过高,企业难以继续筹资,负债过低,说明企业经营缺乏活力;因此从财务管理的角度看,企业要在盈利与风险之间作出权衡,确定合理的资本结构。

2. 产权比率

$$产权比率=(负债总额÷股东权益)\times100\%$$

分析:该指标既反映了由债权人提供的资本和股东提供的资本的相对比率关系,又反映了企业基本财务结构是否稳定。

产权比率高,是高风险、高报酬的财务结构;产权比率低,是低风险、低报酬的财务结构。产权比率也表明企业清算时对债权人利益的保障程度。

3．有形净值债务率

$$有形净值债务率＝[负债总额／（股东权益－无形资产净值）]×100\%$$

分析：有形净值债务率是更为谨慎、保守地反映企业清算时债务人投入的资本受到股东权益保障的程度的指标。从长期偿债能力来讲，其比率应是越低越好。

4．营业周期

$$营业周期＝存货周转天数＋应收账款周转天数$$

分析：营业周期短，说明资金周转速度快；营业周期长，说明资金周转速度慢。

5．存货周转率

$$存货周转率＝销售成本÷平均存货$$

$$存货周转天数＝360÷存货周转率＝（平均存货×360）÷销售成本$$

分析：存货周转速度越快，存货的占用水平越低，流动性越强，存货变现越快；提高存货周转率可以提高企业的变现能力；存货周转速度越慢则变现能力越差。

6．应收账款周转率

$$应收账款周转率＝销售收入÷平均应收账款$$

$$应收账款周转天数＝（平均应收账款×360）÷销售收入$$

公式中的"销售收入"是指扣除折扣和折让后的销售净额。"平均应收账款"是指未扣除坏账准备的应收账款全额。

分析：应收账款周转率越高、平均收账期越短，说明应收账款的收回越快。

影响该指标正确计算的因素如下：

（1）季节性经营的企业使用这个指标时不能反映该企业实际情况。

（2）大量使用分期付款结算方式。

（3）大量的销售使用现金结算。

（4）年末大量销售或年末销售大幅下降。

7．流动资产周转率

$$流动资产周转率＝销售收入÷平均流动资产$$

分析：流动资产周转率反映流动资产的周转速度。周转速度快，会相对节约流动资产，增强企业的盈利能力；反之，周转速度慢，需要补充流动资产增加周转，降低企业的盈利能力。

8．资产周转率

$$资产周转率＝销售收入÷平均资产总额$$

分析：该指标反映资产总额的周转速度。周转越快，销售能力越强。

9．盈利能力比率

盈利能力比率即为企业赚取利润的能力。

一般说来，企业的盈利能力只涉及正常营业状况，非正常营业状况带来的收益或损失不能说明企业能力，在分析企业盈利能力时应予以排除：

（1）证券买卖等非正常项目。

（2）已经或将要停止的营业项目。

（3）重大事项或法律更改等特别项目。

（4）会计准则和财务制度变更带来的累积影响。

10．销售净利率

$$销售净利率=（净利润÷销售收入）×100\%$$

分析：该指标反映收入的收益水平，其可以进一步分解为销售毛利率、销售税金率、销售成本率、销售期间费用率等因素。

11．销售毛利率

$$销售毛利率=[（销售收入-销售成本）÷销售收入]×100\%$$

分析：可以根据不同产品系列分析不同产品系列的毛利率，可以为市场决策做出有效判断。

12．资产净利率

$$资产净利率=（净利润÷平均资产总额）×100\%$$

分析：该指标说明三个方面的问题。

（1）表明企业资产利用的综合效果。

（2）指出了影响资产净利率的因素，包括产品价格、单位成本高低、产量和销量的大小、资金占用量的大小。

（3）可以利用它来分析经营中存在的问题，提高销售利润率，加速资金周转。

13．净资产收益率（股份公司）

$$净资产收益率（股份公司）=净利润/年度末股东权益×100\%$$

分析：该指标反映公司所有者权益的投资报酬率，具有很强的综合性。

财务报表可以按以下步骤进行分析。

（1）浏览一下资产负债表的主要内容，由此，对企业的资产、负债及股东权益的总额及其内部各项目的构成和增减变化有一个初步的认识。

（2）对资产负债表的一些重要项目，尤其是对期初与期末数据变化很大，或出现大额红字的项目进行进一步分析，如流动资产、流动负债、固定资产、有代价或有息的负债（如短期银行借款、长期银行借款、应付票据等）、应收账款、货币资金，以及股东权益中的具体项目等。

（3）对一些基本财务指标进行计算，计算财务指标的数据来源主要有以下几个方面：直接从资产负债表中取得，如净资产比率；直接从利润及利润分配表中取得，如销售利润率；同时来源于资产负债表利润及利润分配表，如应收账款周转率；部分来源于企业的账簿记录，如利息支付能力。

（4）从财务报表中看财务实力、财务结构、偿债能力、营运能力。现金不足是企业最严重的财务危机，企业的流动现金不能太紧。应收账款过多表明钱在客户那里，存货过多意味着钱压在商品里，固定资产过多表明钱压在设备、库房里，计提的各种准备过低表明资产虚估；短期借款用于长期用途即"短贷长投"，短期偿债风险高；应付账款账期的不正常延长意味着资金链可能断裂；长期借款用于短期用途表明企业要承担高额的利息。担保负债和未决诉讼是企业"杀手"；举债过度表明资本金不足，长期偿债风险高。资产负债表见表6-18。

表6-18 资产负债表

年　　月　　单位/元

资产	年末余额	年初余额	负债和所有者权益	年末余额	年初余额
流动资产：			流动负债：		
货币资金			短期借款		
交易性金融资产			交易性金融负债		
应收票据			应付票据		
应收账款			应付账款		
预付账款			预收账款		
应收利息			应付职工薪酬		
应上股利			应交税费		
其他应收款			应付利息		
存货			应付股利		
一年内到期的非流动资产			其他应付款		
其他流动资产			一年内到期的非流动负债		
流动资产合计			其他流动负债		
非流动资产：			流动负债合计		
可供出售金融资产			非流动负债：		
持有至到期投资			长期借款		
长期应收款			应付债券		
长期股权投资			长期应付款		
投资性房地产			专项应付款		
固定资产			预计负债		
在建工程			递延所得税负债		
工程物资			其他非流动负债		
固定资产清理			非流动负债合计		

（续表）

资产	年末余额	年初余额	负债和所有者权益	年末余额	年初余额
生产性生物资产			负债合计		
油气资产			所有者权益：		
无形资产			实收资本（或股本）		
开发支出			资本公积		
商誉			减：库存股		
长期待摊费用			盈余公积		
递延所得税资产			未分配利润		
其他非流动资产			所有者权益合计		
非流动资产合计					
资产总计			负债和所有者权益合计		

经营活动的利润反映管理者的经营业绩，通过经营活动取得盈利是企业的目的，也是增加股东财富的基本途径。分析收入来源的结构比重，各费用、利润、税费占总收入的比例，本年与上年同期的对比和变动情况，充分了解经营变化趋势。损益表见表6-19。

表6-19　损益表

年　　月　　单位/元

项目	本年金额	上年金额
一、营业收入		
减：营业成本		
营业税及附加		
销售费用		
管理费用		
财务费用		
资产减值损失		
加：公允价值变动净收益（损失以"-"号填列）		
投资收益（损失以"-"号填列）		
其中：对联营企业和合营企业的投资收益		
二、营业利润（亏损以"-"号填列）	-	-

(续表)

项目	本年金额	上年金额
加：营业外收入		
减：营业外支出		
其中：非流动资产处置损失		
三、利润总额（亏损总额以"-"号填列）	—	—
减：所得税费用		
四、净利润（净亏损以"-"号填列）	—	—
五、每股收益：		
（一）基本每股收益		
（二）稀释每股收益		

战略决定了企业的方向，模式决定了企业的优劣，金融决定了企业的速度，管理决定了企业的效率。现金流管理：把握好1个中心（现金为王）、2个部分（内部和外部）、3个维度（经营、投资、筹资）、4种变量（流向、流量、流速、流程）、5类指标（偿债性、灵活性、盈利性、增长性、结构性）。现金流量表见表6-20。

表6-20 现金流量表

现金流量表			现金流量方向分析			
项目	本年金额	上年金额	现金净流量方向			一般方向性结论
			经营活动	投资活动	筹资活动	
一、经营活动产生的现金流量			经营活动	投资活动	筹资活动	
销售商品、提供劳务收到的现金	—		+	—	+	表明企业处于高速发展扩张期。这时产品迅速占领市场，销售呈现快速上升趋势，表现为经营活动中大量货币资金回笼，同时为了扩大市场份额，企业仍需要大量追加投资，而仅靠经营活动现金流量净额远不能满足所加投资，必须筹资必要的外部资金作为补充，但应注意分析投资项目的未来报酬率
收到的税费返还	—					
收到其他与经营活动有关的现金	—					
经营活动现金流入小计	—	—				

（续表）

现金流量表			现金流量方向分析			
项目	本年金额	上年金额	现金净流量方向			一般方向性结论
			经营活动	投资活动	筹资活动	
购买商品、接受劳务支付的现金	-		+	-	-	表明企业经营状况良好，可在偿还所欠债务的同时继续投资，但应密切关注经营状况的变化，防止经营状况恶化而导致财务状况恶化
支付给职工以及为职工支付的现金	-					
支付的各项税费	-					表明企业经营和投资收益良好，但仍在继续投资，这时需要了解是否有良好的投资机会及效益，千万要警惕资金的浪费
支付其他与经营活动有关的现金支出	-					
经营活动现金流出小计	-	-	+	-	-	表明企业进入成熟期。在这个阶段产品销售市场稳定，已进入投资回收期，经营及投资进入良性循环，财务状况稳定安全，但很多外部资金需要偿还，以保持企业良好的资信程度
经营活动产生的现金流量净额	-	-				
二、投资活动产生的现金流量						
收回投资收到的现金			-	-	+	表明有两种情况：①企业处于初创阶段，企业需要投入大量资金，形成生产能力，开拓市场，其资金来源只有举债、融资等筹资活动 ②企业处于衰退阶段，靠举债维持日常生产经营活动，如渡不过难关，再继续发展其前途非常危险
取得投资利益收到的现金	-					
处置固定资产、无形资产和其他长期资产收回的现金净额	-					
处置子公司及其他营业单位收到的现金净额	-					
收到其他与投资活动有关的现金	-		-	-	-	表明这种情况往往发生在盲目扩张后的企业，由于市场预测失误等，经营活动现金流出大于流入，使投入扩张的大量资金难以收回，财务状况异常危险。到期债务不能偿还
投资活动现金流入小计	-	-				
购建固定资产、无形资产和其他长期资产支付的现金	-					

(续表)

现金流量表			现金流量方向分析			
项目	本年金额	上年金额	现金净流量方向			一般方向性结论
			经营活动	投资活动	筹资活动	
投资支付的现金	−		−	+	+	表明可以认为企业靠借债维持经营活动所需资金,财务状况可能恶化,应分析投资活动现金流入增加是来源于投资收益还是投资收回。如果是后者,企业面临非常严峻的形势
取得子公司及其他营业单位支付的现金净额	−					
支付其他与投资活动有关的现金	−					
投资活动现金流出小计	−	−	−	+	−	表明可以认为企业处于衰退期。这个时期的特征是市场萎缩,产品销售的市场占有率下降,经营活动现金流入小于流出,同时企业为了应付债务不得不大规模收回投资以弥补现金不足。如果投资活动现金流量来源于投资收益还好,如果来源于投资的回收,则企业将面临破产
投资活动产生的现金流量净额	−	−				
三、筹资活动产生的现金流量						
吸收投资收到的现金	−					
取得借款收到的现金	−		注意事项			在判断企业的现金流量方向是否合理时,不能一概以第1组组合作为所有企业的合理模式,还应考虑企业所在行业的特征对现金流量的影响。
收到其他与投资活动有关的现金	−					
筹资活动现金流入小计	−	−				
偿还债务支付的现金	−		评价结论			表明这种情况往往发生在盲目扩张后的企业,由于市场预测失误等,经营活动现金流出大于流入,使投入扩张的大量资金难以收回,财务状况异常危险。到期债务不能偿还
分配股利、利润或偿付利息支付的现金	−					
支付其他与投资活动有关的现金	−					

总结与评价

1. 知识总结

(1) 财务指标四大陷阱。

①部分分析指标相对滞后,影响分析结果。

②财务指标的数据来源不够准确。

③财务指标易被内部人控制。

④原有的财务指标体系不能预先警示风险。

(2) 财务指标创新。

更多地与经营环节有效结合，突破单纯财务领域，进入人力、绩效、决策、管理、细节等。

①市场占有率。

市场占有率 = 本企业某种商品销售量（额）/ 该种商品市场总量（额）×100%

②客户满意度。

产品交货及时率 = 及时交货次数 / 交货总次数 ×100%

客户获得率 = 本期新增客户量 / 企业期初客户量 ×100%

某客户盈利率 = 某客户的净利润 / 该客户的服务成本 ×100%

③员工培训费用率。

员工培训费用率 = 员工培训费用 / 销售收入 ×100%

④市场营销。

广告费用比率 = 广告费用 / 销售收入 ×100%

⑤生产能力利用率。

生产能力利用率 = 实际产能 / 计划产能 ×100%

（3）除财务指标分析外，还需关注企业盈亏平衡点指标。

经营规模是企业生存的命脉，根据市场需求，合理地安排各产品结构，打造产品质量，通过产品功能，特色组合，根据市场需求组合设置产品系列等，分析各产品系列的固定成本和变动成本情况，可以测算各产品的固定成本水平、平均变动成本，也可以测算公司盈亏平衡点，以此分析各个产品系列的经营情况和保本点，使企业能适应社会需求，保障其可持续健康发展。

假设富农电商公司达到一定的销售规模，测算在保持此规模的目标利润，即目标利润 =（平均单价－平均变动成本）× 销售数量 - 固定成本。利用这个关系式可以进行盈亏临界点分析。盈亏临界点也称保本点或损益平衡点，是指处于不盈利也不亏损状态时的状态，即指利润为零时的销售规模。盈亏临界点分析是本量利分析的基础，企业在规划目标利润、控制利润完成情况、估计经营风险时都要利用它。目标利润的基本模型见表 6-21。

表 6-21 利润敏感性分析模型

项目	实际值	变化后	变化率	备注
销售量 / 件		-		
单价 /（元·件$^{-1}$）		-		
变动成本 /（元·件$^{-1}$）		-		
固定成本 / 元		-		
利润 / 元	-			

（续表）

项目	变化率	利润	利润变化量	利润变化率
销售量/件		—	—	
单价/（元·件$^{-1}$）		—	—	
变动成本/（元·件$^{-1}$）		—	—	
固定成本/元		—	—	

2. 相关学习资料

公众号：财务第一教室、中国会计视野。

3. 学习感悟

收获：

不足：

改进：

附 件

附表1 1元复利终值系数表

期数	1%	2%	3%	4%	5%	6%	7%	8%	9%	10%	11%	12%	13%	14%	15%	16%	17%	18%	19%	20%
1	1.0100	1.0200	1.0300	1.0400	1.0500	1.0600	1.0700	1.0800	1.0900	1.1000	1.1100	1.1200	1.1300	1.1400	1.1500	1.1600	1.1700	1.1800	1.1900	1.2000
2	1.0201	1.0404	1.0609	1.0816	1.1025	1.1236	1.1449	1.1664	1.1881	1.2100	1.2321	1.2544	1.2769	1.2996	1.3225	1.3456	1.3689	1.3924	1.4161	1.4400
3	1.0303	1.0612	1.0927	1.1249	1.1576	1.1910	1.2250	1.2597	1.2950	1.3310	1.3676	1.4049	1.4429	1.4815	1.5209	1.5609	1.6016	1.6430	1.6852	1.7280
4	1.0406	1.0824	1.1255	1.1699	1.2155	1.2625	1.3108	1.3605	1.4116	1.4641	1.5181	1.5735	1.6305	1.6890	1.7490	1.8106	1.8739	1.9388	2.0053	2.0736
5	1.0510	1.1041	1.1593	1.2167	1.2763	1.3382	1.4026	1.4693	1.5386	1.6105	1.6851	1.7623	1.8424	1.9254	2.0114	2.1003	2.1924	2.2878	2.3864	2.4883
6	1.0615	1.1262	1.1941	1.2653	1.3401	1.4185	1.5007	1.5869	1.6771	1.7716	1.8704	1.9738	2.0820	2.1950	2.3131	2.4364	2.5652	2.6996	2.8398	2.9860
7	1.0721	1.1487	1.2299	1.3159	1.4071	1.5036	1.6058	1.7138	1.8280	1.9487	2.0762	2.2107	2.3526	2.5023	2.6600	2.8262	3.0012	3.1855	3.3793	3.5832
8	1.0829	1.1717	1.2668	1.3686	1.4775	1.5938	1.7182	1.8509	1.9926	2.1436	2.3045	2.4760	2.6584	2.8526	3.0590	3.2784	3.5115	3.7589	4.0214	4.2998
9	1.0937	1.1951	1.3048	1.4233	1.5513	1.6895	1.8385	1.9990	2.1719	2.3579	2.5580	2.7731	3.0040	3.2519	3.5179	3.8030	4.1084	4.4355	4.7854	5.1598
10	1.1046	1.2190	1.3439	1.4802	1.6289	1.7908	1.9672	2.1589	2.3674	2.5937	2.8394	3.1058	3.3946	3.7072	4.0456	4.4114	4.8068	5.2338	5.6947	6.1917
11	1.1157	1.2434	1.3842	1.5395	1.7103	1.8983	2.1049	2.3316	2.5804	2.8531	3.1518	3.4786	3.8359	4.2262	4.6524	5.1173	5.6240	6.1759	6.7767	7.4301
12	1.1268	1.2682	1.4258	1.6010	1.7959	2.0122	2.2522	2.5182	2.8127	3.1384	3.4985	3.8960	4.3345	4.8179	5.3503	5.9360	6.5801	7.2876	8.0642	8.9161
13	1.1381	1.2936	1.4685	1.6651	1.8856	2.1329	2.4098	2.7196	3.0658	3.4523	3.8833	4.3635	4.8980	5.4924	6.1528	6.8858	7.6987	8.5994	9.5964	10.6993
14	1.1495	1.3195	1.5126	1.7317	1.9799	2.2609	2.5785	2.9372	3.3417	3.7975	4.3104	4.8871	5.5348	6.2613	7.0757	7.9875	9.0075	10.1472	11.4198	12.8392
15	1.1610	1.3459	1.5580	1.8009	2.0789	2.3966	2.7590	3.1722	3.6425	4.1772	4.7846	5.4736	6.2543	7.1379	8.1371	9.2655	10.5387	11.9737	13.5895	15.4070
16	1.1726	1.3728	1.6047	1.8730	2.1829	2.5404	2.9522	3.4259	3.9703	4.5950	5.3109	6.1304	7.0673	8.1372	9.3576	10.7480	12.3303	14.1290	16.1715	18.4884
17	1.1843	1.4002	1.6528	1.9479	2.2920	2.6928	3.1588	3.7000	4.3276	5.0545	5.8951	6.8660	7.9861	9.2765	10.7613	12.4677	14.4265	16.6722	19.2441	22.1861
18	1.1961	1.4282	1.7024	2.0258	2.4066	2.8543	3.3799	3.9960	4.7171	5.5599	6.5436	7.6900	9.0243	10.5752	12.3755	14.4625	16.8790	19.6733	22.9005	26.6233
19	1.2081	1.4568	1.7535	2.1068	2.5270	3.0256	3.6165	4.3157	5.1417	6.1159	7.2633	8.6128	10.1974	12.0557	14.2318	16.7765	19.7484	23.2144	27.2516	31.9480
20	1.2202	1.4859	1.8061	2.1911	2.6533	3.2071	3.8697	4.6610	5.6044	6.7275	8.0623	9.6463	11.5231	13.7435	16.3665	19.4608	23.1056	27.3930	32.4294	38.3376
21	1.2324	1.5157	1.8603	2.2788	2.7860	3.3996	4.1406	5.0338	6.1088	7.4002	8.9492	10.8038	13.0211	15.6676	18.8215	22.5745	27.0336	32.3238	38.5910	46.0051
22	1.2447	1.5460	1.9161	2.3699	2.9253	3.6035	4.4304	5.4365	6.6586	8.1403	9.9336	12.1003	14.7138	17.8610	21.6447	26.1864	31.6293	38.1421	45.9233	55.2061
23	1.2572	1.5769	1.9736	2.4647	3.0715	3.8197	4.7405	5.8715	7.2579	8.9543	11.0263	13.5523	16.6266	20.3616	24.8915	30.3762	37.0062	45.0076	54.6487	66.2474
24	1.2697	1.6084	2.0328	2.5633	3.2251	4.0489	5.0724	6.3412	7.9111	9.8497	12.2392	15.1786	18.7881	23.2122	28.6252	35.2364	43.2973	53.1090	65.0320	79.4968
25	1.2824	1.6406	2.0938	2.6658	3.3864	4.2919	5.4274	6.8485	8.6231	10.8347	13.5855	17.0001	21.2305	26.4619	32.9190	40.8742	50.6578	62.6686	77.3881	95.3962
26	1.2953	1.6734	2.1566	2.7725	3.5557	4.5494	5.8074	7.3964	9.3992	11.9182	15.0799	19.0401	23.9905	30.1666	37.8568	47.4141	59.2697	73.9490	92.0918	114.4755
27	1.3082	1.7069	2.2213	2.8834	3.7335	4.8223	6.2139	7.9881	10.2451	13.1100	16.7387	21.3249	27.1093	34.3899	43.5353	55.0004	69.3455	87.2598	109.5893	137.3706
28	1.3213	1.7410	2.2879	2.9987	3.9201	5.1117	6.6488	8.6271	11.1671	14.4210	18.5799	23.8839	30.6335	39.2045	50.0656	63.8004	81.1342	102.9666	130.4112	164.8447
29	1.3345	1.7758	2.3566	3.1187	4.1161	5.4184	7.1143	9.3173	12.1722	15.8631	20.6237	26.7499	34.6158	44.6931	57.5755	74.0085	94.9271	121.5005	155.1893	197.8136
30	1.3478	1.8114	2.4273	3.2434	4.3219	5.7435	7.6123	10.0627	13.2677	17.4494	22.8923	29.9599	39.1159	50.9502	66.2118	85.8499	111.0647	143.3706	184.6753	237.3763

附表2 1元复利现值表

期数	1%	2%	3%	4%	5%	6%	7%	8%	9%	10%	11%	12%	13%	14%	15%	16%	17%	18%	19%	20%
1	0.9901	0.9804	0.9709	0.9615	0.9524	0.9434	0.9346	0.9259	0.9174	0.9091	0.9009	0.8929	0.8850	0.8772	0.8696	0.8621	0.8547	0.8475	0.8403	0.8333
2	0.9803	0.9612	0.9426	0.9246	0.9070	0.8900	0.8734	0.8573	0.8417	0.8264	0.8116	0.7972	0.7831	0.7695	0.7561	0.7432	0.7305	0.7182	0.7062	0.6944
3	0.9706	0.9423	0.9151	0.8890	0.8638	0.8396	0.8163	0.7938	0.7722	0.7513	0.7312	0.7118	0.6931	0.6750	0.6575	0.6407	0.6244	0.6086	0.5934	0.5787
4	0.9610	0.9238	0.8885	0.8548	0.8227	0.7921	0.7629	0.7350	0.7084	0.6830	0.6587	0.6355	0.6133	0.5921	0.5718	0.5523	0.5337	0.5158	0.4987	0.4823
5	0.9515	0.9057	0.8626	0.8219	0.7835	0.7473	0.7130	0.6806	0.6499	0.6209	0.5935	0.5674	0.5428	0.5194	0.4972	0.4761	0.4561	0.4371	0.4190	0.4019
6	0.9420	0.8880	0.8375	0.7903	0.7462	0.7050	0.6663	0.6302	0.5963	0.5645	0.5346	0.5066	0.4803	0.4556	0.4323	0.4104	0.3898	0.3704	0.3521	0.3349
7	0.9327	0.8706	0.8131	0.7599	0.7107	0.6651	0.6227	0.5835	0.5470	0.5132	0.4817	0.4523	0.4251	0.3996	0.3759	0.3538	0.3332	0.3139	0.2959	0.2791
8	0.9235	0.8535	0.7894	0.7307	0.6768	0.6274	0.5820	0.5403	0.5019	0.4665	0.4339	0.4039	0.3762	0.3506	0.3269	0.3050	0.2848	0.2660	0.2487	0.2326
9	0.9143	0.8368	0.7664	0.7026	0.6446	0.5919	0.5439	0.5002	0.4604	0.4241	0.3909	0.3606	0.3329	0.3075	0.2843	0.2630	0.2434	0.2255	0.2090	0.1938
10	0.9053	0.8203	0.7441	0.6756	0.6139	0.5584	0.5083	0.4632	0.4224	0.3855	0.3522	0.3220	0.2946	0.2697	0.2472	0.2267	0.2080	0.1911	0.1756	0.1615
11	0.8963	0.8043	0.7224	0.6496	0.5847	0.5268	0.4751	0.4289	0.3875	0.3505	0.3173	0.2875	0.2607	0.2366	0.2149	0.1954	0.1778	0.1619	0.1476	0.1346
12	0.8874	0.7885	0.7014	0.6246	0.5568	0.4970	0.4440	0.3971	0.3555	0.3186	0.2858	0.2567	0.2307	0.2076	0.1869	0.1685	0.1520	0.1372	0.1240	0.1122
13	0.8787	0.7730	0.6810	0.6006	0.5303	0.4688	0.4150	0.3677	0.3262	0.2897	0.2575	0.2292	0.2042	0.1821	0.1625	0.1452	0.1299	0.1163	0.1042	0.0935
14	0.8700	0.7579	0.6611	0.5775	0.5051	0.4423	0.3878	0.3405	0.2992	0.2633	0.2320	0.2046	0.1807	0.1597	0.1413	0.1252	0.1110	0.0985	0.0876	0.0779
15	0.8613	0.7430	0.6419	0.5553	0.4810	0.4173	0.3624	0.3152	0.2745	0.2394	0.2090	0.1827	0.1599	0.1401	0.1229	0.1079	0.0949	0.0835	0.0736	0.0649
16	0.8528	0.7284	0.6232	0.5339	0.4581	0.3936	0.3387	0.2919	0.2519	0.2176	0.1883	0.1631	0.1415	0.1229	0.1069	0.0930	0.0811	0.0708	0.0618	0.0541
17	0.8444	0.7142	0.6050	0.5134	0.4363	0.3714	0.3166	0.2703	0.2311	0.1978	0.1696	0.1456	0.1252	0.1078	0.0929	0.0802	0.0693	0.0600	0.0520	0.0451
18	0.8360	0.7002	0.5874	0.4936	0.4155	0.3503	0.2959	0.2502	0.2120	0.1799	0.1528	0.1300	0.1108	0.0946	0.0808	0.0691	0.0592	0.0508	0.0437	0.0376
19	0.8277	0.6864	0.5703	0.4746	0.3957	0.3305	0.2765	0.2317	0.1945	0.1635	0.1377	0.1161	0.0981	0.0829	0.0703	0.0596	0.0506	0.0431	0.0367	0.0313
20	0.8195	0.6730	0.5537	0.4564	0.3769	0.3118	0.2584	0.2145	0.1784	0.1486	0.1240	0.1037	0.0868	0.0728	0.0611	0.0514	0.0433	0.0365	0.0308	0.0261
21	0.8114	0.6598	0.5375	0.4388	0.3589	0.2942	0.2415	0.1987	0.1637	0.1351	0.1117	0.0926	0.0768	0.0638	0.0531	0.0443	0.0370	0.0309	0.0259	0.0217
22	0.8034	0.6468	0.5219	0.4220	0.3418	0.2775	0.2257	0.1839	0.1502	0.1228	0.1007	0.0826	0.0680	0.0560	0.0462	0.0382	0.0316	0.0262	0.0218	0.0181
23	0.7954	0.6342	0.5067	0.4057	0.3256	0.2618	0.2109	0.1703	0.1378	0.1117	0.0907	0.0738	0.0601	0.0491	0.0402	0.0329	0.0270	0.0222	0.0183	0.0151
24	0.7876	0.6217	0.4919	0.3901	0.3101	0.2470	0.1971	0.1577	0.1264	0.1015	0.0817	0.0659	0.0532	0.0431	0.0349	0.0284	0.0231	0.0188	0.0154	0.0126
25	0.7798	0.6095	0.4776	0.3751	0.2953	0.2330	0.1842	0.1460	0.1160	0.0923	0.0736	0.0588	0.0471	0.0378	0.0304	0.0245	0.0197	0.0160	0.0129	0.0105
26	0.7720	0.5976	0.4637	0.3607	0.2812	0.2198	0.1722	0.1352	0.1064	0.0839	0.0663	0.0525	0.0417	0.0331	0.0264	0.0211	0.0169	0.0135	0.0109	0.0087
27	0.7644	0.5859	0.4502	0.3468	0.2678	0.2074	0.1609	0.1252	0.0976	0.0763	0.0597	0.0469	0.0369	0.0291	0.0230	0.0182	0.0144	0.0115	0.0091	0.0073
28	0.7568	0.5744	0.4371	0.3335	0.2551	0.1956	0.1504	0.1159	0.0895	0.0693	0.0538	0.0419	0.0326	0.0255	0.0200	0.0157	0.0123	0.0097	0.0077	0.0061
29	0.7493	0.5631	0.4243	0.3207	0.2429	0.1846	0.1406	0.1073	0.0822	0.0630	0.0485	0.0374	0.0289	0.0224	0.0174	0.0135	0.0105	0.0082	0.0064	0.0051
30	0.7419	0.5521	0.4120	0.3083	0.2314	0.1741	0.1314	0.0994	0.0754	0.0573	0.0437	0.0334	0.0256	0.0196	0.0151	0.0116	0.0090	0.0070	0.0054	0.0042

附表3 1元年金终值系数表

期数	1%	2%	3%	4%	5%	6%	7%	8%	9%	10%	11%	12%	13%	14%	15%	16%	17%	18%	19%	20%
1	1.0000	1.0000	1.0000	1.0000	1.0000	1.0000	1.0000	1.0000	1.0000	1.0000	1.0000	1.0000	1.0000	1.0000	1.0000	1.0000	1.0000	1.0000	1.0000	1.0000
2	2.0100	2.0200	2.0300	2.0400	2.0500	2.0600	2.0700	2.0800	2.0900	2.1000	2.1100	2.1200	2.1300	2.1400	2.1500	2.1600	2.1700	2.1800	2.1900	2.2000
3	3.0301	3.0604	3.0909	3.1216	3.1525	3.1836	3.2149	3.2464	3.2781	3.3100	3.3421	3.3744	3.4069	3.4396	3.4725	3.5056	3.5389	3.5724	3.6061	3.6400
4	4.0604	4.1216	4.1836	4.2465	4.3101	4.3746	4.4399	4.5061	4.5731	4.6410	4.7097	4.7793	4.8498	4.9211	4.9934	5.0665	5.1405	5.2154	5.2913	5.3680
5	5.1010	5.2040	5.3091	5.4163	5.5256	5.6371	5.7507	5.8666	5.9847	6.1051	6.2278	6.3528	6.4803	6.6101	6.7424	6.8771	7.0144	7.1542	7.2966	7.4416
6	6.1520	6.3081	6.4684	6.6330	6.8019	6.9753	7.1533	7.3359	7.5233	7.7156	7.9129	8.1152	8.3227	8.5355	8.7537	8.9775	9.2068	9.4420	9.6830	9.9299
7	7.2135	7.4343	7.6625	7.8983	8.1420	8.3938	8.6540	8.9228	9.2004	9.4872	9.7833	10.0890	10.4047	10.7305	11.0668	11.4139	11.7720	12.1415	12.5227	12.9159
8	8.2857	8.5830	8.8923	9.2142	9.5491	9.8975	10.2598	10.6366	11.0285	11.4359	11.8594	12.2997	12.7573	13.2328	13.7268	14.2401	14.7733	15.3270	15.9020	16.4991
9	9.3685	9.7546	10.1591	10.5828	11.0266	11.4913	11.9780	12.4876	13.0210	13.5795	14.1640	14.7757	15.4157	16.0853	16.7858	17.5185	18.2847	19.0859	19.9234	20.7989
10	10.4622	10.9497	11.4639	12.0061	12.5779	13.1808	13.8164	14.4866	15.1929	15.9374	16.7220	17.5487	18.4197	19.3373	20.3037	21.3215	22.3931	23.5213	24.7089	25.9587
11	11.5668	12.1687	12.8078	13.4864	14.2068	14.9716	15.7836	16.6455	17.5603	18.5312	19.5614	20.6546	21.8143	23.0445	24.3493	25.7329	27.1999	28.7551	30.4035	32.1504
12	12.6825	13.4121	14.1920	15.0258	15.9171	16.8699	17.8885	18.9771	20.1407	21.3843	22.7132	24.1331	25.6502	27.2707	29.0017	30.8502	32.8239	34.9311	37.1802	39.5805
13	13.8093	14.6803	15.6178	16.6268	17.7130	18.8821	20.1406	21.4953	22.9534	24.5227	26.2116	28.0291	29.9847	32.0887	34.3519	36.7862	39.4040	42.2187	45.2445	48.4966
14	14.9474	15.9739	17.0863	18.2919	19.5986	21.0151	22.5505	24.2149	26.0192	27.9750	30.0949	32.3926	34.8827	37.5811	40.5047	43.6720	47.1027	50.8180	54.8409	59.1959
15	16.0969	17.2934	18.5989	20.0236	21.5786	23.2760	25.1290	27.1521	29.3609	31.7725	34.4054	37.2797	40.4175	43.8424	47.5804	51.6595	56.1101	60.9653	66.2607	72.0351
16	17.2579	18.6393	20.1569	21.8245	23.6575	25.6725	27.8881	30.3243	33.0034	35.9497	39.1899	42.7533	46.6717	50.9804	55.7175	60.9250	66.6488	72.9390	79.8502	87.4421
17	18.4304	20.0121	21.7616	23.6975	25.8404	28.2129	30.8402	33.7502	36.9737	40.5447	44.5008	48.8837	53.7391	59.1176	65.0751	71.6730	78.9792	87.0680	96.0218	105.9306
18	19.6147	21.4123	23.4144	25.6454	28.1324	30.9057	33.9990	37.4502	41.3013	45.5992	50.3959	55.7497	61.7251	68.3941	75.8364	84.1407	93.4056	103.7403	115.2659	128.1167
19	20.8109	22.8406	25.1169	27.6712	30.5390	33.7600	37.3790	41.4463	46.0185	51.1591	56.9395	63.4397	70.7494	78.9692	88.2118	98.6032	110.2846	123.4135	138.1664	154.7400
20	22.0190	24.2974	26.8704	29.7781	33.0660	36.7856	40.9955	45.7620	51.1601	57.2750	64.2028	72.0524	80.9468	91.0249	102.4436	115.3797	130.0329	146.6280	165.4180	186.6880
21	23.2392	25.7833	28.6765	31.9692	35.7193	39.9927	44.8652	50.4229	56.7645	64.0025	72.2651	81.6987	92.4699	104.7684	118.8101	134.8405	153.1385	174.0210	197.8474	225.0256
22	24.4716	27.2990	30.5368	34.2480	38.5052	43.3923	49.0057	55.4568	62.8733	71.4027	81.2143	92.5026	105.4910	120.4360	137.6316	157.4150	180.1721	206.3448	236.4385	271.0307
23	25.7163	28.8450	32.4529	36.6179	41.4305	46.9958	53.4361	60.8933	69.5319	79.5430	91.1479	104.6029	120.2048	138.2970	159.2764	183.6014	211.8013	244.4868	282.3618	326.2369
24	26.9735	30.4219	34.4265	39.0826	44.5020	50.8156	58.1767	66.7648	76.7898	88.4973	102.1742	118.1552	136.8315	158.6586	184.1678	213.9776	248.8076	289.4945	337.0105	392.4842
25	28.2432	32.0303	36.4593	41.6459	47.7271	54.8645	63.2490	73.1059	84.7009	98.3471	114.4133	133.3339	155.6196	181.8708	212.7930	249.2140	292.1049	342.6035	402.0425	471.9811
26	29.5256	33.6709	38.5530	44.3117	51.1135	59.1564	68.6765	79.9544	93.3240	109.1818	127.9988	150.3339	176.8501	208.3327	245.7120	290.0883	342.7627	405.2721	479.4306	567.3773
27	30.8209	35.3443	40.7096	47.0842	54.6691	63.7058	74.4838	87.3508	102.7231	121.0999	143.0786	169.3740	200.8406	238.4993	283.5688	337.5024	402.0323	479.2211	571.5224	681.8528
28	32.1291	37.0512	42.9309	49.9676	58.4026	68.5281	80.6977	95.3388	112.9682	134.2099	159.8173	190.6989	227.9499	272.8892	327.1041	392.5028	471.3778	566.4809	681.1116	819.2233
29	33.4504	38.7922	45.2189	52.9663	62.3227	73.6398	87.3465	103.9659	124.1354	148.6309	178.3972	214.5828	258.5834	312.0937	377.1697	456.3032	552.5121	669.4475	811.5228	984.0680
30	34.7849	40.5681	47.5754	56.0849	66.4388	79.0582	94.4608	113.2832	136.3075	164.4940	199.0209	241.3327	293.1992	356.7868	434.7451	530.3117	647.4391	790.9480	966.7122	1181.8816

附表4 1元年金现值系数表

期数	1%	2%	3%	4%	5%	6%	7%	8%	9%	10%	11%	12%	13%	14%	15%	16%	17%	18%	19%	20%
1	0.0.01	0.0.04	0.0.09	0.0.15	0.0.24	0.0.34	0.0.46	0.0.59	0.0.74	0.0.91	0.0.09	0.0.29	0.0.50	0.0.72	0.0.96	0.0.21	0.0.47	0.0.75	0.0.03	0.0.33
2	1.1.04	1.1.16	1.1.35	1.1.61	1.1.94	1.1.34	1.1.80	1.1.33	1.1.91	1.1.55	1.1.25	1.1.01	1.1.81	1.1.67	1.1.57	1.1.52	1.1.52	1.1.56	1.1.65	1.1.78
3	2.2.10	2.2.39	2.2.86	2.2.51	2.2.32	2.2.30	2.2.43	2.2.71	2.2.13	2.2.69	2.2.37	2.2.18	2.2.12	2.2.16	2.2.32	2.2.59	2.2.96	2.2.43	2.2.99	2.2.65
4	3.3.20	3.3.77	3.3.71	3.3.99	3.3.60	3.3.51	3.3.72	3.3.21	3.3.97	3.3.99	3.3.24	3.3.73	2.2.45	2.2.37	2.2.50	2.2.82	2.2.32	2.2.01	2.2.86	2.2.87
5	4.4.34	4.4.35	4.4.97	4.4.18	4.4.95	4.4.24	4.4.02	3.3.27	3.3.97	3.3.08	3.3.59	3.3.48	3.3.72	3.3.31	3.3.22	3.3.43	3.3.93	3.3.72	3.3.76	2.2.06
6	5.5.55	5.5.14	5.5.72	5.5.21	5.5.57	4.4.73	4.4.65	4.4.29	4.4.59	4.4.53	4.4.05	4.4.14	3.3.75	3.3.87	3.3.45	3.3.47	3.3.92	3.3.76	3.3.98	3.3.55
7	6.6.82	6.6.20	6.6.03	6.6.21	5.5.64	5.5.24	5.5.93	5.5.64	5.5.30	4.4.84	4.4.22	4.4.38	4.4.26	4.4.83	4.4.04	4.4.86	3.3.24	3.3.15	3.3.57	3.3.46
8	7.7.17	7.7.55	7.7.97	6.6.27	6.6.32	6.6.98	5.5.13	5.5.66	5.5.48	5.5.49	5.5.61	4.4.76	4.4.88	4.4.89	4.4.73	4.4.36	4.4.72	4.4.76	3.3.44	3.3.72
9	8.8.60	8.8.22	7.7.61	7.7.53	7.7.78	6.6.17	6.6.52	6.6.69	5.5.52	5.5.90	5.5.70	5.5.82	5.5.17	4.4.64	4.4.16	4.4.65	4.4.06	4.4.30	4.4.33	4.4.10
10	9.9.13	8.8.26	8.8.02	8.8.09	7.7.17	7.7.01	7.7.36	6.6.01	6.6.77	6.6.46	5.5.92	5.5.02	5.5.62	5.5.61	5.5.88	4.4.32	4.4.86	4.4.41	4.4.89	4.4.25
11	10.0.76	9.9.68	9.9.26	8.8.05	8.8.64	7.7.69	7.7.87	7.7.90	6.6.52	6.6.51	6.6.65	5.5.77	5.5.69	5.5.27	5.5.37	5.5.86	4.4.64	4.4.60	4.4.65	4.4.71
12	11.1.51	10.0.53	9.9.40	9.9.51	8.8.33	8.8.38	7.7.27	7.7.61	7.7.07	6.6.37	6.6.24	6.6.44	5.5.76	5.5.03	5.5.06	5.5.71	4.4.84	4.4.32	4.4.05	4.4.92
13	12.2.37	11.1.84	10.0.50	9.9.56	9.9.36	8.8.27	8.8.77	7.7.38	7.7.69	7.7.34	6.6.99	6.6.35	6.6.18	5.5.24	5.5.31	5.5.23	5.5.83	4.4.95	4.4.47	4.4.27
14	13.3.37	12.2.62	11.1.61	10.0.31	9.9.86	9.9.50	8.8.55	8.8.42	7.7.62	7.7.67	6.6.19	6.6.82	6.6.25	6.6.21	5.5.45	5.5.75	5.5.93	5.5.81	4.4.23	4.4.06
15	13.3.51	12.2.93	11.1.79	11.1.84	10.0.97	9.9.22	9.9.79	8.8.95	8.8.07	7.7.61	7.7.09	6.6.09	6.6.24	6.6.22	5.5.74	5.5.55	5.5.42	5.5.16	4.4.59	4.4.55
16	14.4.79	13.3.77	12.2.11	11.1.23	10.0.78	10.0.59	9.9.66	8.8.14	8.8.26	7.7.37	7.7.92	6.6.40	6.6.39	6.6.51	5.5.42	5.5.85	5.5.53	5.5.24	4.4.77	4.4.96
17	15.5.23	14.4.19	13.3.61	12.2.57	11.1.41	10.0.73	9.9.32	9.9.16	8.8.36	8.8.16	7.7.88	7.7.96	6.6.91	6.6.29	6.6.72	5.5.87	5.5.46	5.5.23	4.4.97	4.4.46
18	16.6.83	14.4.20	13.3.35	12.2.93	11.1.96	10.0.76	10.0.91	9.9.19	8.8.56	8.8.14	7.7.16	7.7.97	6.6.99	6.6.74	6.6.80	5.5.78	5.5.39	5.5.32	5.5.33	4.4.22
19	17.7.60	15.5.85	14.4.38	13.3.39	12.2.53	11.1.81	10.0.56	9.9.36	8.8.01	8.8.49	7.7.93	7.7.58	6.6.80	6.6.04	6.6.82	5.5.75	5.5.45	5.5.62	5.5.00	4.4.35
20	18.8.56	16.6.14	14.4.75	13.3.03	12.2.22	11.1.99	10.0.40	9.9.81	9.9.85	8.8.36	7.7.33	7.7.94	7.7.48	6.6.31	6.6.93	5.5.88	5.5.78	5.5.27	5.5.09	4.4.96
21	18.8.70	17.7.12	15.5.50	14.4.92	12.2.12	11.1.41	10.0.55	10.0.68	9.9.22	8.8.87	8.8.51	7.7.20	7.7.16	6.6.70	6.6.25	5.5.31	5.5.48	5.5.37	5.5.68	4.4.13
22	19.9.04	17.7.80	15.5.69	14.4.11	13.3.30	12.2.16	11.1.12	10.0.07	9.9.24	8.8.15	8.8.57	7.7.46	7.7.95	6.6.29	6.6.87	6.6.13	5.5.64	5.5.99	5.5.86	4.4.94
23	20.0.58	18.8.22	16.6.36	14.4.68	13.3.86	12.2.34	11.1.22	10.0.11	9.9.02	8.8.32	8.8.64	7.7.84	7.7.97	6.6.21	6.6.88	6.6.42	5.5.34	5.5.21	5.5.68	4.4.45
24	21.1.34	18.8.39	16.6.55	15.5.70	13.3.86	12.2.04	11.1.93	10.0.88	9.9.66	8.8.47	8.8.81	7.7.43	7.7.29	6.6.51	6.6.38	6.6.26	5.5.65	5.5.09	5.5.22	4.4.71
25	22.2.32	19.9.35	17.7.31	15.5.21	14.4.39	12.2.34	11.1.36	10.0.47	9.9.26	9.9.70	8.8.17	7.7.31	7.7.00	6.6.29	6.6.41	6.6.71	5.5.62	5.5.69	5.5.51	4.4.76
26	22.2.52	20.0.10	17.7.68	15.5.28	14.4.52	13.3.32	11.1.58	10.0.00	9.9.90	9.9.09	8.8.81	7.7.57	7.7.17	6.6.61	6.6.06	6.6.82	5.5.31	5.5.04	5.5.60	4.4.63
27	23.3.96	20.0.69	18.8.70	16.6.96	14.4.30	13.3.05	11.1.67	10.0.52	10.0.66	9.9.72	8.8.78	7.7.26	7.7.86	6.6.52	6.6.35	6.6.64	5.5.75	5.5.19	5.5.51	4.4.36
28	24.4.64	21.1.13	18.8.41	16.6.31	14.4.81	13.3.62	12.2.71	11.1.11	10.0.61	9.9.66	8.8.16	7.7.44	7.7.12	6.6.07	6.6.35	6.6.20	5.5.99	5.5.16	5.5.28	4.4.97
29	25.5.58	21.1.44	19.9.85	16.6.37	15.5.11	13.3.07	12.2.77	11.1.84	10.0.83	9.9.96	8.8.01	8.8.18	7.7.01	6.6.30	6.6.09	6.6.56	5.5.04	5.5.98	5.5.92	4.4.47
30	25.5.77	22.2.65	19.9.04	17.7.20	15.5.25	13.3.48	12.2.90	11.1.78	10.0.37	9.9.69	8.8.38	8.8.52	7.7.57	7.7.27	6.6.60	6.6.72	5.5.94	5.5.68	5.5.47	4.4.89

后 记

《"广东技工"工程教材 农村电商系列》在广东省人力资源和社会保障厅的指导下，由广东省职业技术教研室牵头组织编写。该系列教材在编写过程中得到广东省人力资源和社会保障厅办公室、宣传处、综合规划处、财务处、职业能力建设处、技工教育管理处、省职业技能服务指导中心、省就业服务管理局、省职业训练局和广东省农村电子商务协会、广东省农业科学院农业经济与信息研究所的高度重视和大力支持。

《农村电商职业经理人》由广东岭南现代技师学院牵头，广东农联电子商务有限公司等单位参与编写。本书包括职业经理人素质养成、运营管理、供应链管理、品牌塑造、团队建设、财务管理6个项目，21个任务，面向管理岗位，适应于本专业学生和社会培训人员。以富农电商公司的经营实战为案例贯穿始终，通过情境引入、知识链接、案例分析、迁移应用、总结与评价等学习环节，在体验式学习中习得作为一名职业经理人应具备的职业能力。本书特色亮点体现在，任务目标明确，检测可操作性强；实操为主，理论够用；注重学生思维能力和解决问题能力的培养；注重学生的可持续发展。

教材编写过程中得到了广东省农村电子商务协会、广东省职业技术教研室及其组织的专家组、教材编辑的大力支持，在此一并表示衷心的感谢。

由于编者水平有限和时间有限，书中不足之处在所难免，敬请广大读者批评指正。

《农村电商职业经理人》编写委员会

2021年6月